Christof Lenzen · Lass dich fallen und flieg!

Christof Lenzen

Lass dich fallen und flieg!

Wie der Glaube vom Kopf ins Herz gelangt

SCM R.Brockhaus

Die Edition

AufAtmen

erscheint in Zusammenarbeit zwischen
SCM R.Brockhaus im SCM-Verlag, Witten
und dem Bundes-Verlag, Witten.
Herausgeber: Ulrich Eggers

Gesamtgestaltung: Johannes Schermuly, Wuppertal
Bildnachweis: Umschlag: iStock - A330Pilot, iStock - Isteo; S.13: iStock - DanCardiff; S.63: iStock - epicurean; S.98: iStock - DanCardiff; S.129: iStock - abu; S.233: Fotolia - Martina Berg
Druck: CPI – Ebner & Spiegel, Ulm
ISBN 978-3-417-26323-7
Bestell-Nr. 226.323

Elias Hauck & Dominik Bauer

INHALT

Vorwort

Ich bin ziemlich nachtblind. Etwas konkreter gesagt: Meine Augen gewöhnen sich nur quälend langsam an die Dunkelheit. Während der Nachtwanderungen bei der Bundeswehr bin ich immer wieder gegen Äste und Bäume gerannt. Und als meine Frau Isa und ich uns befreundet haben, da hat diese Eigenart meiner Augen ebenfalls eine Rolle gespielt:

Wir waren auf einer christlichen Freizeit in Domburg und hatten uns entschieden, noch einmal zum Strand zu gehen, um miteinander zu reden und so. Wenn man das holländische Örtchen Domburg kennt, weiß man, dass man an manchen Stellen erst durch einen kleinen Waldgürtel muss, bevor man den Strand erreicht. Der Horror für mich: Da war es stockfinster, keine Sterne, nichts. Der Wind toste, Regen begann zu peitschen, durch den dunklen Wald wühlte sich der Sturm. Und ich? Ich habe etwas Panik bekommen, da ich nichts mehr sah. Also habe ich Isa gebeten, mich an die Hand zu nehmen und zu führen. Vermutlich wird sie gedacht haben: »Ziemlich plumpe Anmache …« Aber es war wirklich notwendig für mich, sonst wäre der Abend unschön verlaufen. So war das Gegenteil der Fall …

Aber auch ohne Nachtblindheit: Es ist einfach schwierig, im Dunkeln einen Weg zu finden, geschweige denn unvorhergesehenen Hindernissen effektiv auszuweichen. Selbst bekannte Wege können zur Stolperfalle werden, wenn Dunkelheit uns umgibt und uns den klaren Blick raubt.

Was das mit dem Glauben im Kopf und im Herzen zu tun hat? Ganz viel, denn ich nehme bei mir selbst und bei vielen anderen Christen eine große Nachtblindheit wahr, wenn es darum geht, den Glauben ins Herz zu bekommen und schließlich mitten im

> Ich nehme bei mir selbst und bei vielen anderen Christen eine große Nachtblindheit wahr, wenn es darum geht, den Glauben ins Herz zu bekommen und schließlich mitten im manchmal beschwerlichen, immer aber komplexen Alltag umzusetzen.

manchmal beschwerlichen, immer aber komplexen Alltag umzusetzen. Tagsüber, wenn wir Stille Zeit machen (wenn – denn diese wird doch oft als langweilig empfunden), wenn wir im Gottesdienst oder im Hauskreis sitzen oder gerade eine ermutigende Freizeit erlebt haben, dann scheint alles so klar und deutlich zu sein. Erfahrungen mit Gott sind greifbar und realistisch. Doch dann erstickt wieder alles unter einer eigentümlichen Mischung aus inneren und äußeren Dornen. Der frischen Luft einer neuen Einsicht und der damit verbundenen Hoffnung auf lebendige Spiritualität wird der Hahn abgedreht – und es beginnt zu muffen.

Immer wieder von Neuem entsteht die Frage: Wie kann ich sehend werden? Nicht nur in der religiösen Nische, nicht nur da, wo ich von meinem Alltag wie abgeschnitten in einem frommen Biotop aufgebaut werde. Sondern mitten im Leben. Daran hat sich Glaube letztlich zu messen – aber genau diese Messung fällt bei nicht wenigen Christen frustrierend aus. Bei Ihnen auch? Bei mir auch! Doch ich habe mich auf die Reise gemacht und möchte Ihnen erzählen, was ich entdeckt habe.

Es gibt im 119. Psalm einen bekannten Vers (105): *Dein Wort ist meines Fußes Leuchte!* Er könnte geradezu als Motto über diesem Buch stehen, denn durch ihn bin ich zu diesen Gedanken gekommen.

Der Vers setzt voraus:
Erstens: Ich befinde mich in der Dunkelheit. Es fängt also damit an, dass wir diese Tatsache anerkennen und Gott sagen, dass wir Licht benötigen. Dunkelheit kann man prächtig leugnen, man kann so tun, als sähe man alles, man kann selbst kräfteraubend versuchen, Licht zu erzeugen. Das alles wird nichts nutzen. Denn ohne Gott können wir nichts tun. Ich halte an dieser Stelle kurz inne, weil ich in mir selbst einen inneren Widerstand gegen diese deutliche Aussage spüre. Wirklich nichts? Genau: nichts. Das geht mir immer wieder neu gegen meinen Stolz. Doch dieser innere Widerstand ist nur allzu menschlich, zeigt aber auch klar an: Hier gibt es Wachstumspotenzial im Leben und Glauben. Da gibt es noch eine Menge zu entdecken und vor allem: loszulassen.

Mut zur Dunkelheit also. Fatal wäre es nun, die Dunkelheit einfach loswerden zu wollen. Denn in dem Maße, wie ich sie loswerden will, wird sie sich verlängern. Gehe ich aber an Gottes Seite durch sie hindurch, kann ich von ihr lernen und reifen und hindurchschreiten zum Licht.

Manchmal ertappe ich mich aber auch dabei, dass ich solche Grundaussagen der Bibel einfach abnicke und sie gar nicht mehr an mich heranlasse. Ich habe die Sachen gerne im Griff und durchdenke meine Lehre sauber und sorgfältig. Trotzdem bleibt das Herz dann leer, weil ich die eigentlichen Lektionen der Dunkelheit intellektuell auf Distanz halte – letztlich aus Angst, in ihr zu versinken …

Zweitens bedeutet dieser Vers, dass wir geführt werden. Aber wie? Mit einem Leuchtstrahl? Zumindest einer Taschenlampe? Zu biblischen Zeiten gingen die Bauern manchmal sehr früh am Morgen schon hinaus auf die Felder, und sie kamen oft erst nach Hause, wenn es schon wieder dunkel geworden war. An jedem Morgen wurde dann ein öffentliches Feuer für das ganze Dorf angezündet, und die Bauern versammelten sich darum, um Hände und Füße zu wärmen. Die Wege und Straßen waren nicht besonders gut und eben, und manche waren gerade so breit, dass ein Mensch den Pfad gehen konnte. Wenn es noch dunkel war, nahmen die Bauern ein Seil aus Kokosfaser und zündeten dieses Seil an einem Ende im Feuer an. Wenn sie dann losgingen, löschten sie die Flammen am Seilende, hielten dieses Seil in der Hand und bliesen hin und wieder auf das glühende Ende, damit ein paar Funken aufstieben und ein wenig Licht geben konnten. Dann hielten sie das Seil vor sich, um im funzeligen Lichtschimmer dieser Funken zu sehen, wohin sie gerade traten.

> Es geht bei Gottes Führung nicht um eine Absicherung zu allen Seiten, es geht nicht um eine Risikolebens-, Haftpflicht-, Rechtsschutz-, Krankheitsversicherung göttlicher Art.

Das ist die Leuchte des Fußes, auf die sich hier der Psalmbeter bezieht. Mehr nicht. Ein paar Funken in finsterster Nacht. Das ist irgendwie ein bisschen beunruhigend, oder? Mehr kann uns der Glaube nicht bieten, mehr Gehsicherheit ist nicht drin, wenn wir uns brav an die Bibel als Wort Gottes halten? Ich denke, Ja! Tatsächlich reibt sich unsere Vorstellung von Führung und Sicherheit mit der Vorstellung Gottes, wie sie uns die Bibel vermittelt, und das ist gut so. Denn um was geht es hier, oder besser: Um was geht es nicht? Es geht bei Gottes Führung nicht um eine Absicherung zu allen Seiten, es geht nicht um eine Risikolebens-, Haftpflicht-, Rechtsschutz-, Krankheitsversicherung göttlicher Art. Es geht um einen dynamischen und aufregenden Weg an der Hand Gottes. Es geht um eine Entdeckungsreise in die neue und unbekannte Welt Gottes hinein, in das, was er Königreich nennt.

So ist dieses Buch entstanden. Als Entdeckungsreise. Vieles in mir ist zerbrochen und Gott hat Neues geschaffen. Manches musste ich loslassen und Frisches, Unverbrauchtes finden, und manchmal hat mich Gott lange Zeit nichts finden lassen, damit ich nur auf ihn vertraue, ihn und sein kleines Licht. Lassen Sie die Inhalte dieses Buches zum Licht für Ihren Weg werden. Ein kleines, schwaches Licht. Mehr kann ich nicht versprechen – weniger aber auch nicht. Ich werde Sie mit hineinnehmen in meine Kämpfe und auf meine Wege aus den Kämpfen heraus. Manchmal auch nur: in mein Durchhalten in den Kämpfen. Es geht dabei um ein großes, farbiges Bild, das unseren Glauben prägen kann: um innere Einstellungen, die heilen, die korrigiert werden und sich an Gott ausrichten; um das Bestehen mitten in den Spannungsfeldern des Glaubens und des Alltags, in denen wir meinen, keine Sicherheit mehr zu haben; um praktische geistliche Übungen, die helfen, das Geglaubte ganzheitlich in Geist, Seele und Körper zu verankern. Kann das Abenteuer beginnen?

1. Teil

Der feste Boden, auf dem wir leben und wachsen können

Einleitung

Was läuft eigentlich schief in unserem Glauben?

Ich möchte Ihnen zu Anfang dieses Buches von meinen Kämpfen mit der sogenannten »Spiritualität« erzählen. Das mache ich nicht, um mich selbst in den Mittelpunkt zu stellen, sondern um am Anfang dieses Buches deutlich zu machen, was für Reife- und Entwicklungsschritte ein ganz normaler Christ im Laufe der Zeit durchmachen muss.

»Durchmachen muss« deshalb, weil ich mir diese Momente nicht ausgesucht habe. »Das Leben kommt von vorne« – so singt es Herbert Grönemeyer treffend. Meiner Meinung nach ist nichts Wesentliches reiner Zufall. Ausgenommen vielleicht die Frage, ob das Brot auf die Marmeladenseite fällt oder nicht – da und in ähnlichen Fällen dürfte Gott den Naturgesetzen seinen Lauf lassen. Aber was unser Herz betrifft? Unsere Glaubenspraxis? Unsere Freude oder eben mangelnde Freude und Kraft im Glauben? Sollte da nicht Gott schon aus Liebe zu uns nicht zufällig, sondern sehr bewusst handeln?

Ich denke, Gott leitet uns manchmal bewusst hinein in Phasen des Zerbruchs und der inneren wie äußeren Krise. Und das aus Liebe, weil er unser Wachstum fördern möchte und uns eben nicht in apathischer Gleichgültigkeit laufen lässt. Wie ein guter Vater seinen Kindern hier und da Grenzerfahrungen zumutet, damit sie sich ausprobieren und ihre Grenzen kennenlernen können, so handelt Gott auch in unserem Leben. Dabei habe ich manchmal das Gefühl gehabt, dass das alles andere als Liebe ist, die mir da entgegenkommt. Da war zum Beispiel ein Konflikt in der Gemeinde, bei dem sich die Menschen zutiefst verletzten, und ich war zwischen diesen Fronten plötzlich der praktische Rammbock – andere würden sagen: Esel. Wie hat das an meinem Harmoniebedürfnis, aber auch an meinem Verständnis von Gemeinde als Schutzraum genagt! Worte wurden wie Schwerter und trieben mich hinein in so manche tränenreiche Nacht. Dort habe ich wie ein Psalmist Gott angeklagt!

Viele Beispiele könnte ich noch nennen und Sie könnten sie wahrscheinlich aus Ihrem Erfahrungsschatz reichlich ergänzen. Aber eins habe ich inmitten dieser Dunkelheit verstanden: Diese Liebe war trotzdem immer da – ich aber hatte meine Lektionen zu lernen. In mir waren Mauern, in mir mussten bestimmte Haltungen zerbrechen und Schuld zum Vorschein kommen, damit mein Herz weicher werden konnte. Der Weg dahin war schmerzhaft und nicht immer von einem Wissen um die Liebe Gottes geprägt …

Doch unabhängig von meinem Erleben: Ich denke, es gibt sie immer wieder, diese Phasen, in denen das Bild des Glaubens nicht mehr tragfähig erscheint, Schlagseite bekommt und ergänzt werden muss. Gott sorgt dafür. Denn er will, dass mein Glaube, dass Ihr Glaube in die Weite geführt wird, dass wir Freude und Kraft empfangen. Da, wo das nicht geschieht, wo Muff und Enge, wo Traurigkeit und Fragezeichen das Regiment übernehmen, da läuft etwas schief.

Bei mir ist manches im Glauben schiefgelaufen. Vielleicht finden Sie sich ja hier und da wieder?

Ich spreche das Unfassbare aus: Seit ich Christ bin, also seit nunmehr zwanzig Jahren, kämpfe ich mit der sogenannten Stillen Zeit und kriege sie einfach nicht hin. Als ich frisch zum Glauben gekommen war, gab man mir bestimmte Tipps, z.B. zu ihrem Ablauf: zuerst Dank, dann Umkehr, dann Bibellese … Das müsse man als guter Christ machen, um zu wachsen, so sagte man mir. Dazu am besten noch zentrale Bibelverse auswendig lernen mit dem sogenannten »Schrifteinprägekurs«. Der Begriff der Stillen Zeit erschien mir als Frischling im Glauben zwar seltsam und abstrus (denn ich sollte doch mit Gott reden, oder?), aber nun gut, ich war von meinem katholischen Hintergrund und einem buddhistischen Intermezzo von fast zehn Jahren einiges gewohnt und wunderte mich nicht weiter. Und doch …

Seit ich Christ bin, also seit nunmehr zwanzig Jahren, kämpfe ich mit der sogenannten Stillen Zeit und kriege sie einfach nicht hin.

In den letzten zwanzig Jahren meines Glaubensweges habe ich mit dieser klassischen Form nicht viel anfangen können. Das hat mir lange ein schlechtes Gewissen bereitet: »Liebe ich Gott genug, wenn ich es nicht schaffe, wenn ich mich nicht überwinde zur Stillen Zeit? Warum schaffen das andere – und ich nicht? Und da! Meine ›Lieblingssünde‹ verschwindet auch nicht. Das wird daran liegen, dass ich meine Stille Zeit einfach nicht auf die Reihe kriege und stattdessen planlos und einfach so bei Gott herumhänge, über dieses und jenes nachdenke und so vor mich hin bete!«

Als Nächstes kam eine Phase der Abstumpfung. Dann halt keine Stille Zeit. Die Ansprüche an die Spiritualität wurden heruntergeschraubt. Irgendwann las ich in der christlichen Jugendzeitschrift *dran* die unerhörten Worte (und der Artikel steht mir noch heute inklusive Layout plastisch vor dem inneren Auge) des christlichen Leiters und Autors Floyd McClung, der spürbar grinsend in einem Interview erzählte, er sei endlich befreit von der Stillen Zeit und könne nun immer mit Gott reden.

»Darf der das?«, fragte ich mich sofort. Ein wichtiger Moment: An solchen spannungsreichen Stellen fallen immer wichtige Entscheidungen. Passe ich die Realität meinem bisherigen Dogma an oder überdenke ich meine Dogmatik? Zweifel mischten sich in meinem Herzen und Denken mit einer frischen Brise der Freiheit. Ich begab mich in dieses Spannungsfeld der widerstrebenden Gefühle hinein und lernte mit der Zeit verschiedene Lehrmeister des geistlichen Lebens kennen, und der Wind wurde stärker. Er wuchs sich zu einem ungeheuren Sturm aus. Wie gut. Ich begann, mich bewusst von der Stillen Zeit und dem damit verbundenen schlechten Gewissen zu lösen, und machte lange Gebetsspaziergänge, in denen ich freundschaftlich mit Gott plauderte. Ich erlebte Gemeinschaft mit ihm vor Prüfungen an der Universität, wenn plötzlich und geheimnisvoll Ruhe einkehrte und meine Angst weggewischt wurde. Ich pflegte mit ihm einen Gedankenaustausch beim Bahnenziehen durch das 25-Meter-Becken in der Schwimmhalle Aachen-Süd. Das Gespräch mit ihm wurde alltäglicher, doch das Lernen war und ist nicht zu Ende …

Wenn aber eine Methode zum Königsweg wird und nicht nur zum König führen will, dann wird es grundsätzlich gefährlich für den Glauben.

Doch immer wieder – gerade wenn ich in schweren Lebensphasen steckte – fiel ich hier und da zurück in diese alte, teuflische Spur der Machbarkeit und Leistung. Der Gedanke kroch dann quälend in mir hoch, dass das alles hohl sein könnte und leer. Ich hatte gute Formen der Begegnung mit Gott entwickelt, aber sie waren nicht mehr innerlich gefüllt. Was machte ich? Ich verstärkte die Anstrengung. Plötzlich wurde die Methode wieder wichtiger als die Begegnung mit Gott, mit dem Vater, dem Sohn und dem Heiligen Geist. Warum? Ich habe lange darüber nachgedacht und gebetet und kam zu einem ernüchternden Schluss: Meine innere Haltung war irgendwo auf der Strecke geblieben. An der Umsetzung mochte es manchmal auch noch hapern, aber die Methode, ja, die funktionierte! Die hatte ich zumindest im Griff. Mein Herz, meine Seele, dieses verzagte Ding, das nur Gott ergründen kann, war irgendwo auf dem Weg stehen geblieben, hatte an den Ritualen aber festgehalten, wodurch sich diese hilfreichen Methoden und Gewohnheiten Stück für Stück entleert hatten. Denn weder an der Stillen Zeit noch am Auswendiglernen von Versen noch an jeder anderen Form von geistlicher Übung ist etwas Falsches (solange sie mit Gottes Wort korrespondiert). Wenn aber eine Methode zum Königsweg wird und nicht nur zum König führen will, dann wird es grundsätzlich gefährlich für den Glauben.

Wie gut, dass Gott uns dieses falsche Vorgehen in Liebe, aber doch sehr deutlich zeigt. Denn diese Leistungsbezogenheit höhlt aus … und drängt uns an den drohenden Abgrund des Ausbrennens. Da stimmt dann vielleicht noch die äußere Form, innen drin tobt aber bereits der Kampf in einem verwaisten Herzen, das nicht mitkommen konnte oder gar vernachlässigt wurde.

In die nächste Schieflage meines Lebens haben Seelsorge, Coaching und Supervision hineingeführt, lauter gute und hilfreiche Dinge. Ich entdeckte: Meine Seele, meine Gefühle, mein Innenleben sind unendlich reich, wichtig und außerdem spannend. Man kann tatsächlich lernen, sich selbst besser zu verstehen. Zweite Entdeckung: Das alles ist auch ziemlich verbogen und verletzt durch das Leben und die Menschen und nicht zuletzt durch mich selbst. Jahre ohne Gott und auch mit Gott haben ihre Spuren hinterlassen. Als Christ in einer gefallenen Welt zu leben, kann mindestens genauso verletzen, wenn man nicht gelernt hat, aus dem Zentrum heraus zu leben. Liebe Mitchristen hatten mich – wie weiter oben beschrieben – massiv verletzt und ich sie andersherum vermutlich auch, das Gottesbild war an manchen Stellen angeknackst oder gar zerbröselt und somit in die Krise geraten, und das war gut so. Aber schmerzhaft.

Es begann eine wertvolle Zeit der Neubesinnung. Geistliche Übungen in dieser Zeit? Mangelware. Stattdessen Fokussierung auf das Innenleben. Ich hatte immer noch nicht meinen Zugang, meinen Weg gefunden, und so versuchte ich dieses oder jenes, aber ohne echte Überzeugung, ohne eine eigene heilsame Struktur gefunden zu haben. Spätestens das schlechte Gewissen, »es« wieder mal nicht geschafft zu haben, trieb mich in die Rebellion gegen jede Form der Bevormundung durch eine geformte Spiritualität.

> Wenn der Glaube sich an der Wirklichkeit reibt, werden Dunkelheiten und Verletzungen schnell sichtbar, und es ist wichtig, diese dann wahrzunehmen und auszuhalten.

Ich spürte aber gleichzeitig: Die einseitige Betonung des Innenlebens und die Vernachlässigung der geistlichen Übungen trieben mich in eine neue Schieflage! Denn: Analyse ist ja gut. Aber was prägt mich, verändert mich? Was lasse ich gewollt an mich heran? Um ein Bild zu verwenden: Wie trainiere ich für den Langstreckenlauf, der noch vor mir liegt, diesen Lauf des Glaubens? Doch wohl nicht nur durch Nachdenken und Nachsinnen über das eigene Seelenleben?

Es entwickelte sich langsam die Erkenntnis: Aus sich selbst heraus wird kein Mensch frei. Der eigene Kopf, das eigene Herz als begrenzender Faktor ist einfach zu stark, zu blockierend. Die Weite Gottes und seiner Gedanken fehlte. Übrig blieb zunehmend das Gefühl, ein Fähnchen im Wind zu sein, schwankend und unsicher im Glauben.

Eine Beobachtung, die ich im Übrigen nicht nur bei mir, sondern bei vielen Menschen mache, die sehr sensibel sind oder sich häufig um sich und ihre Befindlichkeit drehen: Die starke Verankerung beim mächtigen Gott fehlt. Stattdessen lauert da Unsicherheit und eine ungesund entgrenzte Offenheit für alle möglichen Formen der Spiritualität und der Theologie, denn: Man hat ja nicht gelernt, an Gedanken von außen stabile, biblisch fundierte Maßstäbe anzulegen … Solche Menschen denken häufig über sich nach, reflektieren viel und gründlich, zweifeln an sich und fragen sich, ob sie gut genug sind … Gleichzeitig schrumpft vermutlich die Freude am Glauben und es ist kein fester Stand in Christus vorhanden. Der Glaube wird entfernter, wattiger, unklarer, seltsam entrückt …

Bei mir fehlte lange Zeit die Balance aus innerer Wahrnehmung und äußerer Verankerung. Natürlich gilt: Wenn der Glaube sich an der Wirklichkeit reibt, werden Dunkelheiten und Verletzungen schnell sichtbar, und es ist wichtig, diese dann wahrzunehmen und auszuhalten. Da ich aber ein kritischer Geist bin (was ich durchaus kritisch sehe …), führte jede Erkenntnis eigener Dunkelheit hinein in eine tiefe Traurigkeit. Dabei bemerkte ich gar nicht, wie wenig das Gottes Willen entsprach, der doch meine Heilung und meine Freude in ihm wollte. Das aber nahm ich durch die unterbelichteten geistlichen Übungen viel zu wenig wahr – weil ich mich Gott zu wenig und wenig regelmäßig aussetzte. In dem Moment, wo ich diese Schieflage bewusst unterbrochen habe, konnte ich aufatmen, konnte mich in Gottes Arme werfen und mir sagen lassen: »Auch ich kenne deine Verletzungen und deine Dunkelheit, aber genau dafür bin ich gekommen.« Ich brauchte es, dass mir liebe Mitchristen das kraftvoll zusprachen, denn an einigen Punkten meines Lebens war ich so in mir gefangen, dass die Freude immer weniger wurde und damit die Kraft schwand …

Als Nächstes sah ich mich mit Schieflage Nummer drei konfrontiert … Glaube ohne Werke ist tot (vgl. Jakobus 2,14-26). Diese Worte hatten mich lange gequält. Doch diesmal war es anders und die Worte quälten mich nicht mehr mit (von mir so gedeutetem) überzogenem und krankem Leistungsdenken, sondern sie hielten mir einen lebendigen und kraftvollen Spiegel vor. Ich merkte, dass da bei mir tatsächlich etwas fehlte …

Jakobus 1,23-25 beschreibt ja genau das: dass wir in Gottes Wort wie in einen Spiegel schauen, um geprägt und auch geprüft zu werden. Unser Gewissen ist Teil des seelischen Bereichs und durchaus in einem gehörigen Maße schief geprägt durch ebenso schiefe und schlicht menschliche, sprich: sündhafte Autoritäten. Manche Christen glauben, ihr Gewissen sei quasi die göttliche Instanz in ihrem Leben. Doch dagegen spricht bereits die simple Beobachtung, dass manche Menschen ohne Gewissensbisse töten können – weil das Gewissen durch Fehlprägung genügend abgestumpft ist.

Das Wort aber ist der perfekte Spiegel für unseren Geist. So wie wir beim Rasieren oder Make-up-Auftragen in den Spiegel schauen und streng genommen gar nicht uns selbst sehen, sondern nur ein seitenverkehrtes Spiegelbild, so wie wir trotzdem diesem Spiegelbild trauen und uns mutig rasieren (oder schminken), so dürfen und sollen wir auch dem Spiegel des Wortes Gottes trauen. Auch wenn wir nichts spüren, wenn es vielleicht dem sogenannten gesunden Menschenverstand widerspricht ...

Dieses Wort traf mich also eine Ebene tiefer als an meinen überempfindlich eingestellten seelischen Leistungssensoren. Ich arbeitete an meinem Innenleben (und das teilweise intensiv), ich übte mich – so gut es ging – in geistlichen Übungen, ja, ich predigte bereits und war in der theologischen Ausbildung, der Alltag aber blieb davon meist seltsam unberührt. Glaube ohne Werke ist tot.

Gott beruhigte mich in einer intensiven Gebetszeit in seiner unglaublich sanften und liebevollen Art: »Nein, du bist nicht ohne Werke, kein Stress, lieber Christof – aber da klafft eine doch immer größer werdende Lücke zwischen Anspruch und Realität, sei achtsam und wirke dem entgegen, balanciere deine Spiritualität neu aus, damit du nicht stürzt.«

Leichter gesagt als getan! Aber wichtig, denn sonst drohen Pharisäertum und fromme Heuchelei, und die ist bekanntlich die schlimmste. Da wird anders gebetet und geredet als gehandelt. Das ist nun – ich will hier keinen falschen Druck aufbauen – bis zu einem gewissen Maße unvermeidbar; die Balance zu finden heißt ja gerade, dass man sie nicht hat und dass diese Balance eine empfindliche, instabile ist, die immer wieder hier und da ein Ungleichgewicht aufweisen wird. Um genau diesen lebendigen Prozess geht es und nicht um festgemauerte Dogmen, die umklammert werden.

Doch ab einem gewissen Punkt wird es gefährlich. Zumeist spüren wir das recht deutlich. Gerade dann, wenn wir gute Freunde haben, die uns sagen dürfen, wenn uns die sprichwörtliche Nudel im Gesicht hängt. Eine Schieflage wird gerade dort offenbar, wo wir in Beziehungen leben, in ehrlichen und authentischen Beziehungen. Wehe, wenn nicht, wenn Einzelkämpfertum unser Christsein prägt. »Mich hinterfragt niemand, das kann ich selbst!« – diese Haltung ist der Sargnagel der lebendigen Spiritualität. Nur eine gründliche Spiegelung im Wort Gottes und ein Leben in ehrlichen und lebendigen Beziehungen gewährleisten, dass ich wachse und nicht zum Heuchler werde …

So weit ein Blick in mein geistliches Vorwärtsstolpern. Immer wieder habe ich bestimmte Schieflagen in meinem Glauben erlebt. Da habe ich die geistlichen Übungen überbetont, später mein Innenleben, und dabei nicht bemerkt, dass die alltägliche Umsetzung irgendwie auf der Strecke blieb. Vielleicht geht es Ihnen ähnlich und Sie wünschen sich endlich einen anderen Zugang zum Glauben? Sie wollen besser verstehen, was da eigentlich »abgeht«? Wie sich Inneres, geistliche Praxis und Umsetzung im Alltag zusammen verstehen lassen? Das wollte ich auch und das will ich immer noch.

Mich hinterfragt niemand, das kann ich selbst!

Ich bin der Überzeugung, dass diese Fragen für die westliche Christenheit drängend sind. Denn wir leben in einer komplexen und äußerst fordernden und belastenden Welt. Unsere Spiritualität muss Antworten finden und sie muss sie einbetten in die Spannungsfelder des Glaubens und des Lebens. Ich habe in den Momenten des Lebens, in denen ich die Komfortzone zähneknirschend verlassen musste (rückblickend würde ich sagen: durfte), erfahren, ob mein Lebenshaus auf Sand gebaut ist oder auf Fels. Gott will in seiner Liebe einen stabilen Bau auf stabilem Grund für Sie und mich. In den Grenzfällen des Lebens, und die sind heute häufiger und intensiver als noch vor 20 Jahren, wird unser Lebensbau durchgeschüttelt. Gott verhindert nicht den Sturm, er will Stabilität geben.

Dabei handelt es sich um einen ständigen und sich selbst erneuernden Prozess. Denn wir haben es mit einem lebendigen Gott zu tun, der nicht ein für alle Mal gesprochen hat und nun kalt und hart schweigt und auf sein Buch verweist, sondern der sich neu in jede Zeit hineingibt und die starken Worte der Bibel frisch vor unseren Augen aufleuchten lässt. Deswegen ist dieses Buch nur der Anfang, ein Pflock, von dem aus wir gemeinsam weitergehen können.

Es ist tatsächlich an der Zeit, neue Pflöcke einzuschlagen. Ich fürchte, Glaube wird in der westlichen Christenheit zur Bestandsverwaltung. Das dürfen wir nicht hinnehmen, sondern müssen Gott in den Ohren liegen nach Antworten. Meine große Frage seit über zehn Jahren ist: »Herr, wo müssen wir ansetzen?« Dieses Buch ist eine erste Antwort.

Die Menschen müssen spüren und erleben, dass die Christen kraftvoll und verletzlich, schwach und kämpferisch, authentisch und bereit zur Veränderung, standhaft und barmherzig, kurz: gefüllt von Gottes Geist etwas leben, das man einfach unbedingt haben muss.

Wir leben in einer Zeitenwende. Es geht um weit mehr als um ein gelingendes, persönliches Glaubensleben. Viele Menschen haben Sehnsucht nach Glauben, nach Religion, aber nur wenige entdecken in dieser Sehnsucht Jesus. Das macht mich unruhig und ich beginne zu ahnen, dass uns hier Missionsappelle und noch aufwendigere Evangelisationen nicht weiterhelfen. Die Menschen müssen spüren und erleben, dass die Christen kraftvoll und verletzlich, schwach und kämpferisch, authentisch und bereit zur Veränderung, standhaft und barmherzig, kurz: gefüllt von Gottes Geist etwas leben, das man einfach unbedingt haben muss. Wonach das Herz sich sehnt!

Methoden sind kalt. Berechnung stößt ab. Kraft dagegen fasziniert, Wärme zieht an und die spürbare Präsenz des Geistes begeistert! Das verheißt die Bibel. Ich sehne mich danach und ich weiß, dass es viele Christen mit mir tun.

Ich will Ihnen davon berichten, was ich in meinem Glaubensleben erlebt habe und welche Antworten ich von Gott geschenkt bekommen habe. Ich erzähle es Ihnen als Wegbegleiter bei einer Tasse Tee oder

Kaffee, nicht als Lehrer von oben herab. Dazu war ich zu oft ganz unten. Lesen Sie weiter und prüfen Sie bitte alles gründlich. Nicht alles trifft auf Ihr Leben zu. Aber leben Sie bitte, was Sie erkannt haben. Stillstand können wir uns nicht mehr leisten. Der Glaube muss endlich ins Herz und von da aus ins Leben. Malen wir ein umfassendes und buntes Bild des Glaubens, der Spiritualität. Lassen Sie sich begeistern!

Konkret gefragt – zum Weiterdenken

- *Was für Schieflagen haben Sie in Ihrer Glaubensbiografie erlebt?*
- *Wo haben Sie Ihren »Schwachpunkt«? In einer vernachlässigten Berücksichtigung der inneren Haltung? In mangelnden geistlichen Übungen? In der Umsetzung?*
- *Wo sind Sie besonders »stark«?*
- *Wonach haben Sie in Ihrem geistlichen Leben Sehnsucht?*

Kapitel 1

Spiritualität – was ist denn das? Vom Gummibegriff zu einem hilfreichen farbigen Bild

»Spiritul… Spritua… Spirtu…« – der Mann mühte sich redlich und wer wollte es ihm verdenken? Wir saßen zusammen im Männerkreis (der bei uns in der Gemeinde scherzhaft »Die freien Radikale« heißt) und diskutierten über männliche Spiritualität.

Mir wurde bei diesen unfreiwilligen Sprechübungen deutlich: Kaum etwas macht geistlich offene und interessierte Menschen so neugierig wie das Wort Spiritualität. Auf eigenartig diffuse Weise verheißt es etwas Besonderes, vielleicht sogar Geheimnisvolles. Es scheint, ironisch zugespitzt, einen pawlowschen Reflex auszulösen: Unter dem Label Spiritualität lässt sich der größte Mist als Gold vermarkten und trotzdem sabbern die nach geistlicher Erfahrung Dürstenden. Mich macht das traurig und gleichzeitig hoffnungsvoll: Was für einen geistlichen Hunger erleben wir unter uns!

Unter dem Label Spiritualität lässt sich der größte Mist als Gold vermarkten und trotzdem sabbern die nach geistlicher Erfahrung Dürstenden.

Gleichzeitig kommt das Wort Spiritualität schwer über die Zunge, es ist unnahbar und seltsam weich, wattig und formbar. Unwillkürlich stellt sich die Frage: Was hat denn das mit meinem Leben zu tun? Meinem Leben als Fabrikarbeiter, Hausfrau, Student oder Manager, der oder die sich eben nicht einfach so in ein Kloster abseilen kann. Dazu kommt: Das S-Wort wird in allen möglichen Kontexten, Religionen, Weltanschauungen und Denkwelten verwendet und vermittelt die Illusion (?) einer ganzheitlichen geistlichen Sichtweise des Lebens. Illusion mit Fragezeichen, denn ich glaube, dass gute Spiritualität das bieten kann. Dazu müsste man sie aber definieren und auf den Punkt bringen. Denn als frei schwebender flaumiger Wattebausch, als fromme Worthülse bringt sie uns nicht weiter.

Bevor wir uns nun an diese Aufgabe begeben, möchte ich eine Bemerkung vorwegschicken: Dieser erste Teil des Buches wirkt erst einmal vermeintlich theoretisch, ist aber letztlich hochgradig praktisch. Um es in ein Bild zu packen: Es hat keinen Sinn, einen stabilen Tisch zu bauen und ihn dann auf Sand zu stellen. Der Boden muss bereitet und fest sein. Wir müssen unseren Standort bestimmen, wenn wir wissen wollen, wohin wir aufbrechen können. Von welchen Seiten wir vom Pferd fallen können. Wo unsere Lieblingseinseitigkeiten lauern. So habe ich bereits diese vermeintlich theoretischen Einsichten in meiner Glaubensgeschichte als äußerst befreiend erlebt, auch wenn sie eher Rohkost und Braten als Softeis und Flüssignahrung waren. Gute Spiritualität ist Analyse und Weg gleichermaßen. Bei den kommenden Seiten habe ich einen Wunsch. Dass wir diese neuen Erkenntnisse auch als Einsichten (in unser Herz) und als Aufsichten (zu Gott) begreifen – und nicht nur als intellektuelle Bereicherung. Im Zentrum steht die Frage: Wo und wie stehe ich gerade da?

Spiritualität – der Versuch einer Definition

Genug der Vorrede, los geht's. Erste Konturen werden sichtbar.

Artikel | Diskussion | Seite bearbeiten

Spiritualität

Spiritualität (von lat. *spiritus* ‚Geist, Hauch' bzw. *spiro* ‚ich atme' – wie altgr. ψύχω bzw. ψυχή, siehe *Psyche*) bedeutet im weitesten Sinne Geistigkeit und kann eine auf Geistiges aller Art oder im engeren Sinn auf *Geistliches* in spezifisch religiösem Sinn ausgerichtete Haltung meinen. Spiritualität im spezifisch religiösen Sinn steht dann auch immer für die Vorstellung einer geistigen Verbindung zum Transzendenten, dem Jenseits oder der Unendlichkeit.

Das sind nicht meine Worte, sondern die Ausführungen der Online-Enzyklopädie Wikipedia. Diese Definition drückt gleichzeitig die Hilflosigkeit aus, dieses Phänomen Spiritualität zu beschreiben, denn es wirkt irgendwie wie alles und nichts gleichzeitig, sehr weit und sehr diffus, aber doch verlockend – so wie Zuckerwatte. Von der kann man aber nicht leben!

Als ich auf meinem Blog einen Artikel zur Spiritualität geschrieben habe, kamen auch prompt die Reaktionen: Was für ein dummer Gummibegriff! Kann man da nicht einen anderen finden? Ich bemühte mich redlich. »Frömmigkeit« als Ersatzwort – das funktionierte nicht und war mir zu altbacken und auch zu sehr nach innen gewandt. »Glaubenspraxis«, also die gute alte *praxis pietatis,* war das etwas? Nein, auch das schien mir zu einseitig, denn wo kommt in diesem Begriff die innere Haltung vor?

Diese Definition drückt gleichzeitig die Hilflosigkeit aus, dieses Phänomen Spiritualität zu beschreiben, denn es wirkt irgendwie wie alles und nichts gleichzeitig, sehr weit und sehr diffus, aber doch verlockend – so wie Zuckerwatte.

Deswegen bin ich dafür, dass wir das Wort Spiritualität biblisch fundiert füllen und seine Verheißung ernst nehmen. Die Verheißung, etwas so Komplexes wie den Glauben in eine ganzheitliche Gesamtsicht zu gießen. Zusätzlich hätten wir den angenehmen Nebeneffekt, über Spiritualität fundierter und pointierter reden zu können und so vielleicht dem einen oder anderen Gesprächspartner aus der einlullenden Magie des nebulösen Sammelbegriffs Spiritualität herauszuhelfen.

So wage ich eine Definition:

Spiritualität ist der Prozess des Glaubenswachstums in den unterschiedlichen Spannungsfeldern des Lebens und Glaubens. Sie kennt drei Dimensionen: innere Haltung, ganzheitliche geistliche Übungen, alltägliche Umsetzung.

Das klingt komplex und ist es zuerst auch. Deswegen steigen wir in die Definition ein und bringen Fleisch an die Worte. Schnell wird deutlich werden: Das ist so praktisch, praktischer geht es nicht …

Die Spannungsfelder des Lebens und Glaubens

Wir hatten im Studium der Theologie in unserer Klasse einen Running Gag. (Wie findet man dafür einen guten deutschen Ausdruck – fortlaufender Witz? Wohl kaum, aber ich schweife ab.) Immer wenn wir in einer Situation oder in einer Diskussion nicht weiterkamen, sondern zwischen zwei Polen festhingen, kam der unvermeidliche Spruch: »Die Spannung muss man wohl aushalten.« Irgendwann nervte es – aber es war die Wahrheit. Immer wieder prallten wir mit unvermittelter Wucht gegen eine Wand der Unauflösbarkeit einer Spannung. Konnte ein System dahinterstecken?

Zugegeben: Das mögen gerade Deutsche, oder genauer: Menschen mit typisch deutscher Denkweise, gar nicht gern. Da muss alles schön geklärt sein, und wenn es geht, schwarz-weiß. Doch kommt man damit weiter? Oder liegt hier schon eine erste, ernst zu nehmende Ursache für die eigene unbefriedigende Spiritualität?

Und wozu Spannungsfelder? Was sollen sie, wozu dienen sie? Eigentlich ist das die falsche Frage: Sie sind einfach da. Verneinen wir sie, werden wir an dieser Stelle immer wieder gegen eine Wand laufen und nicht wachsen, sondern verbittern und hart werden. Nehmen wir sie an, wachsen wir an ihnen und lernen, mit einem Sowohl-als-auch zu leben und nicht nur in einem Entweder-oder zu verharren.

Zur Verdeutlichung ein paar Beispiele. Beginnen wir mit einem Klassiker der Theologie:

> *Müht euch mit Furcht und Zittern um euer Heil! Denn Gott ist es, der in euch das Wollen und das Vollbringen bewirkt, noch über euren guten Willen hinaus* (Philipper 2,12b-13; EÜ).

Dieser Vers wird gerne auseinandergerupft und für zwei verschiedene Zwecke eingespannt: Vers 12b alleine, um kräftig Druck zu erzeugen und der störrischen Gemeinde oder sich selbst deutlich zu machen: So ganz nur mit Gnade geht es nun auch nicht. Denn wie oft liest man solche Verse wie das nervige Kleingedruckte zum Evangelium, zur Frohen Botschaft …

Alternativ nimmt man Vers 13 für sich alleine, um zu betonen, dass alles von Gott kommt und wir überhaupt nichts machen können. Also entspannen und alles nicht so ernst nehmen.

Das ist Entweder-oder-Denkweise. Wie fatal, wenn die Bibel selbst uns vorexerziert, was viel typischer für das jüdische Denken ist: das Sowohl-als-auch. »Streng dich an, jawohl, kein passives Opfergetue! Aber letztlich ist es doch Gott, der alles in dir vollbringt.« Beides gilt, auch wenn wir es schön dualistisch nicht zusammenbekommen werden und wollen. Unweigerlich baut sich eine Spannung auf und das ist gut so.

Immer wieder treffen wir in der Bibel auf diese vermeintlichen Widersprüche, die eigentlich nur verqueres und methodisch eingeschränktes Denken auf unserer Seite widerspiegeln. So wollte Luther den eher Aktion und Werke betonenden Jakobusbrief am liebsten aus dem biblischen Kanon werfen. »Eine stroherne Epistel« – so nannte er die Schrift des guten Jakobus, und der konnte sich nicht mehr wehren. Luther sah an dieser Stelle die Gnade gefährdet. Verständlich im historischen Kontext und bei seinem theologischen Schwerpunkt, aber bereits ein Vorläufer des typischen Entweder-oder-Denkens der Moderne, die ja in der Aufklärung des 17. Jahrhunderts ihre Wurzeln hat. Denn klar ist: Paulus und Jakobus widersprechen sich nicht – sie ergänzen sich und werden so zu einem heilsamen Spannungsfeld.

> Das Leben gleicht mehr einem Tanz auf einer Fontäne verschiedener Strömungen als einem festgelegten und genau definierten Weg.

Dieses Denken in Spannungsfeldern verlangt von uns nicht weniger als einen inneren Paradigmenwechsel, der nicht leicht zu vollziehen ist. Wir sind Kinder der Moderne und sind es gewohnt, exklusiv und ausschließend zu denken. Doch sind wir gleichzeitig mitten in der sogenannten Postmoderne, die uns zunehmend prägt. In dieser Epoche ahnen immer mehr Menschen, dass ein neues Denken inklusive sein muss, Spannungen aushaltend, Gegensätze verbindend. Einfache Lösungen haben nicht getragen, haben ihren Dienst versagt. Nun muss eine Ebene höher gedacht werden. Das Leben gleicht mehr einem Tanz auf einer Fontäne verschiedener Strömungen als einem festgelegten und genau definierten Weg.

Das muss nicht jedem gefallen. Gerade sicherheitsbetonte Menschen sehen hier eher die Bedrohung als die Chance. Meiner Meinung nach kommen wir damit aber dem biblischen Denken näher.

Die Moderne hat uns in geradezu teuflische Sackgassen getrieben. Machbarkeitswahn regiert auch in Gemeinden und schließlich im geistlichen Leben, »Glaube dieses und du bekommst von Gott jenes«, »Entscheide dich für Jesus und du kommst in den Himmel«, »Wende diese Methode an und du erneuerst dein Glaubensleben in sieben einfachen Schritten«. Immer wieder die Frage: Was funktioniert? Was muss ich machen?

Widersprüche als Bedrohung für das eigene Glaubensgebäude wahrzunehmen – all das sind Haltungen und Konzepte der Moderne. Sie werden hier und da krampfhaft festgehalten, aber sie tragen definitiv nicht mehr. Denn die Menschen sehen sich einem anderen Alltag gegenüber … einem Alltag voller Spannungsfelder.

Auch in der Begleitung von Menschen und in meinem eigenen Alltag erlebe ich klassische Beispiele für alltägliche Spannungsfelder. Wo früher – als Beispiel – die Ehe fast automatisch lebenslang gelebt wurde, die Familie an einem Ort blieb und Wurzeln schlug, wo der soziale Kontext stabil und identitätsstiftend wirkte, da ist heute ein Haufen der unterschiedlichsten Spannungsfelder am Werk. Das Ausbalancieren von Beruf, Familie, Gemeinde, Freizeit, seelischer und körperlicher Gesundheit erscheint heutzutage allein schon als mittlere Managementaufgabe. Selten kommt es zwischen diesen vielfältigen Polen zu einer echten dauerhaften Ruhe und Stabilität (wobei die in früheren Generationen oft genug nur eine vermeintliche Stabilität war). Menschen erleben sich selbst als auf dem Weg befindlich, ständig auf der Suche nach der Balance zwischen vielen, intensiven Faktoren und Polen. Da ist die Mutter, die nicht nur zwei kleine Kinder zu versorgen hat, sondern nebenher noch in einem Beruf arbeitet, der ihr Freude macht und für den sie ausgebildet ist. Sie managt außerdem die Kindergottesdienstarbeit ihrer Gemeinde und hat im Kindergarten ein Ehrenamt übernommen. Daneben soll sie noch Gesprächspartnerin und Geliebte ihres Mannes sein und regelmäßig kommen die Freundinnen und Nachbarinnen zu ihr und heulen sich aus. Alles wichtige Dinge – die aber überwiegend nicht planbar sind. So mutiert der Alltag zwischen den Spannungspolen nicht zu einer Sache, die man kontrollieren kann, sondern die eher mit einem kreativen, chaotisch erscheinenden, zumeist aber kräfteraubenden Tanz zwischen den Anforderungen zu tun hat.

So sieht die Gesellschaft heute aus. Wir benötigen kreative biblische Antworten auf diese Lebensrealität – denn die Menschen sehnen sich nach etwas anderem, nach einer Alternative. Sie finden jedoch zu häufig Leute, die sich in ihren frommen Kuschelklubs verstecken, und nicht zuletzt, als Beispiel, genauso hohe Scheidungsquoten zwischen Christen wie Nichtchristen (nach einer Erhebung in den USA). Mobbing? Burn-out? Auch in christlichen Kreisen nicht weniger vorhanden. Das Problem sind nicht die Menschen, die »Welt« – das Problem sind Christen, die keinen Zugang zur Kraft haben und nicht wissen, wie sie anders und gegen den Strom leben können. Und es vielleicht auch nicht wollen? Weil sie mehr Kind dieser Welt sind, als sie wahrhaben wollen?

Zurück zur Erfahrungswelt der Menschen und den alltäglichen Spannungsfeldern: Lebenslanges Lernen lautet die Devise – der Beruf, den ich vorgestern gelernt habe, der muss es heute schon nicht mehr sein. Einfache Lösungen, sie tragen nicht mehr, auch nicht in der Politik und Wirtschaft. Das Leben wird undeutlicher und unschärfer. Spannungsreicher und lösungsärmer. Das klingt anstrengend und es ist auch so. Nicht wenige Menschen verweigern sich diesem Weg und resignieren. Denn der Weg in der Postmoderne ist unsicher und herausfordernd. Doch ich bin der Überzeugung, dass die Postmoderne eine neue Spiritualität ermöglichen kann und wird, denn sie ist dem biblischen Denken in manchen, vielleicht sogar in vielen Punkten näher als die Moderne, die sogenannte »gute alte Zeit« – die es nie gab.

Doch ich bin der Überzeugung, dass die Postmoderne eine neue Spiritualität ermöglichen kann und wird, denn sie ist dem biblischen Denken in manchen, vielleicht sogar in vielen Punkten näher als die Moderne.

Der Mensch in dieser Welt empfindet den Jesus, der von sich sagt, dass er keinen Platz hat, wo er seinen Kopf hinlegen kann (vgl. Matthäus 8,20), seiner Realität weit näher als ein festgezurrtes Sicherheitsdenken der Moderne. Ich möchte Appetit machen auf eine neue Spiritualität. Diese benötigt Spannungsfelder zum Atmen und zum Leben.

Wenn das alles so einfach wäre …

Aber es ist ungemein anstrengend, Spannungsfelder als kreatives Wachstumspotenzial zu betrachten und zu nutzen. Ich spüre selbst beim Schreiben, dass sich etwas in mir wehrt. Weil wir immer noch in einer Zeit leben, die uns vermittelt, dass Erfolg und leichtes Leben ohne Aufwand und Anstrengung machbar seien. Es ist Teil unserer Fast-Food-Kultur, dass wir Veränderung wollen, ohne uns groß um sie zu bemühen, und das als erstrebenswertes Ideal auch vermittelt bekommen. Das widerspricht aber aller Erkenntnis. Wachstum geschieht in Spannungsfeldern. Kinder benötigen Reibungspunkte, damit sie wachsen und ihre Identität entwickeln können. Damit sie lernen, was sie wollen und was nicht. Damit sie Grenzen definieren können. Spannungen des Lebens anzunehmen und auszuhalten – das schafft Veränderung.

Ein Blick ins Tierreich als Verdeutlichung. Das Küken braucht den stundenlangen Kampf, um sich von der letztlich bedrängenden Enge des Eis in die ungewohnte Weite des Lebens hineinzuentwickeln. Der Schmetterling muss sich schwerfällig aus der Puppe herauszwängen, damit sich die Funktionen der Flügel aktivieren können und er fliegen kann. Wenn man ihm bei seinem Kampf hülfe, würde er lebens- und fluguntüchtig sterben.

Eine liebe Studienfreundin hat einmal gesagt: »Manchmal muss man Nöte schaffen, um Lösungen zu finden.« Denn die Not erzeugt eine Spannung, und diese wiederum hilft uns dabei, uns auf einen echten Wachstumsschritt zu konzentrieren. Geistlich gesprochen: In Spannungsfeldern entsteht Energie. Energie, die etwas bewegt, Energie, die auf Gott zurückwirft, wenn wir uns schier zerrissen fühlen und die menschliche Machbarkeit an ihre Grenzen stößt.

Deutlich scheint mir: Die innere Haltung, die Erprobungen und Prüfungen aller Art herzlich willkommen heißt (vgl. Jakobus 1,2-4), weil diese uns reifen lassen und wirklich voranbringen – die ist uns nicht in die Wiege gelegt. Der Weg des geringsten Widerstandes, der ist weiterhin das Nonplusultra im Denken und Empfinden vieler Menschen. Ohne Widerstand aber kein Wachstum, kein Reifen, keine Leidenschaft, keine Schönheit.

Wir werden im Verlaufe dieses Buches immer wieder Spannungsfelder betrachten. Sie sind das Grundrauschen unserer neuen Spiritualität. Eine Spiritualität, die eben nicht den leichtesten Weg an Gottes Hand durch das Leben verheißt, sondern uns einen Gott ans Herz legt, der zum Beispiel im dunklen Tal einer schweren Lebenssituation Halt bietet und hindurchführt zum Sieg, aber eben nicht einfach das dunkle Tal beseitigt!

Ohne Widerstand aber kein Wachstum, kein Reifen, keine Leidenschaft, keine Schönheit.

Eine Entdeckung, die sich auch für die persönliche Bibellese fruchtbar auswirken kann, ist, dass sich fast alle entscheidenden Prozesse der Geschichte Gottes mit seinen Menschen in Spannungsfeldern entwickeln. Es gilt also biblisch (man betrachte nur einmal Psalm 23), was Ulrich Schaffer in einem anderen Zusammenhang auf den Punkt gebracht hat: »An den Widerständen bildet sich unser Charakter. Was wir ertragen und bestehen, wird zu einem kostbaren Teil von uns.« Ich möchte ergänzen: nicht von selbst. Wir benötigen die Weisheit Gottes und ein Leben aus dem Geist, um im dunklen Tal nicht zu verzweifeln oder hart zu werden, sondern zu bestehen und letztlich Licht zu erfahren. Doch wie leben wir nun in diesen Spannungsfeldern?

Zuerst gilt es immer wieder, und diese Übung gleicht schon fast einem Exorzismus, vereinfachendes Entweder-oder-Denken immer wieder aus uns hinauszuwerfen. Die Bibel ist keine Magie und Gott kein Zauberer, der mir das Paradies auf Erden verspricht. Stattdessen werde ich als Christ hineingestellt in einen universalen Kampf, in die große Geschichte Gottes, und ehrlich gesagt: Mit Gott fangen die Probleme ja erst an! Wir sollen die Kosten gründlich überschlagen, warnt uns Jesus, bevor wir uns auf die Nachfolge in seinen Fußstapfen einlassen (vgl. Lukas 14,26-33).

Wir sollten also den Menschen und uns selbst deutlich machen: Es kostet unser Leben; er holt uns heraus aus dem antigöttlichen System dieser Welt und sendet uns trotzdem voller Liebe wieder in diese zurück. Die Taufe war ursprünglich auch eine Rettung aus dem »verderbten Geschlecht« (siehe Apostelgeschichte 2). Eine deutliche Distanzierung vom verkehrten Leben und eine Kampfansage an den Mainstream. In der Welt, aber nicht von der Welt – was für ein Spannungsfeld, in das uns Jesus hineinstellt.

Wer Jesus folgt, der wird ganz sicher in einigen Bereichen echte Heilung und Befreiung erfahren, Vergebung der Schuld, eine starke Gemeinschaft, echten und tragfähigen Lebenssinn und nicht zuletzt: unüberwindbare und dauerhafte Liebe vom Schöpfer des Universums. Auf der anderen Seite begibt man sich in eine Ahnenreihe mit Verbrechern, Sündern, Prostituierten und anderen Armen im Geiste, die ihre Hoffnung auf Jesus geworfen haben. Nicht gerade die Schickeria! Wir werden zu Priestern eines Gottes, der einen, vorsichtig gesagt, ungewöhnlichen Weg gegangen ist, um den Menschen seine Liebe zu zeigen. Einen Weg, der so abwegig und radikal ist, dass die meisten Menschen ihn verspotten.

Lassen wir das zu? Oder sehnen wir uns lieber nach »christlichen Werten« und einer »christlichen Gesellschaft« – die uns aber nirgendwo verheißen ist? Veränderung geschieht durch einzelne Christen, die bereit sind, am Reich Gottes mitzubauen – dort wo sie leben, lieben und kämpfen. Mitten in den Spannungsfeldern des Lebens.

Es wird also nicht gehen, ohne dass wir eine neue Denkart (nicht nur neue Gedanken) einüben, gerade weil diese noch wie ein einsamer Fisch gegen den gesellschaftlichen Strom schwimmt. Ich betone bewusst das Wörtchen »noch«. Denn immer mehr Menschen begreifen das Ende des Wachstumsparadigmas, das uns jahrzehntelang geprägt hat. Wir haben über unsere Verhältnisse gelebt und gerade in den letzten zehn Jahren eine gewaltige Schaumblase produziert, wie leicht und wie schnell

Veränderung geschieht durch einzelne Christen, die bereit sind, am Reich Gottes mitzubauen – dort wo sie leben, lieben und kämpfen.

Wachstum möglich sein soll. Doch viele Menschen erahnen die Hohlheit dieses Denkansatzes. Genau da liegt die Chance einer Neuorientierung. Deswegen muss bewusst das abgelehnt werden, was immer noch Patentrezepte ohne Aufwand und echte Anstrengung verspricht. Sie tragen nicht – genauso wenig wie Blitzdiäten. Sie bringen kurzfristigen Erfolg, langfristig bleibt der Kater bzw. die geistliche Verfettung.

Eine weitere Falle ist der seichte Mittelweg. Wenn man das Spannungsfeld schon nicht einseitig auflösen kann, dann kann man doch zumindest versuchen, den Mittelweg zu gehen. Ein bisschen von beiden Polen, nur keine Extreme, gehen wir mittendurch. Diese Variante ist zwar einerseits nicht so angenehm, aber andererseits auch nicht so anstrengend. Also: ein bisschen von allem. Spannung entsteht aber durch einen Potenzialunterschied. Physik-Kauderwelsch – auf Deutsch: durch zwei verschiedene starke (!) Pole. Dort entsteht die Energie zur Veränderung. Schwäche ich die Pole, suche ich den seichten Mittelweg, dann entsteht auch weniger Energie. Zugegeben: Es reißt auch weniger an mir herum, aber Bewegung entsteht auch nicht großartig.

Warum machen wir aus Jesus Christus einen Schoßhund, der uns mit seiner Kuscheligkeit die frierende Seele wärmt?

»Nur keine Extreme« – diesen Satz habe ich häufig gehört. Ehrlich, haben diese Menschen einmal das Neue Testament gelesen? Warum machen wir aus Jesus Christus einen Schoßhund, der uns mit seiner Kuscheligkeit die frierende Seele wärmt?

Was ist die Alternative? Die Spannungspole willkommen heißen. Gott für die Spannungen danken, in die wir hineingestellt werden. So legt es Jakobus 1,2-4 nahe. Und so schlägt es dem Teufel geradewegs ins Gesicht, der nichts lieber möchte als ein lasches Christsein, das friedlich vor sich hin dümpelt. Die Extrem-Spannungsfelder der Bibel kennenlernen und wertschätzen. Ich denke dabei an Petrus, einen Meister des manchmal unfreiwilligen, spannungsreichen Lebens mit allen Höhen und Tiefen, mit allen falschen Auflösungen zur einen oder anderen Seite. Immer wieder holt ihn Jesus zurück, hinein in die Spannungsfelder.

Jesus schickt ihn zum Fischen (vgl. Lukas 5,1-11). Mitten am hellichten Tage. Petrus muss innerlich den Kopf geschüttelt haben wegen so viel Unwissenheit. Aber »auf seinen Befehl hin« fährt er hinaus und fängt eine unglaubliche Menge Fische. Mühsam werden die glitschigen, zappelnden Tiere an Land gebracht und dort fällt Petrus vor diesem Jesus nieder. Er kann gar nicht anders. Er hatte die Frohe Botschaft von Jesus selbst gehört, seine Liebe und freund(schaft)liche Zuneigung gespürt. Nun erlebt er plötzlich im Fischzug seine wilde Allmacht und begreift: Hier hat jemand Macht über die Natur, hier treffe ich auf einen Gottgesandten, der sogar den Kräften der Natur befehlen kann. Petrus erschaudert auf zweifache Weise, mitten in einem gigantischen Spannungsfeld: zwischen Liebe, Nähe und Sanftheit auf der einen und Allmacht, Größe und Autorität auf der anderen Seite. Diese Spannung wirft ihn zu Boden und er muss von Jesus wieder aufgerichtet werden. Nicht die schlechteste Reaktion. Der Rabbi Jesus »belohnt« sie deutlich. Er beruft Petrus in seine Nachfolge und in einen neuen Dienst: Menschen fischen.

Als ich diese Bibelstelle in einem Alpha-Kurs ansprach, erwiderte eine junge Frau: »Genau dieses Spannungsfeld liebe ich so. Diese Mischung aus: Ich kann meinem Gott-Papa wie ein Mädchen auf den Schoß krabbeln und ihm mein Herz ausschütten auf der einen Seite. Ich habe den Schöpfer dieses gesamten gigantischen Universums vor mir auf der anderen Seite.« Großartig, wenn man diese Spannung erfahren und sogar genießen darf.

In dieser Spannung können wir erst begreifen, was Gott da in Jesus Christus getan hat, und unser Herz wird verändert. Geheilt. Befreit. Wie gut, dass wir Spannungsfelder haben. Es ist wie bei schwangeren Frauen, die plötzlich überall schwangere Frauen wahrnehmen (und das, obwohl statistisch kein exotischer, lokal begrenzter Anstieg an Schwangerschaften zu verzeichnen wäre …) – wenn wir beginnen, in Spannungsfeldern zu denken, wenn wir sensibilisiert sind, dann entdecken wir sie überall. Im Leben, in der Gemeinde, in der Bibel allzumal. Es gilt, einseitige Auflösungen abzuwehren, die einfache Lösung zu verweigern. Gleichzeitig dem Risiko zu wehren, stattdessen einen weichen Mittelweg mit ein bisschen von beiden Polen zu gehen. Um sich stattdessen mitten hineinzubegeben und die Spannungen willkommen zu heißen.

Lebe ich heute leichter in Spannungen? Nicht immer, denn ich bin ein störrischer und manchmal auch bequemer Mensch. Aber ich beginne sie zu schätzen. Wo ich sie lebe, da spüre ich ihre Kraft, und Gott nutzt sie, um mich zu verändern. Ich merke: Da ist die pure Energie, und das, das fühlt sich richtig gut an. Steigen wir tiefer ein in diese Energie, entwickeln wir ein Bild, das sich stark anfühlt und das unseren Geist aktiviert.

Schauen wir uns also an, in welchen Dimensionen und mit welcher Weite sich ganzheitliche Spiritualität ausdehnt.

Konkret gefragt – zum Weiterdenken

- *Welche Spannungsfelder erleben Sie in Ihrem Leben? Beruf? Partnerschaft? Glaube? Gemeinde?*
- *Wie empfinden Sie Spannungsfelder?*
- *Eine Untersuchung hat ergeben, dass sich in westlichen Gesellschaften eine große Mehrheit von Menschen eher ein gleichförmiges Leben ohne Aufregung wünscht als ein aufregendes Leben mit Tiefen, aber eben auch Höhen – sprich: Spannungen. Wo ordnen Sie sich ein? Warum?*
- *Neigen Sie dazu, Spannungen eher zu einer Seite aufzulösen, oder bevorzugen Sie den seichten Mittelweg?*
- *Heißen Sie die aktuellen Spannungsfelder Ihres Lebens im Gebet willkommen und erspüren Sie die Kraft, die davon ausgeht?*

Kapitel 2

Der Tanz auf der Fontäne Spiritualität in allen Dimensionen leben

Eine lebendige Spiritualität wird sich also dynamisch in den verschiedensten Spannungsfeldern bewegen. Unsere Aufgabe dabei ist es, die Spannungsfelder wahrzunehmen, den leichten Weg auszuschlagen und uns stattdessen auf einen Tanz auf der Fontäne einzulassen. Denn das Leben und der Glauben sind nicht ein für alle Mal festzementiert, sondern bewegen sich dynamisch zwischen den verschiedensten Polen, und es gilt, immer wieder neu die Balance zu finden.

Diese Denk- und Glaubensweise ist einerseits ungewohnt, aber andererseits auch eine Entlastung: Ich muss die Sache nicht im Griff haben, ich muss nicht alles bis ins Letzte kontrollieren, sondern darf und soll mich einlassen auf eine Dynamik, die sicherlich mehr einer leidenschaftlichen Beziehung zu Jesus Christus entspricht als ein festgelegter Routenlauf von der Wiege bis zur Bahre.

Ich muss die Sache nicht im Griff haben, ich muss nicht alles bis ins Letzte kontrollieren, sondern darf und soll mich einlassen auf eine Dynamik, die sicherlich mehr einer leidenschaftlichen Beziehung zu Jesus Christus entspricht als ein festgelegter Routenlauf von der Wiege bis zur Bahre.

Wir haben also nun den (dynamischen) Ort unserer Spiritualität umschrieben. Doch woraus besteht sie nun? Schauen wir noch einmal die Definition an (an dieser Stelle sei bemerkt, dass auch diese nicht ein für alle Mal festgelegt ist wie ein Gesetz. Sie sind ermutigt, daran zu arbeiten und diese Definition weiterzuentwickeln):

Spiritualität ist der Prozess des Glaubenswachstums in den unterschiedlichen Spannungsfeldern des Lebens und Glaubens. Sie kennt drei Dimensionen: innere Haltung, ganzheitliche geistliche Übungen, alltägliche Umsetzung.

Zugegeben: Es gibt andere Definitionen, wahrscheinlich sogar so viele, wie es Bücher über Spiritualität gibt. Zumeist aber wird in ihnen ein bestimmter Aspekt überbetont. Somit kommt es zu einer geistlichen Schieflage und zu einer Schwächung der geistlichen Energie. Vernachlässigen wir einen Pol des Spannungsfeldes Spiritualität, fällt es in sich zusammen und macht unseren Glauben klein und kraftlos.

Werfen wir einen Blick auf die drei Fehlformen der Spiritualität. Ich wünsche mir, dass Sie, wenn Ihnen auf den nächsten Seiten eine Schieflage deutlich wird, aufatmen können – bei mir war es zumindest so. Denn dann kann der Tanz in den drei Dimensionen umso kraftvoller und dynamischer beginnen. Dabei verschwinden die negativen Folgen einer Schieflage quasi von selbst. Ganz nach Paulus wunderbarer Regel für jede echte Veränderung: Kämpfe nicht gegen das Böse, sondern: *Lass dich nicht vom Bösen besiegen, sondern überwinde es durch das Gute!* (Römer 12,22, GNB).

Vernachlässigte innere Haltung – eine »fleischliche« Spiritualität, die auslaugt!

Es gibt sie noch, die Macher! Sie haben meinen höchsten Respekt – denn sie investieren Zeit und Kraft in geistliche Übungen, in ihre Stille Zeit, besuchen die Gottesdienste, setzen sich ein. Sie wollen ihren Glauben ernsthaft leben und das Reich Gottes bauen. Dabei haben sie zumeist einen hohen Anspruch: an sich selbst und an andere. Sie pochen auf die geistlichen Disziplinen (bereits die Wortwahl klingt leicht nach vermufften Umkleidekabinen bei Bundesjugendspielen … irgendwie freudlos), ermahnen zu mehr Lehre und arbeiten unermüdlich. Verteilen Traktate, erzählen vom Glauben, wo immer es geht. In der eher charismatischen Variante werden Lobpreis und Anbetung sehr ernst genommen, auch zu Hause prangen gute, aufbauende Verse an den Wänden und Lobpreis-CDs durchfluten mit ihren Klängen das Haus.

Zeit zum Atemholen bleibt kaum, der unermüdliche und disziplinierte Einsatz für das Reich Gottes lässt keinen Raum und keine Zeit dazu. Zuerst kommt Gott, dann die Gemeinde, dann mein Beruf, dann die Familie und vielleicht irgendwo noch ich. Außenstehende meinen in diesem gehetzten Verhalten manchmal zu spüren, dass es in einem solchen Aktivleben vielleicht doch mehr um das Ich geht, als der Person recht sein will …

Natürlich ist dies ein überspitztes Bild, eine Karikatur. Sie soll nicht der Verhöhnung eines solchen Christen dienen, sondern der Verdeutlichung. Also bitte nicht bierernst nehmen. Das System dahinter ist aber deutlich. Die innere Dimension des geistlichen Lebens wird vernachlässigt und auf dem Altar der Disziplin und des Aktivismus geopfert. Passt mein Herz, passt mein Empfinden, passen denn meine inneren Bilder zu dem, was ich praktiziere?

Die innere Dimension des geistlichen Lebens wird vernachlässigt und auf dem Altar der Disziplin und des Aktivismus geopfert.

Der Bibel ist die Deckungsgleichheit dieser drei Dimensionen wichtig. Mein geistlicher Ziehvater definierte einmal Demut als Übereinstimmung zwischen Innen und Außen. Paulus schreibt in Römer 12,3 (NLB): *Im Auftrag Gottes warne ich jeden von euch: Seid ehrlich in eurem Urteil über euch selbst und messt euch daran, wie viel Glauben Gott euch geschenkt hat.*

Dieser Vers warnt vor Überheblichkeit, ermahnt aber auch dazu, sich nicht zu überlasten. Ich muss eben nicht alles leisten, ich muss den Sumpf des Bösen nicht alleine ausheben und die Welt retten. Ehrlich im Urteil über sich selbst sein – das heißt: nicht zu klein und nicht zu groß von sich denken, sondern das Maß finden.

Was passt zu dem, was in meinem Inneren angelegt ist? Wie belastbar bin ich, wie reif, wo stehe ich im Glauben? Eher aktionsorientierte Menschen, die sich selbst gut im Griff haben, vernachlässigen leicht die innere Dimension oder glauben, sie käme schon irgendwie hinterher oder sei eh nicht so wichtig. Nicht selten steht dahinter, dass man die eigene innere Welt, all die Regungen, Motivationen, Warnzeichen, Emotionen, vernachlässigt. Manchmal auch christlich getarnt mit dem Begriff der Selbstverleugnung. Es kann aber nur verleugnet werden, was benannt und erlebt wird. Wenn in meinem Inneren jedoch Fragen, Zweifel und vielleicht sogar Wut toben, sei es gegen Menschen oder gegenüber Gott, und ich trotzdem mein »Programm« aufrechterhalte, dann wird es gefährlich.

Ich spreche da durchaus aus eigener Erfahrung. Als Pastor ist man ja allzu leicht der Prototyp des geistlichen Machers, der neben all den Aktivitäten (die ja gut sind) die innere Haltung vernachlässigt. Das habe ich in den ersten Dienstjahren so erfahren müssen und tappe immer wieder einmal in diese Falle. Da gehe ich in mein Büro, und anstatt meinen Tag mit Stille zu beginnen und mich Gott hinzuhalten, mutiere ich blitzschnell zum »Erlediger«! Computer an und los geht's. Hauskreis, Predigt, E-Mails, Planung … Irgendwann spüre ich: Hier läuft etwas schief. Das kann es doch nicht sein, meine Arbeit wird routinierter, freud- und manchmal auch »geist-loser«. Ich laufe leer und werde zurückgeworfen in die Arme des Vaters, der mich eigentlich schon die ganze Zeit erwartet hat.

»The show must go on« – das ist im geistlichen Leben keine geeignete Parole und lässt uns irgendwann an die Wand fahren. Denn dann handle ich nicht mehr aus der Kraft, Gnade und Liebe Gottes, sondern aus menschlicher Anstrengung. Paulus nennt das »Handeln aus dem Fleisch«. Ich produziere gute Taten, auf jeden Fall gespeist aus der falschen Quelle, manchmal vielleicht sogar von ihr motiviert. So christlich das nach außen aussehen mag – Gott hasst fleischliche Werke.

Jesus findet für die Pharisäer harte Worte. Deren Problem liegt nicht darin, dass sie zu wenig fromme Taten tun, im Gegenteil: Sie sind eifriger als alle anderen darum bemüht. Sie verlangen und leben die Rückkehr zu den frommen Wurzeln. Aber wo ist ihr Herz? Wo ist die Übereinstimmung zwischen Innerem und Äußerem? Jesus schleudert ihnen in den sogenannten »Weherufen« wütend ein Bild dafür entgegen: *Ihr blinden Pharisäer! Sorgt zuerst dafür, dass es mit dem Inhalt des Bechers seine Richtigkeit hat, dann wird auch sein Äußeres rein* (Matthäus 23,26; GNB).

Das Pharisäertum lauert immer und überall und ist gerade für ernsthafte Christen eine der stärksten Versuchungen. Die deutsche Kopfbezogenheit verstärkt diese Tendenz noch. Ich weiß nicht, wie oft ich den Spruch gehört und benutzt habe: »Das ist noch nicht vom Kopf ins

Herz gerutscht!« Genau das ist aber das Grundproblem. Trotzdem wird kräftig und manchmal aktionistisch weitergearbeitet. Das Ende ist klar. Entweder Härte und Bitterkeit oder – hoffentlich vorher – Zerbruch. Denn dieser birgt zumindest die Chance auf eine echte Berührung durch das Vaterherz Gottes in sich.

Magnus Malm hat in seinem Klassiker *Gott braucht keine Helden* darauf hingewiesen: Wir sind zuallererst zum Kindsein berufen und nicht zum Arbeiten für Gott. Wenn wir nicht aus der Kraft und der Beziehung zu ihm heraus leben und arbeiten, laufen wir ins Leere und verpassen gar das Ziel. Zielverfehlung aber ist – wörtlich aus dem Griechischen übersetzt – Sünde.

Machen wir es uns deutlich: Christus ist durch den Heiligen Geist in uns. Sein Geist spricht zu unserem Geist. Nehmen wir das wahr?

Zugegeben: Unsere Innenwelt ist im Berufs- und Alltagsleben relativ uninteressant. Egal, ob ich Handwerker bin oder Manager oder Hausfrau bzw. Hausmann – die Arbeit muss getan werden, egal, wie ich mich fühle. Das ist auch in Ordnung, denn wo kämen wir hin, wenn wir nur arbeiten würden, wenn wir in perfekter Übereinstimmung mit unserem Inneren wären? Übertragen wir aber doch diese Vorgehensweise nicht auf das Reich Gottes! Dort dürfen Tränen, Klagen, Zweifel, Jubel und Ekstase vorkommen. Die ganze Bandbreite des Innenlebens findet ihren Platz und darf in unser geistliches Leben integriert werden. Das muss das Ziel einer gesunden und ganzheitlichen Spiritualität sein – jede andere Spiritualität würde von den Menschen auch nicht mehr ernst genommen. Denn sie sprechen ja plötzlich wieder von Teamfähigkeit, von emotionaler Intelligenz und von anderen »weichen« Schlüsselqualifikationen und verlangen nach ihnen. Wie gut. Nur wenn wir diese Dimension auch im geistlichen Leben ernst nehmen, werden wir nicht hart werden oder leerlaufen. Beides letztlich zerstörerische Alternativen, denn irgendetwas oder irgendwer bleibt dabei auf der Strecke.

Im dritten Teil dieses Buches, in den Kapiteln 8–10, werde ich daher verschiedene wertvolle und heilsame innere Haltungen vorstellen. Diese balancieren uns aus und lassen uns aus der richtigen Quelle leben und glauben.

Vernachlässigte geistliche Übungen – ein Glaube wie ein Fähnchen im Winde …

Während der Macher, der sein Inneres vernachlässigt, gerade und oft bei »starken« Menschen zu finden ist, die auch im Alltagsleben ihren Mann und ihre Frau stehen, ist die Lage bei der nächsten geistlichen Schieflage anders und wahrscheinlich weit häufiger und in mehr Schattierungen anzutreffen. Da ist der Mensch, der sich selbst genau betrachtet, Seelsorge in Anspruch nimmt, Seminare besucht, gute Zeitschriften liest. Auch das Ausleben des Glaubens ist oft gar nicht das Problem, es wirkt nur manchmal krampfig und wenig entspannt, wenig verwurzelt in einem stabilen Fundament. Es scheint nicht aus dem Leben mit Gott herauszufließen, sondern wirkt eigenartig aufgepfropft – wie eine christliche Variante des Wachtturm-Austragens bei den Zeugen Jehovas. Das alltägliche Gebetsleben, die geistlichen Übungen dagegen liegen brach. Hin und wieder ärgert man sich dann darüber: »Warum schaffe ich meine Stille Zeit nicht? Es wird eher schlimmer als besser. Nun gut, ab und an gibt es gute Zeiten und ich lese in der Bibel und bete und dann fühle ich mich besser (ein Beweis für die Wirksamkeit?). Aber dann stürze ich wieder ab und fühle mich elend!«

Diesen Menschentyp zu »beseelsorgen«, das kann diese kurze Typologie nicht leisten, an dieser Stelle nur so viel: Hier läuft einiges im Gottesbild daneben, hier sind Gnade und die bedingungslose Liebe Gottes nicht im Herzen verankert – eine Liebe, die religiöse Übungen als Erweis der Frömmigkeit von ganzem göttlichen Herzen hasst. Gott spannt uns einen Freiraum auf, in dem wir leben und glauben können. Wollen wir es ihm im Nachhinein recht machen? Ihm beweisen, dass wir es verdient haben, seine Kinder zu heißen? Das wird nicht gelingen, denn dann befinden wir uns auf dem Weg der Pharisäer und des »Fleisches«. Wir leben nicht die uns zugedachte Freiheit *(Wenn der Sohn euch frei macht, dann seid ihr wirklich frei* – Johannes 8,36; GNB) und führen aus eigener Kraft fort, was im Geist so gut begonnen hat (vgl. Galater 3,3).

Wir brauchen eine Befreiung von aller verkappter Gesetzlichkeit. Sollen wir uns auch von allen geistlichen Übungen befreien? Das nicht. Aber gerade sensible und perfektionistische, mit Scham besetzte Menschen, die ihr Innenleben sonst sehr gut kennen, traben allzu oft in diese Falle: Sie werden traurig über ihre mangelnde Disziplin. Sollte sich Gott darüber freuen? Geistliche Übungen aus den falschen Motiven sind ihm ein Gräuel! Geistliche Übungen als Ausdruck der Liebe zu Gott und von Gott – das dagegen ist eine Quelle der Kraft und der Stabilität.

Ich überspitze einmal bewusst die beiden Ausdrucksformen dieser Schieflage, wie ich sie aus meinem geistlichen Leben schmerzhaft kenne: Entweder wird leistungsorientiert und pflichtbewusst in der Bibel gelesen und gebetet bzw. man hat aus Verbitterung davon abgelassen. Das ist dann eher ein seelsorgerisches Problem und ein Mangel an guter Gotteslehre. Oder aber man lässt es bleiben, weil es schlicht zu anstrengend ist und Anstrengung in unserem gesellschaftlichen Zusammenhang nicht gerade »in« ist. Das wird gerade noch im Sport akzeptiert, aber auch da sollte nicht zu viel Schweiß fließen …

Jesus betont, dass diejenigen glücklich zu nennen sind, die nicht sehen und ihm dennoch vertrauen (vgl. Johannes 20,29). In den geistlichen Übungen dranzubleiben, auch wenn sich Gott nicht alltäglich auf besondere Weise offenbart – das fällt schwer. Die Folge ist jedoch unübersehbar. Es mangelt allerorten an soliden biblischen Grundlagen, es mangelt aber auch an echter gelebter Beziehung zu Gott. Denn Gebet und das Lesen der Bibel und geistlicher Literatur – das ist im besten Sinne Dialog mit Gott. Intimität mit ihm. Ich lebe doch nicht aus ein paar theologischen Dogmen, die ich irgendwann in einem »Übergabegebet« bejaht habe. Ich lebe aus der alltäglichen Beziehung zu Gott, zum Vater, zum Sohn, zum Heiligen Geist.

> Ich lebe nicht aus ein paar theologischen Dogmen, die ich irgendwann in einem »Übergabegebet« bejaht habe.

Die Folge eines vernachlässigten geistlichen Lebens ist ein Leben als Fähnchen im Wind. Der Glaube wird von innen ausgehöhlt (denn es fehlt an Glaubenserfahrung) und von außen hin und her geworfen (denn es haben sich keine Glaubensüberzeugungen herausgebildet). Übrig bleiben kraftlose und enttäuschte Christen, die zumeist auch noch seltsam schwammig in ihren Überzeugungen sind. Wofür stehen sie im Glauben? Wo schwimmen sie gegen den Strom?

Die meisten Christen, die in diese »Bequemlichkeitsfalle« geraten, haben gleichzeitig Sehnsucht nach mehr Kontinuität und Stabilität im geistlichen Leben und somit auch im Alltag. Aber sie wollen, um ein Bild zu verwenden, einen Marathon laufen, ohne zu trainieren. Kein vernünftiger Mensch würde das versuchen, es ist schlicht unsinnig. Warum aber wollen wir Glaubenshelden sein und viel für Gott erreichen und sind gleichzeitig nicht bereit, etwas dafür zu tun? Eigentlich müsste sich herumgesprochen haben, dass intensive Beziehungen wie Ehen und Freundschaften nur funktionieren, wenn man sich voll einbringt; wenn man sich, manchmal entgegen dem eigenen Lustempfinden, bestimmten gemeinsamen »Trainingsmethoden« unterwirft: zuhören, miteinander emphatisch sprechen, Streit austragen und Konflikte bzw. Zorn nicht unter den Teppich kehren, sich selbst und den anderen wahrnehmen … Ist es nicht genauso in der Intimität mit Gott?

Das Problem ist benannt – doch wie sieht die Therapie aus? Sicherlich die Arbeit an der inneren Haltung, am eigenen Gottesbild, das paradoxerweise schief ist, obwohl sich diese Menschen oft selbst sehr gut wahrnehmen und vielleicht sogar die Tücken ihres Gottesbildes benennen können. Doch zu oft bleiben sie dabei stehen und echte Veränderung, die auch und gerade durch geistliche Übungen geschieht, findet nicht statt. Zu viel wird von der Betrachtung und der Analyse des Ichs erwartet – die in der Tat sehr wichtig und grundlegend ist. Aber Veränderung geschieht erst dort, wo ich diese Sicht kombiniere mit der Kraft geistlicher Übungen. Ich muss meinen Kopf, mein Herz letztlich verlassen und mich auf Gott ausrichten, wenn ich weites Land betreten möchte.

Damit das möglich wird, muss sich zur Arbeit am Gottesbild eine erneuerte Sicht auf die geistlichen Übungen gesellen, denn diese ist meist zu klischeehaft und zu eng. Was bedeuten geistliche Übungen heute, wo laufen wir in Fallen, wie können wir mit weitem Horizont und offenem Herzen ganz neu auf geistliche Übungen zugehen? Das sind die Fragen, auf die der vierte Teil des Buches erste Antworten geben wird. Damit ein frischer und kreativer (Neu-)Anfang mit den geistlichen Übungen möglich wird.

Vernachlässigte alltägliche Umsetzung – hin zur Religiosität, weg vom lebendigen Glauben

Diese dritte Gefährdung ist die vielleicht typischste in eher nach innen gewandten christlichen Kreisen und sie ist die Antwort auf die drängende Frage: Was unterscheidet den Christen eigentlich sichtbar von einem Menschen ohne die Vergebung und ohne die Kraft und Führung des Retters Jesus Christus?

Wir müssen auf diese Frage eine Antwort finden, aber sie wird nicht im Gesetz liegen können, sprich: in einem gut gemeinten Appell, in einer motivierenden Rede an den menschlichen Willen. Diese würde nicht länger vorhalten als ein guter Vorsatz zu Silvester …

Was unterscheidet den Christen eigentlich sichtbar von einem Menschen ohne die Vergebung und ohne die Kraft und Führung des Retters Jesus Christus?

Wir reden hier nicht vom Sahnehäubchen des Glaubens, sondern von einer unerlässlichen Komponente. Zumal ich bewusst die alltägliche Umsetzung des Glaubens ganz weit – und nicht nur klassisch diakonisch – fassen möchte. Soziales Engagement ist ja nur eine Facette der Umsetzung. Glaubensalltag beginnt genauso bei der Kindererziehung zu Hause, bei dem Blick in den eigenen Geldbeutel, geht durch das Schlafzimmer, die eigene Ehe und landet schließlich in dieser Welt, im Beruf, in der Freizeit, in den Beziehungen. Das alles kreativ von Gott her zu leben und so dem Glauben Fleisch zu geben, das ist entscheidend. Sehen wir uns einen bei näherem Hinsehen etwas rätselhaften Satz von Jesus an:

> *Jesus sagte zu ihnen: »Meine Nahrung ist, dass ich dem gehorche, der mich gesandt hat, und sein Werk vollende«* (Johannes 4,34; GNB).

Mir geht es bei diesem Vers so: schon häufig gelesen oder gehört, aber nicht wirklich verstanden. Wir würden nun spontan vermuten, dass Jesus sagt: »Meine Nahrung ist es, zu beten, gute Predigten zu hören, in Hauskreise zu gehen und mir dort gutes Futter zu holen.« Nicht umsonst wird ja auch die Lehre biblisch mit Milch oder Schwarzbrot verglichen, je nach Gehalt und Vollwertigkeit (siehe z.B. Hebräer 5,11-14). Jesus aber führt diesen Satz gänzlich ungewohnt weiter. Er redet nicht vom Konsumieren, er redet vom Investieren. Vom Gehorsam gegenüber Gott und dem Tun seines Willens.

Wenn wir uns geistlich leer fühlen, ist also nicht immer und ausschließlich die Frage naheliegend: »Bekommst du gutes Futter?«, sondern genauso: »Wo investierst du dich eigentlich? Wo bekommt dein Glaube Fleisch an die Knochen? Wo setzt du deine Beziehung zu Jesus Christus in Gemeinde und Alltag um? Wo lebst du deine Gaben?«

Glaube ist biblisch gesehen eine alltäglich umgesetzte Vertrauensbeziehung, Nachfolge Jesu. Obwohl ich nur einen Meter Sichtweite habe, darf ich darauf vertrauen, trotzdem in die Fußstapfen dessen zu treten, der vor mir geht: Jesus Christus. Mich von ihm dahin führen zu lassen, wo ich am Bau des Reiches Gottes mitwirken soll. Mitten im Alltag die Kraft des Glaubens konkret zu entfalten.

Ich habe im Jahr 2009 Andachten im WDR-Rundfunk gehalten und da sprach mich ein freundlicher Mann auf der Straße an und gratulierte mir zu den Morgenandachten. »Nur die Sache mit dem Feiern, die fand ich nicht so gut. Man darf auch nicht zu fromm sein und auch noch bei einer Feier an Gott denken!« Das ist Religiosität. Der sprichwörtliche Herrgottswinkel in meinem Leben.

Obwohl ich nur einen Meter Sichtweite habe, darf ich darauf vertrauen, trotzdem in die Fußstapfen dessen zu treten, der vor mir geht: Jesus Christus.

Machen wir uns die Ernsthaftigkeit und den Folgenreichtum dieser Einseitigkeit bewusst: Wenn wir keinen Glauben in diesem Sinne leben wollen, riskieren wir mehr als nur eine Rüge Gottes. Wer seine Gaben brachliegen lässt, wer keine Frucht bringt, wer zwischen Innen- und Außenwelt unterscheidet, der setzt seinen ganzen Glauben aufs Spiel und entleert ihn schleichend. Der riskiert, religiös und dennoch verloren vor Gott zu treten. Ich möchte hier niemandem Angst machen. Ich gehe jedoch in meinen vielleicht strengen Aussagen nicht über das Zeugnis des Wortes Gottes hinaus, siehe z.B. Matthäus 7,21, Markus

4,20, Jakobus 2,14-26. Diese Bibelstellen wollen jedoch letztlich zu einem Leben in Fülle leiten und Schieflagen ausgleichen.

Ein Glaube ohne alltägliche erlebte Substanz ist zudem ein langweiliger, ein theoretischer Glaube. Wer einmal erfahren hat, wie es ist, in Gottes Willen unterwegs zu sein, mit ihm zu kooperieren, der will nichts anderes mehr. In Übereinstimmung mit dem Schöpfer des Universums zu leben und zu handeln, das ist ein unbeschreibliches Gefühl des Glücks, der Fülle und der Freude. Manchmal sogar mitten im Leid, mitten im dunklen Tal. Wir sollten also nicht die »Stillen im Lande« sein. Glaube macht Beine. Spiritualität, die nicht in den Alltag findet, ist religiöse Selbstbefriedigung. Gott aber liebt die Welt und das Reich Gottes ist überall auf dem Vormarsch. Egal, wo wir hinkommen, Gott ist bereits an der Arbeit. Wir sind seine Kinder, Jesu Nachfolger, die sich darauf freuen dürfen, mitten im ganz normalen Alltag seine Werke zu entdecken, um sie zu füllen.

Spiritualität, die nicht in den Alltag findet, ist religiöse Selbstbefriedigung.

Dazu dient Spiritualität, darin mündet letztlich Spiritualität; deswegen ist es mir so wichtig, diesen Aspekt mit hineinzunehmen in die leidenschaftliche Spiritualität, denn sonst mündet sie in einem frommen Kreisen um sich selbst, dabei sollen wir unsere Kreise nach außen ziehen und das Reich weit machen, diese Welt durchdringen lassen. Als Salz in der Gesellschaft, als Licht auf einem Schemel, weit zu sehen (vgl. Matthäus 5,13-16). Das soll unsere eigentliche Nahrung sein. Während wir den Willen Gottes tun, werden wir satt und – unser Inneres wird verändert.

Veränderung von innen nach außen – oder umgekehrt?

Wie kann denn nun Spiritualität Veränderung bewirken? Wir sind durch und durch geprägt von einem griechisch-philosophisch beeinflussten Denkschema: Man verändert sich von innen nach außen. Ändere dein Denken und du änderst dein Handeln. Die Bibel scheint diese Sichtweise zu unterstützen: *Mehr als auf alles andere achte auf deine Gedanken, denn sie entscheiden über dein Leben* (Sprüche 4,23; GNB).

Der christliche Psychologe Larry Crabb hat darüber ein ganzes lesenswertes Buch geschrieben: *Von innen nach außen.* Er äußert darin seine tiefe und berechtigte Abneigung gegen fromme Fassaden und betont: Echte Veränderung muss im Inneren, im Herzen, beginnen.

Natürlich gehören unsere Gedanken zu unserer zugänglichen Innenwelt und wir tun gut daran, auf sie zu achten und ihnen gegebenenfalls willentlich gute, förderliche Gedanken entgegenzusetzen. Dabei sollten negative Regungen aber erst einmal ernsthaft wahrgenommen und benannt werden. Bügele ich negative Gedanken und Impulse einfach nur brutal platt, beraube ich mich einer Wachstumschance und produziere eher eine christliche Form des positiven Denkens. So aber kann ich sagen: »Nein, diesen Gedanken weise ich von mir!«, oder: »Nein, ich will diese Schuldgefühle nicht länger in mir haben, mir ist Vergebung zugekommen und was ich nun empfinde, kommt nicht mehr von Gott!«

Meine Innenwelt hat nicht meinen egoistischen Zwecken zu dienen, z.B. indem ich sie für ein erfolgreiches, glattes und positives Leben »style«.

Kurz: Achtsamkeit muss erlernt werden und es ist so wichtig, dass wir dieses Wort endlich vernünftig und biblisch füllen und aus der esoterischen Ecke herausholen. Meine Innenwelt hat nicht meinen egoistischen Zwecken zu dienen, z.B. indem ich sie für ein erfolgreiches, glattes und positives Leben »style«. Dieses Vorgehen macht krank. Unser Innenleben soll dagegen wahrgenommen, benannt und auf Gott ausgerichtet werden. Er verändert unser Herz durch den Geist, er gibt uns die Möglichkeit, verantwortlich und behutsam anhand biblischer Aussagen zerstörerische Gedanken und Prägungen zunehmend durch bessere zu ersetzen.

Wenn wir Spiritualität nun als Prozess des Glaubenswachstums bezeichnen wollen, dann bewegt sich dieses Wachstum in einem Spannungsfeld mit drei Dimensionen. Veränderung geschieht dabei nicht nur von innen nach außen. Mich hat diese Sichtweise, die auch ihre Berechtigung hat, immer etwas ratlos gelassen, weil sie recht einseitig im Kopf befindlich und teilweise auch wenig praktikabel ist. Nicht wenige Menschen haben Schwierigkeiten, die Unmittelbarkeit von Gedanken und Gefühlen wahrzunehmen und ihnen dann auch noch etwas entgegenzusetzen. Wie soll das mitten in einem stressigen Alltag gelingen?

Es ist so lange schwierig, solange wir diesen Weg einseitig gehen wollen. Denn nach dem jüdischen Denken gelten beide Richtungen, wir »handeln« uns auch in ein neues Denken hinein. Wir befinden uns mitten in einem dynamischen Spannungsfeld, das wir nicht auflösen dürfen. Spätestens die Erfolge der Verhaltenstherapie machen deutlich: Richtig zu handeln verändert auch unser Inneres.

Ich habe diese Erfahrung selbst ganz hautnah in meiner Gemeindepraxis gemacht. Als Praktikant war ich in einer Gemeinde mit recht vielen älteren Leuten. Zudem war ich häufig seelisch hin und her geworfen aufgrund von Konflikten in dieser Gemeinde, die mich manche Nacht nicht schlafen ließen. Irgendwann habe ich einfach angefangen, den Menschen zu dienen. Habe bei den Senioren Krankenhaus- oder Altenheimbesuche gemacht. Und siehe da: Ich fühlte mich hinterher oft als Beschenkter. Meine Laune hellte sich auf und das, obwohl diese Besuche bei Schwerkranken oder Einsamen wahrlich nicht immer leicht waren. Anderen Menschen zu dienen, macht jedoch innerlich heil und tut uns wohl, weil wir in Übereinstimmung mit dem Herzen Gottes leben, der eine tiefe Zuneigung zu den Schwachen und Zerbrochenen hat.

Natürlich gibt es auch einen krankhaften Zwang zum Dienst, einen Helferkomplex, aber im Allgemeinen, gerade dann, wenn man wieder zu sehr bei sich selbst ist, tut der Dienst am Nächsten einfach gut.

Auch sonst: Wenn ich in das einstimme, was Gott mit mir vorhat, dann tut mir das gut und stärkt mein Leben im Geist. Ich bin von Gott z.B. berufen zum Predigen, zum Begleiten von Menschen und auch zum Schreiben. Wenn ich mich diesen Aufgaben widme, wird meine Seele erfrischt. Wir hören hier wieder Jesus im Hintergrund, der sagt, dass es seine Nahrung ist, wenn er den Willen des Vaters vollbringt. Richtiges Handeln ist nahrhaft und verändert und prägt unser Herz. Wenn erneuertes Denken praktisch ausgeübt wird, dann entsteht eine dynamische Mischung, die uns massiv prägt. Je mehr Geist, Denken, Gefühle, Wille, Körper und Handeln daran beteiligt sind, desto mehr hinterlässt das positive Spuren in unserem Inneren.

So wirken alle Richtungen zusammen: von innen nach außen – veränderte Haltung bedeutet auch verändertes Handeln, zumindest langfristig. Und von außen nach innen – ich handle gottgemäß im Alltag und dadurch wird mein Inneres heilsam geprägt. Dazwischen sollten die geistlichen Übungen als Puffer und als Lernfeld stehen, das die beiden anderen Bereiche dynamisch prägt.

Aber selbst die alltägliche Umsetzung kann zur geistlichen Übung werden. Wenn ich arbeite, kann dieses Arbeiten zum Gebet werden. Das Gespräch mit der Nachbarin wird zum Gebet, wenn es bewusst in der Gegenwart Gottes geführt wird. Meinen Sohn zu trösten, wenn dieser hingefallen ist, kann zum Gebet werden, wenn ich Gott mit hineinnehme. Ob das gelingt, ist einzig eine Frage der inneren Haltung. Bringe ich mein Herz sanft in die Gegenwart Gottes bzw. mache ich mir bewusst, dass es dort bereits ist?

Versuchen Sie es einmal: Machen Sie sich in einer x-beliebigen Situation des Alltags deutlich: »Gott ist hier! Ich stelle mich jetzt bewusst in sein Licht und mache mir klar: Er ist bei mir, in mir, ich bin in ihm.« Das verändert viel – und den Glauben im Alltag umzusetzen, wird selbst zur geistlichen Übung.

Drei Dimensionen, die ein Spannungsfeld aufspannen, das uns Raum gibt und uns gleichzeitig vor Einseitigkeiten und einem krank machenden Glauben bewahrt. Wir bewegen uns wie Tänzer zwischen und auf den verschiedenen Polen, indem wir sie alle ernst nehmen und uns dem weichen Mittelweg verweigern. Schließlich stellen wir fest: Diese drei Dimensionen benötigen einander so, dass sie bestenfalls ineinander verwandelt werden und wir erleben: Haltung, Übung und Umsetzung – das fließt zusammen. Aus einzelnen Tönen verschiedener Dimensionen wird ein Klanggeflecht unsagbarer Schönheit, eine Symphonie der Kraft Gottes, die nur noch zusammen gehört werden kann und will. Dann sind wir Gebet, dann sind wir Mitarbeiter im Reich Gottes und beten nicht »nur« bzw. engagieren uns im Reich Gottes neben unseren anderen Aktivitäten. Diese Schönheit wollen wir nun weiterentdecken.

Konkret gefragt – zum Weiterdenken

- *Drei Einseitigkeiten – welche sind Ihnen aus Ihrem Glaubensleben bekannt?*
- *Machen Ihnen geistliche Übungen Freude? Oder sind sie eher Pflichtübung?*
- *Nehmen Sie Ihr Innenleben wahr und können Sie es beschreiben oder ist das für Sie kein Thema?*
- *In welchem Bereich leiden Sie unter mangelnder Umsetzung in den Alltag?*
- *Wie haben Sie Veränderung in Ihrem Leben erlebt? Von außen nach innen oder umgekehrt? Beides?*
- *Wie gehen Sie mit falschen und negativen Gedanken in Ihrem Kopf um? Dürfen sie ungehindert durchdringen? Werden sie abgeblockt?*

Kapitel 3

Alles Wichtige ist letztlich einfach! Warum uns Gemeinschaft weiterhilft

Wir haben verschiedene Spannungspole der Spiritualität ausgelotet, haben drei Dimensionen erkannt und versucht, deren innere Dynamik zu verstehen. Doch noch fehlt etwas.

Zuerst muss dem Eindruck gewehrt werden, dass eine solch umfassende ganzheitliche Spiritualität schrecklich kompliziert wäre. Im Gegenteil, sie soll und muss einfach sein. Gute Spiritualität ist einfache Spiritualität. Kein Geheimwissen. Eine Art Lehre erlesener Güte, die nur für Eingeweihte zugänglich ist, nicht für den Pöbel, das einfache Volk – das widerspräche dem Evangelium. Dieses muss so komplex und faszinierend sein, dass ein gelehrter Mann bis zu seinem Lebensende darüber nachsinnen kann, während gleichzeitig ein einfacher Arbeiter (im positiven Sinne) schnell versteht, worum es geht, und darin seine Freude und Kraft entdecken und danach leben kann.

> Gute Spiritualität ist einfache Spiritualität.

Mir hat einmal ein ehemaliger Freund gesagt, er müsse sich jetzt mehr mit Theologie beschäftigen und weniger mit der Bibel, die würde langsam langweilig, die kenne er schon seit zwanzig Jahren … Ich kann sein Empfinden nachvollziehen, doch dieses beruht auf einem Missverständnis: dass es beim christlichen Glauben primär um eine Lehre geht.

Es geht vielmehr um eine Beziehung, und die bleibt dynamisch. Die Kombination aus Mensch, gewaltigem Gott, sich verändernden Lebensumständen und seinem Wort, das aktiv als Kanal des Heiligen Geistes in unser Leben konkret hineinspricht – das bleibt hochgradig brisant. Diese Beziehung wird nämlich durch ein weiteres Spannungsfeld geprägt: Sie ist komplex und einfach zugleich. Meine Überzeugung ist, dass die Komplexität der Beziehung zu Gott sich am besten in einer einfachen Spiritualität widerspiegelt. Spiritualität als Rahmen, als Weg, auf dem Wachstum möglich wird. Somit ist sie nicht das Ziel, sondern nur das Mittel, und das sollte einfach sein, damit es nicht vom Wesentlichen ablenkt.

Um ein Bild aus eigener Erfahrung zu verwenden: Man möchte nachdenken und dabei spazieren gehen. Wird der Weg nun unwegsam und bietet Gefahrenstellen, wird man abgelenkt und konzentriert sich hauptsächlich auf das, was vor einem liegt. Denn wenn man zu intensiv nachdenkt, stolpert man auf dem schwierigen Weg und verstaucht sich den Fuß. Eine einfache Spiritualität soll sich also nicht um sich selbst drehen und vom Wesentlichen ablenken, sondern dabei helfen, das dynamische, komplexe Spannungsfeld der Beziehung zu Gott zu leben und immer weiter in sie hineinzuwachsen.

Einfachheit in der Komplexität – nicht nur im Glauben. Dieses Prinzip finden wir sogar bei begnadeten Sportlern. Der französische Starfußballer Zinedine Zidane meinte einmal: »Einfachheit ist der Höhepunkt der Intelligenz.« Einfach, intelligent, effizient – so hat er gespielt und damit die Kunst des Fußballs zum Leuchten gebracht. Dabei musste er natürlich sein »ABC« beherrschen. Ein mittelmäßiger Hobbyfußballer kann sich nicht auf diesen Spruch berufen und erwarten, für 15 Millionen an einen Spitzenverein verkauft zu werden. Einfachheit wächst in der Übung und in der Verfeinerung.

Auf den Punkt gebracht: Wenn ich über das Beten rede, komme ich am Beten nicht vorbei. »Einfach beten« heißt dabei nicht, einfach nicht zu beten. Aber im Beten einfacher zu werden, einfache und elegante Formen zu entwickeln – das ist der Weg in eine alltagstaugliche Spiritualität.

Noch aus einem weiteren Grund ist Einfachheit notwendig: Welcher normal im Alltag stehende Mensch kann es sich denn leisten, erlesene und komplizierte Rituale zu vollziehen? Evangelium soll frohe Botschaft für alle sein, nicht nur für Rückzugsspezialisten. Das unterscheidet doch gerade den christlichen Glauben von manch anderer Religion wie zum Beispiel den östlichen Weltanschauungen, die letztlich den Rückzug in die Meditation erwarten. Deswegen bin ich auch skeptisch gegenüber allzu aufwendigen christlichen Ritualen wie dem fast schon unvermeidlichen Jakobsweg-Marsch. Das Thema der Wallfahrt gehört durchaus wiederentdeckt. Respekt, wer sich auf die Socken macht und sich ausklinken kann! Aber welche junge Mutter kann sich für fünf Wochen verabschieden und nach Spanien gehen? Spiritualität, wie ich sie in diesem Buch skizzieren möchte, findet dagegen im normalen Leben statt.

Sie durchtränkt den Alltag und verändert ihn und trifft so die größte Herausforderung einer müden Christenheit: den Glauben alltäglich zu leben und umzusetzen.

Den Glauben nicht zu simplifizieren, dabei aber einfache Formen zu finden, die uns hineinführen in das Geheimnis des Glaubens.

Die uns zunehmend verwandeln in das Bild des Christus – denn das ist das innere Ziel jedes Christen.

Gemeinschaft fördert Spiritualität

Eine letzte Dimension müssen wir noch ansprechen, denn sonst verkommt unser Versuch einer ganzheitlichen Spiritualität allzu leicht zu einer selbstbezogenen Übung. Gerade dies gehört sowieso zu den Tendenzen einer Gesellschaft, die sich durch Rückzug ins Private und Vereinzelung kennzeichnet. Daher müssen wir uns ein weiteres Spannungsfeld ansehen: Gute Spiritualität deckt nämlich zwei Bereiche ab, die sich gegenseitig bedingen und verstärken. Das persönliche Leben und das Leben im Leib Christi – der Gemeinde. Beide sind gleich wichtig. Dietrich Bonhoeffer hat diese zwei Pole in seinem Klassiker *Gemeinsames Leben* nicht umsonst beschrieben mit den Worten: »Wer nicht allein sein kann, der hüte sich vor der Gemeinschaft. Wer nicht in der Gemeinschaft steht, der hüte sich vor dem Alleinsein.«[1]

Am Rande bemerkt: Bonhoeffer hat in seinen Büchern lauter kraftvolle Spannungsfelder beschrieben; ich schreibe hier also nichts komplett Neues, sondern versuche es nur neu, systematischer und an unsere Zeit angepasst zur Geltung zu bringen.

Ich schließe mit Ihnen eine augenzwinkernde Wette ab: Hätte dieses Buch einen Titel gehabt wie: »Spiritualität in der Gemeinde leben«, dann hätten höchstwahrscheinlich einige Pastoren beherzt zugegriffen – aber der »normale« Christ? Eher weniger. Dabei gewinnt die

---

1 Dietrich Bonhoeffer: *Gemeinsames Leben*, Gütersloher Verlagshaus, S. 65f.

persönliche Spiritualität (auf der auch in diesem Buch der Schwerpunkt liegen wird) erst an Spannkraft, wenn sie vielfältige spannungsreiche Gegenpole im Gemeindeleben findet. Wenn mein geistliches Leben ermutigt und hinterfragt wird – und beides ist nötig und beruht im Griechischen des Neuen Testaments auf derselben Vokabel. Wer Ermutigung sucht und die Ermahnung umgehen will, der verpasst pure, die Person und das Leben verändernde Dynamik. Beides, Ermahnung wie Ermutigung, ist aber nur in Gemeinschaft möglich.

Wer Ermutigung sucht und die Ermahnung umgehen will, der verpasst pure, die Person und das Leben verändernde Dynamik.

Doch heute ist leider ein neuer Trend der Gemeindeverdrossenheit zu beobachten. Immer wieder gibt es gerade im Internet intensive Diskussionen von und über Christen, die frustriert ihren Gemeinden den Rücken kehren und nun versuchen, alleine oder nur locker verbunden mit einigen wenigen Gleichgesinnten ihren Glauben zu leben. Diese Bestrebungen sind eine deutliche Anfrage an das bestehende Gemeindeleben. Was wird im Gemeindealltag vermisst, welche Komponenten vernachlässigt?

Mir scheint diese Tendenz aber auch mit der allgemeinen gesellschaftlichen Entwicklung zu tun zu haben. Da wird die Reibung mit Andersdenkenden eher vermieden und die Lösung nicht dynamisch im Spannungsfeld zweier abweichender Meinungen gesucht, sondern im einseitigen Auflösen des Spannungsfeldes – im Zweifel durch Abwandern. Nicht selten hört man den Satz: »Die Gemeinde bringt mir nichts mehr!«, oder: »Ich suche eine Gemeinde, die mir mehr liegt!« Dahinter verbirgt sich bei allem Respekt vor der persönlichen Biografie nur allzu oft eine Unfähigkeit, sich den Spannungen von Beziehungen auszusetzen und die von Gott gewollte Reibung auszuhalten. Aus dieser persönlichen und gesellschaftlichen Prägung heraus fällt es dann leicht, die Gemeinde bzw. Gemeinschaft als Dienstleister zu betrachten. Das Konsumdenken ist weit fortgeschritten in christlichen Gemeinden – wenn aber Gemeinde Leib Christi ist und wir nicht zuletzt einem Jesus folgen, der sich selbst verleugnet hat, um zugunsten seiner geliebten Menschen zu leiden, dann müssen wir beginnen, an dieser Stelle gegen den Strom zu schwimmen.

Natürlich sollten Gottesdienste Strömungen der Zeit aufnehmen. Es müssen moderne und neue kreative Formen gefunden werden, um das Evangelium zu transportieren, keine Frage. Was hilft eine saubere Lehre, die staubt und an den Ohren und Herzen der Hörer vorbeiwabert? Aber: Wer der Gemeinde nicht gestattet, anders zu sein als man selbst, und diese Spannung nicht aushalten kann, der wird dieses auch irgendwann Gott nicht mehr gestatten. Dann wird das Gottesbild so eingeengt, dass es schön in den eigenen Willen hineinpasst.

Was machen wir eigentlich in Bezug auf Gemeinde und Gemeinschaft mit dem folgenden, fast schon brutal herausfordernden Vers von Jesus?

> *Dann wandte sich Jesus an alle und sagte: »Wer mir folgen will, muss sich und seine Wünsche aufgeben, muss Tag für Tag sein Kreuz auf sich nehmen und auf meinem Weg hinter mir hergehen«* (Lukas 9,23; GNB).

Wünsche aufgeben? Leid und Schweres mittragen? Wo kommt das bei uns vor? Genau das ist aber notwendig, damit Gemeinde das sein kann, was sie nach dem Willen Gottes sein sollte: eine Versammlung der Heiligen zum Bau des Reiches Gottes, zur Stärkung, Korrektur und Heilung, mit dem Ziel, relevant für diese Gesellschaft zu sein. Wenn stattdessen bei Konflikten und Unbehagen die Segel gestrichen werden und eine andere Gemeinde (wenn überhaupt) gesucht wird, wo ist dann der Kontrast zu anderen gesellschaftlichen Gruppen, wo man wegrennt, wenn es anstrengend wird? Nicht zuletzt: zu Ehen und Freundschaften?

In Gemeinschaft zum Tanzen zu kommen in den vorhandenen Spannungsfeldern – das ist für die geistliche Gesundheit essenziell.

Ein echtes Kontrastprogramm zur Gesellschaft wäre eine Gemeinde aus Alt und Jung, einfach und kompliziert, schlicht und kreativ, konservativ und progressiv, einheitlich und bunt, weich und hart. Das gemeinsam auszuhalten und weitere Menschen einzuladen, Teil dieses bunten Blumenstraußes zu werden – das wäre in der Tat ungewöhnlich und anziehend.

Gerade in der Gemeinde ergeben sich mannigfaltige Spannungsfelder, die uns bereichern und uns wachsen lassen. Sie ist sozusagen das »Laboratorium«, in dem man (hoffentlich) ausprobieren darf, wie das ist: anders leben, Fehler machen, hinfallen und wieder aufstehen. Mit anderen Zielen und Prioritäten und nicht zuletzt: mit einem anderen Herrn.

In Gemeinschaft zum Tanzen zu kommen in den vorhandenen Spannungsfeldern – das ist für die geistliche Gesundheit essenziell. Wir benötigen Ruhepausen, wir brauchen es, getröstet zu werden, echt sein zu dürfen, aufzuatmen und durchzuatmen. Wir bedürfen auf der anderen Seite aufopferndes Engagement, Hingabe, die Möglichkeit, die Gnadengaben Gottes einzusetzen und sich am Anderssein der Geschwister zu reiben. Dieses Bewegen im Spannungsfeld der Gemeinschaft ist fast wie ein Ein- und Ausatmen, wie ein Aufnehmen und Abgeben.

Immer wieder wird dieses Prinzip in den Paulusbriefen erwähnt. Vom Ermahnen und Ermutigen habe ich schon gesprochen. Zur Verdeutlichung soll hier noch ein weiteres beeindruckendes biblisches Beispiel genannt werden. Paulus spricht vom Trost …

> *Auch wenn ich viel durchstehen muss, gibt er mir immer wieder Mut. Darum kann ich auch anderen Mut machen, die Ähnliches durchstehen müssen. Ich kann sie trösten und ermutigen, so wie Gott mich selbst getröstet und ermutigt hat* (2. Korinther 1,4; GNB).

Wir empfangen von Gott Trost und Ermutigung und können genau diesen Trost an die weitergeben, die in einer ähnlichen Lage (fest)stecken. Die Empfänger werden wiederum so gestärkt, dass sie den Trost an andere weitergeben können. Auf diese Weise entsteht eine Kette des Trostes, die sich wie in einem Schneeballsystem ausweitet zu einem Fest der Ermutigung und der Liebe. Der Beginn ist immer bei Gott selbst. Er stiftet durch den Heiligen Geist die Gemeinschaft und implantiert als Lebensprinzip seines Leibes diese Form des Weitergebens. Er geht in Vorleistung. Wir empfangen und geben weiter.

So fließt die Gabe Gottes in seine Gemeinde und heilt diese – und strömt weiter in alle Welt hinein. Denn: *Aus der Ehrfurcht vor Gott entspringt die Liebe zu den Gläubigen und aus dieser schließlich die Liebe zu allen Men-*

schen (2. Petrus 1,7; NLB). Die Gemeinde ist nur der Anfang. Von dort aus (und von vielen kleinen Zellen, Gemeinschaften, Hauskreisen …) soll das Reich ausstrahlen zu denen, die auf der Suche sind. Es wird nicht gelingen, die Welt zu erobern, wenn die einfachsten christlichen Grunderfahrungen nicht vorher in der Gemeinde gemacht wurden. Ein Mensch, der das anstrebt, versucht etwas weiterzugeben, das er vorher nicht empfangen hat und das sich nicht im Alltag des Spannungsfeldes Gemeinde bewährt hat. Nur wer starke Wurzeln hat, hält dem Wind dieser Welt stand.

Deswegen ermutige ich Sie, dieses Buch nicht nur als persönliche Anweisung zu einer leidenschaftlichen Spiritualität zu verstehen, sondern das Gelesene hineinzutragen in Ihre Gemeinde. Denn am Rande wird es auch immer wieder darum gehen, wie der christliche Glaube im Kontext der Gemeinde gelebt werden kann. Beides gehört einfach zusammen und befruchtet sich auf wunderbare Weise gegenseitig. Davon bin ich überzeugt.

Von der Gemeinde verletzt

Vielleicht gehören Sie zu den Menschen, die in der Gemeinde verletzt wurden. Ich verstehe Sie gut, denn ich habe auch meine Wunden in der Gemeindearbeit geschlagen bekommen. Es ist eminent wichtig, dass wir diese Erfahrungen nicht unter den Tisch kehren. Denn allzu oft schleppen geistlich verletzte Menschen auch eine verletzte und verkrümmte Theologie mit sich herum und leiden darunter.

Auslöser von Verwundungen können unterschwellige Gemeinderegeln sein. Manchmal wird Gemeindeleben gleichgesetzt mit Konformismus: Jeder muss einem sichtbaren oder unsichtbaren Katalog an Anforderungen genügen. Wehe, wenn nicht! Das kann von Kleidervorschriften über Formen und Intensivität des Engagements bis hin zu theologischen Lehrmeinungen gehen. Immer wenn Christus als der Mittelpunkt verloren geht und in diese Mitte ein »Christus plus x« rückt, wird es gefährlich. Denn dieses x wird Christus irgendwann schlucken und übrig bleibt reine Gesetzlichkeit. Die im Übrigen konservativ fundamentalistisch, aber genauso liberal aussehen kann. Es gibt Gemeinden, in denen Christen diffamiert werden, die an die Schöpfung in sieben Tagen glauben wollen (andersherum selbstredend auch). Hinter der nach außen liberalen und toleranten Fassade verbirgt sich nicht selten knochenharte Gesetzlichkeit – die nur auf der anderen Seite des Pferdes heruntergefallen ist.

Eine zweite Variante des x ist der starke Leiter, der alles zu sagen hat und niemanden neben sich duldet. Hier und da vernimmt man ja den Ruf nach dem starken Leiter, der »das Ding« reißen kann. Ich halte nicht viel von diesem Modell. Auch ein Leiter soll verletzlich und authentisch sein dürfen. Nun mag es ja eine kleine Handvoll charismatischer (im menschlichen Sinne) Leiter geben – alle anderen werden aber von diesem Idealbild des visionären, disziplinierten Powertypen schlicht erdrückt und in einen gnadenlosen Stress getrieben. Gott arbeitet mit uns, unseren Gaben und Grenzen, und nicht gegen uns – diese Individualität ist gottgewollt und zu respektieren. Wenn nicht Sie Sie sind, wer dann?

Immer wenn Christus als der Mittelpunkt verloren geht und in diese Mitte ein »Christus plus x« rückt, wird es gefährlich.

Letztlich gilt also: Leben in der Gemeinde schlägt fast zwangsläufig Wunden. Das durfte schon Paulus erleben, der verleumdet, verachtet und abstrusen Machtspielchen ausgesetzt wurde und sich dagegen teilweise nur in Briefen wehren konnte. Gerade die drei Briefe an die Korinther (von denen der mittlere, der »Tränenbrief«, nicht vorliegt) reden eine deutliche Sprache. Wunden sind immer auch der Preis für eine Verletzlichkeit gegenüber Menschen, die mir nahestehen. Je näher ich Menschen an mich heranlasse, desto größer ist das Potenzial für Heilung und tiefe geistliche Gemeinschaft. Aber desto größer ist auch das Risiko, verletzt zu werden. Wie reagiert man darauf? Mit Rückzug? Mit Verhärtung oder Bitterkeit? Das wäre verständlich. Doch ich habe zwei Gedanken, die Mut machen sollen, sich dennoch wieder und neu der Gemeinschaft zu stellen und nicht innerlich oder äußerlich zu emigrieren.

Es gibt erstens keine Alternative zu einer authentischen Gemeinschaft. Veränderung kann nur gelingen, wenn ich Frei- und Schutzräume im

Zusammensein mit anderen Menschen finde, in denen ich Gnade erlebe und Gnade leben darf. Das heißt nicht, dass ich gegenüber jedem offen sein muss. Das wäre ein fataler Zwang zur Authentizität. Jeder muss auch seine Grenzen kennen, beachten und schützen. Entgrenzte Menschen verletzen sich nur selbst, wenn sie sich nicht vor der Unreife eines anderen abschirmen können, der mit der Offenheit und Authentizität nicht umgehen kann. Aber: Wir alle brauchen einen Schutzraum der Heilung, wo wir hinterfragt und begleitet werden. Vielleicht ist es eine Zweierschaft, vielleicht eine Minigruppe nach Neil Cole[2], vielleicht sogar ein kleiner Hauskreis. Für echte Veränderung ist dies absolut notwendig. Heilung geschieht in Gemeinschaft. Natürlich kann Gott uns auch in der persönlichen Stille heilsam begegnen, aber oft möchte er uns durch andere hindurch lehren, korrigieren und bereichern. Sein Wunsch ist das oben erwähnte heilsame Schneeballsystem aus Heilung, Gnade und Barmherzigkeit.

Entgrenzte Menschen verletzen sich nur selbst, wenn sie sich nicht vor der Unreife eines anderen abschirmen können, der mit der Offenheit und Authentizität nicht umgehen kann.

Ich selbst habe an entscheidenden Punkten der inneren Heilung und Reifung Mitchristen gebraucht, die an meiner Seite waren und mich begleitet haben. Das sind dann so Menschen wie mein Mitleiter und Freund Norbert, den ich zu jeder Tages- und Nachtzeit anrufen kann. Ich erzähle ihm von einem Erlebnis, das mich bewegt, da ist ein Konflikt, der mich emotional getroffen und für ein paar Stunden aus der Bahn geworfen hat. Norbert kreist diesen Konflikt dann ein, richtet meinen Blick auf die Grundlagen und hinterfragt mich liebevoll. Immer wieder treffen wir uns auf ein Glas schottischen Single Malt und eine gute Zigarre und stellen uns gegenseitig die Fragen, die uns beschäftigen und die manchmal auch unangenehm sind. »Wie geht es

---

2 Eine solche Minigruppe besteht aus zwei oder drei Personen desselben Geschlechts, die sich einmal pro Woche für etwa eine Stunde treffen, um sich gegenseitig zu Verbindlichkeit in bestimmten Bereichen ihres geistlichen Wachstums und ihrer Entwicklung anzuhalten; siehe dazu Neil Cole, *Klein und stark: Minigruppen – ein Weg zur ganzheitlichen Nachfolge,* C & P Verlagsgesellschaft.

dir gerade in deiner Ehe? Was machen deine geistlichen Übungen und Erfahrungen? Wie geht es dir mit deiner Sexualität?« So entsteht ein Schutzraum der Gnade und der Veränderung und Jesus sitzt dabei und genießt diese himmlische Gemeinschaft.

Ich bin zutiefst dankbar für diese Erfahrungen. Denn sie haben mir die Liebe zur Gemeinschaft vermittelt und mehr als nur eine Ahnung von ihrer Kraft. Gott ist bereits in sich selbst Gemeinschaft (Gott – Vater, Sohn und Heiliger Geist), und da wir seine Abbilder sind, nach seinem Bild geschaffen, ist diese Sehnsucht nach erfüllender Gemeinschaft quasi genetisch bereits in uns angelegt. Dieser Sehnsucht sollten wir folgen, gerade als Gegenpol zur persönlichen Spiritualität in der Stille.

Ein zweiter Gedanke zum Abschluss: Wenn die Gemeinde Christi die Speerspitze Gottes in Sachen Salz und Licht sein soll in dieser Welt – kann es sein, dass dann der Gegner Gottes ein echtes Interesse daran hat, genau diese Speerspitze zu schwächen? Ich mache Ihnen also Mut, es mit Gemeinde wieder und neu zu versuchen und nicht in die Falle des Gegners zu stapfen. Die Gemeinde braucht Sie – und Sie brauchen die Gemeinde, da bin ich sicher.

Konkret gefragt – zum Weiterdenken

- *Stichwort einfache Spiritualität. Neigen Sie dazu, sich alles kompliziert zu machen?*
- *Haben Sie schon die befreienden Wirkungen einer Vereinfachung in Ihrem Leben erlebt?*
- *An welchen Stellen Ihres Lebens sind Sie gerade an der Arbeit? Warum so viele? Was empfinden Sie bei dem Gedanken, sich nur auf einen Bereich zu konzentrieren?*
- *Wie sieht Ihre Gemeindebiografie aus, wenn Sie sie grafisch als Kurve darstellen würden? Woraus haben sich die Aufs und Abs ergeben?*
- *Wo haben Sie in Ihrem Glaubensleben Gemeinschaft als bereichernd und heilsam erlebt?*

2. Teil

Hilfreiche Spannungsfelder

Einleitung

Wo geht es hier bitte zum praktischen Teil?

Es juckt einen geradezu unter den Fingernägeln, nun schnell zur praktischen Umsetzung zu kommen. Was muss ich denn nun machen, damit ich Spiritualität endlich befriedigend, einfach und ganzheitlich leben kann?

Machen! Anwenden! Los! Ich spüre diesen Impuls selbst in mir. Ich weiß nicht, ob Sie das auch kennen – dass man in sogenannten Lebenshilfebüchern (auch wenn sie christlich sind) den theoretischen Teil schnell überliest, Bibelstellen großzügig überspringt, um dann endlich zum entscheidenden Tipp zu kommen, wie das Glaubensleben revolutionär verbessert werden kann. Ich beobachte dieses Verhalten bei mir gerade in solchen Phasen, in denen es mir im Glauben nicht »gut« geht (was auch immer das bedeutet und wer auch immer das definiert – Gott bestimmt nicht immer). Dazu ein paar Bemerkungen, die wichtig sind, wenn Sie dieses Buch und sich selbst ein wenig besser verstehen wollen. Ich schreibe das bewusst nicht belehrend, denn diese Einsichten treffen mich genauso und sie sind schmerzhaft gewachsen.

Mein eigenes Glaubensleben verläuft meist wie eine Achterbahnfahrt (positiver gesagt: wie ein Schwingen). Da habe ich wieder einmal eine Zeit lang meine geistlichen Übungen vernachlässigt, habe die Regungen meines Innersten nicht mehr wahrgenommen, geschweige denn benannt, die innere Unzufriedenheit wächst und das Gefühl, irgendetwas stimmt nicht. Anstatt nun zum Zentrum zurückzugehen und Gott auf allen Ebenen zu suchen, bemühe ich den menschlichen Weg: Ich suche nach dem entscheidenden Kniff, wie alles gut wird. Da kommen die Lebenshilfebücher ins Spiel, der Blick über den Zaun anderer Religionen, die Psychologie. Doch irgendwann – durch dezente Hinweise meiner Freunde, meiner Frau Isa oder schlicht durch eine persönliche Begegnung mit Gott – wird mir deutlich: Du suchst wieder einmal nach der spirituellen Abkürzung und benutzt Bücher, Seminare, um deinen Glauben in den Griff zu bekommen. Anstatt dass Gott dich wieder neu in den Griff bekommen darf. Du willst den Tanz auf der Fontäne verlassen und Kontrolle gewinnen.

Warum erzähle ich das an dieser Stelle? Weil dieses Buch sonst allzu leicht zu einem Steinbruch wird, an dem sich die eigene geschundene Spiritualität zwecks schneller Erleichterung ein paar praktische Brocken abbricht. Übrig bleibt dann aber wieder nur Frust.

Geistliche Bücher zur Verbesserung und Intensivierung des Glaubenslebens können genauso wie Seminare, Kongresse, Power-Sessions oder was auch immer das christliche Spektrum anbietet, zu einer Droge werden. Ich habe selbst diese Erfahrung gemacht, bis ich meine »Sucht« durch ein Bücherfasten bewusst losgeworden bin (und immer wieder neu loswerden muss). Andere Christen warten vielleicht auf den nächsten gesalbten Prediger oder eine intensive Lobpreiszeit, um endlich verändernd berührt zu werden. Oder haben – das ist die bittere Alternative – längst aufgegeben und erwarten Impulse vorsichtig abwartend, oder schlimmer: zynisch distanziert. Wie kommt es dazu?

Geistliche Bücher zur Verbesserung und Intensivierung des Glaubenslebens können genauso wie Seminare, Kongresse, Power-Sessions oder was auch immer das christliche Spektrum anbietet, zu einer Droge werden.

Wenn ich davon ausgehe, dass ich einen guten Vater im Jahwe-Gott habe, der meinen ganzheitlichen Frieden will, dann gebe ich nicht ihm die Schuld, sondern übernehme die Verantwortung für das, was schiefläuft; dann gehe ich davon aus, dass ich an den falschen Stellen gegraben habe, dass ich selbst rissige Zisternen gebaut und mich dort am faulen Wasser bedient habe (vgl. Jeremia 2,12-13), anstatt einen anderen und neuen Weg zu finden und zu gehen, der zum frischen und lebendigen Wasser führt. Das einzusehen ist aber in der Tat demütigend. Leider wird in solchen Fällen zu oft die Dosis des Falschen erhöht. Mehr lesen, mehr MP3s von tollen Pastoren und Propheten hören, mehr Erweckungskonferenzen besuchen, mehr Bücher lesen, die geistlichen Erfolg in sieben Schritten verheißen …

Übrig bleibt aber nach anfänglicher Begeisterung: Frust, ein schaler Beigeschmack und Leere; Eindrücke, die sich immer dann breitmachen, wenn zu viel vom Falschen aufgenommen wurde. Der geistliche »Magen« ist verdorben. Die innere Logik der Sucht sagt nun: »Ich benötige noch mehr vom Stoff«, oder aber: »Ich muss den Stoff verändern, eine andere Droge ist notwendig.« So wie ein Junkie erst die Dosis erhöht, um schließlich zu einer härteren Droge zu wechseln, so ist auch die Entwicklung einer ungestillten geistlichen Sehnsucht nach einem erfüllten Glaubensleben. Es ist wichtig, diese Entwicklung bei sich zu entlarven, denn hinter jeder Sucht steckt eine Sehnsucht.

Die Sehnsucht ist berechtigt: Man möchte Gott ganzheitlich erfahren. Die Lösung, an sich gute Dinge im Übermaß und auf falsche Weise zu konsumieren, ist fatal. Denn irgendwann ersetzen die Bücher, die Kongresse, die Lobpreiszeiten, die gesalbten Prediger – Gott selbst. Wir suchen seine Gaben – und nicht den Geber der Gaben. Wir suchen unser Wohlgefühl – und nicht Gott allein um jeden Preis. Wir suchen nach dem Patentrezept, um Erfahrungen mit Gott zu »machen«, dabei ist dieser längst da. Doch wie kommen wir da heraus?

Mich erinnert diese Spirale der Unzufriedenheit und Sehnsucht an die Geschichte vom reichen Jüngling (vgl. Matthäus 19,16-26), denn dieser fragte: »Rabbi, was muss ich machen, um in das Himmelreich zu kommen?« Seine Denkweise war funktional: Er wollte etwas erreichen und erkundigte sich, was er dafür machen musste. Jesus antwortete: »Du machst schon alles – du musst etwas loslassen! Deinen Reichtum. Der blockiert dich in deiner Beziehung zu mir.« Ihm war also die Beziehung wichtig – das ist Jesu Denkweise.

Irgendwann ersetzen die Bücher, die Kongresse, die Lobpreiszeiten, die gesalbten Prediger – Gott selbst.

Es geht also viel weniger um unser Tun als um unser Sein, unser Herz. Wir werden gleich noch ausführlicher darauf eingehen. Deutlich ist aber: Alles, was uns nicht tiefer in die Beziehung zu Gott (vertikale Beziehungsebene) und in die Beziehung zu anderen Menschen und zu uns selbst (horizontale Beziehungsebene) hineinführt, wird leicht zur Droge, die uns von Gott wegführt. Auch wenn sie noch so christlich daherkommt. Ja, auch wenn sie noch so viele Verheißungen in sich trägt. Selbst die intensive Beschäftigung mit Theologie kann paradoxerweise von Gott wegführen, wenn sie zum Selbstzweck wird und nicht in der Praxis wurzelt und wieder in sie hineinführt. Die Sehnsucht ist so richtig, so gut. Manchmal mag sie auch überzogen und egoistisch sein – aber der Kern: Sehnsucht nach einer intensiven Beziehung zu Gott, der ist in Ordnung. Doch wie kann man zu einem gesunden Gleichgewicht finden?

Zuerst: Spüren Sie diese Sehnsucht in sich, spüren Sie sie wirklich, erkennen Sie sie nicht nur intellektuell an. Dann gehen Sie einen Schritt weiter und prüfen, wie Sie versuchen, diese Sehnsucht zu sättigen. Seien Sie dabei nicht zu schnell. Schreiben Sie auf, wie Sie es versuchen und ob es Sie befriedigt. Dann fragen Sie sich: »Mache ich diese Stille Zeit, lese ich dieses Buch, besuche ich diesen Kongress, damit … etwas passiert? Glaube ich, durch mein Tun etwas verbessern zu können?« An dieser Stelle wird Sie Gott selbst sanft in Ihrem Geist auf Schieflagen aufmerksam machen, denn er antwortet gerne auf die richtigen Fragen. Es geht ihm darum, dass Sie Jesus selbst suchen, nicht um eine »Verbesserung« des Glaubens und Ihrer Spiritualität. Dieser Unterschied ist ein feiner, aber dennoch entscheidender.

Es tut so gut, endlich in der Bibel zu lesen und zu beten, nicht, um etwas zu erreichen, sondern um eine Beziehung zu pflegen und die Liebe zu Jesus zu vertiefen.

Wenn Sie spüren, dass Sie sich bei dieser Bestandsaufnahme selbst auf die Schliche gekommen sind, dann rate ich Ihnen etwas Ungewöhnliches: Gehen Sie zum Kühlschrank, holen Sie sich eine gute Flasche Sekt heraus (oder einen leckeren Saft) und feiern Sie das! Gott hat Ihnen etwas Entscheidendes auf Ihrem geistlichen Weg deutlich gemacht. Das ist der Beginn einer wunderbaren Reise in die Freiheit und die Freude hinein – das kann ich Ihnen bezeugen, auch wenn ich diese Einsichten immer wieder zuerst als schmerzhaft empfinde.

Es tut so gut, endlich in der Bibel zu lesen und zu beten, nicht, um etwas zu erreichen, sondern um eine Beziehung zu pflegen und die Liebe zu Jesus zu vertiefen. Der im Übrigen auch bisher Ihren Weg nicht als »schlecht« abqualifiziert hat. Es ist nicht Ihre Aufgabe, sich permanent den geistlichen Puls zu fühlen; genau das ist nämlich ein

Zeichen von einer schiefen inneren Haltung, die eher der Sklaverei als der Freiheit in Christus entspricht.

Jesus hat Ihre Sehnsucht immer gesehen und hat sich sehr darüber gefreut. Immer. Er hat auch bedauernd auf Ihre Bemühungen geschaut, auf Ihr »Martha-Sein« (vgl. Lukas 10,38-42), als Sie sich nicht zuerst zu seinen Füßen gesetzt und seine Gegenwart genossen haben. Nun hat er vielleicht diese letzten Zeilen benutzt, um Ihnen einen Ausweg aus einer spirituellen Sackgasse anzubieten – das ist großartig, nicht wahr? Deswegen der Sekt (oder Saft). Ein Prost auf unseren Herrn!

Wir können uns nun Zeit nehmen für einige weitere Spannungsfelder (Kapitel 4–7) und die inneren Haltungen, die unsere Glaubenspraxis gesund in fruchtbarer Erde verwurzeln (Kapitel 8–10). Damit unser Glauben wachsen und erstarken kann. Dabei werde ich bewusst einseitig sein. Ich werde jeweils den Spannungspol verstärkt betonen, der in unserer durchschnittlichen Spiritualität eindeutig zu kurz kommt. Damit wir neu beginnen zu balancieren und zu tanzen. Damit wir beginnen, die Weite zu spüren.

Konkret gefragt – zum Weiterdenken

- *Kennen Sie das? Mehr vom Falschen nehmen, um voranzukommen? Den Glauben als Droge benutzen?*
- *Neigen Sie dazu, Verantwortung an andere abzuschieben? An Menschen, die Gemeinde, an Gott?*
- *In welchen Lebensbereichen sind Sie bitter geworden?*
- *Haben Sie noch ganz kindliche Erwartungen an Gott?*
- *Wie suchen Sie Gott, wenn Sie ihn suchen? Um seiner selbst willen?*

Kapitel 4

Sünder oder Gerechter?
Leben im Spannungsfeld zwischen Himmel und Erde

Wenn wir uns nun dieses erste Spannungsfeld anschauen, dann müssen wir uns vor einem hüten: zu denken, dass ja irgendwie ein bisschen von beidem stimmt. So ein bisschen heilig, denn immerhin hat Gott uns ja vergeben, da muss also was dran sein. Und sich dazu immer auch ein wenig schlecht fühlen, denn man genügt den Maßstäben Gottes auf keinen Fall.

Dieser weiche Mittelweg ist von Übel – das findet sich auch in der Bibel (vgl. Lukas 14,25-35; Offenbarung 3,16). Er hilft uns nicht weiter und führt nicht in die Freiheit. Wenn wir nämlich eine Mischung aus ein wenig heilig und ein wenig sündig sind, dann beginnt das alte religiöse Spiel – und mit Religion ist hier wieder das versklavende System gemeint, das den Menschen klein macht und einem herrischen Gott gefügig. Das religiöse Spiel, das da lautet: Ich muss mein Verhalten in Richtung heilig optimieren. Damit verbunden die Frage: »Was muss ich tun, um heiliger zu werden?«

Wie oft höre ich von engagierten Christen folgende Sätze: »Ich frage mich, warum ich das erleben muss. Was habe ich nur falsch gemacht?« und: »Ich bin und bleibe ja ein Sünder, deswegen muss ich mich regelmäßig vor Gott beugen, damit er mir vergibt!«

Schauen wir uns diese Sätze näher an, bemerken wir schnell, welche theologischen Annahmen dahinterstecken. Sie haben mit einer frohen Botschaft nichts mehr zu tun, ja, sie pervertieren sie sogar.

Gott – ein zorniger Herrscher?

Der erste Satz geht von einem Gott aus, der wie ein zorniger Herrscher mit Argusaugen über seinem Völkchen wacht; wenn etwas im Leben eines Schäfchens schiefgeht, dann fährt der Blitz hernieder.

Solche Gedanken gehören mit Autorität aus dem Herzen geworfen. Denn sie entstammen eher einer Naturreligion als der Frohen Botschaft von Jesus Christus. Ja, Gott ist zornig. Immer noch. Er ist zornig über Ungerechtigkeit, über unsere Unfähigkeit, Nahrungsmittel so zu verteilen, dass keine Menschen sterben müssen, er ist zornig über Kriege, die Menschenleben vernichten, er ist zornig über tausendfache Abtreibung und Experimente an Embryonen. Wir brauchen nur in die Bibel zu schauen, um diesen Zorn Gottes zu spüren. Aber er ist nicht mehr zornig auf seine Menschen, denn Jesus Christus hat in seiner Liebe zu den Menschen den Zorn und den Fluch Gottes komplett auf sich gezogen und ihn getragen (vgl. Johannes 3,36; Galater 3,13). Gerade deswegen ist er ja das perfekte Opferlamm.

Gott ist nicht mehr zornig auf die Menschen. Er hasst die Ungerechtigkeit, die sie hervorbringen, er weint über die Vernichtung seiner Schöpfung, aber er ist nicht mehr zornig auf sie. Bereits nach der Sintflut hat Gott sich selbst geschworen, den Menschen nicht mehr in seinem Zorn zu vernichten. Sondern Geduld zu zeigen in seiner Liebe zu seinem Geschöpf. In Christus hat nun Gott die ganze Welt mit sich versöhnt. Doch dieses Geschenk muss natürlich angenommen werden, der Neue Bund benötigt das persönliche Ja jedes Einzelnen, damit er gültig wird. Gott wird am Ende der Zeit nur noch Zorn für die übrig haben können, die ihn kennengelernt und dennoch abgelehnt haben, denn Gottes Zorn ist ein Ausdruck seiner Gerechtigkeit. Ein Mensch aber, für den Christus nicht die Gerechtigkeit werden durfte, der kann vor ihm nicht bestehen.

> Für jeden, der sich selbst an diesen gekreuzigten und auferstandenen Jesus Christus hängt, gilt: Du bist ein Gerechter, du bist heilig, du gehörst zum hohepriesterlichen Geschlecht.

Für einen Christen also gilt nun noch viel mehr: Gott liebt sein Kind unendlich, kennt keinen Zorn mehr, weder auf sein Kind noch auf das, was es tut. Denn all das kann und wird letztlich zum Guten dienen (vgl. Römer 8,28).

Natürlich, ein Christ baut weiterhin Bockmist und versündigt sich gegen Gott – merkt der das? Ja, denn er verschließt seine Augen sicherlich nicht. Aber auch: Nein, denn alles Vergangene, Gegenwärtige und Zukünftige ist bereits in Christus am Kreuz vernichtet worden. Gott sieht seine Kinder an, wie er seinen eigenen Sohn betrachtet: als rein, strahlend, weiß und makellos. Für jeden, der sich selbst an diesen gekreuzigten und auferstandenen Jesus Christus hängt, gilt: Du bist ein Gerechter, du bist heilig, du gehörst zum hohepriesterlichen Geschlecht (vgl. 1. Petrus 2,9). Das steht fest und kann auch nicht mehr geändert werden, denn nichts, aber auch gar nichts kann uns von dieser vollkommen unlogischen und überwältigenden Liebe trennen (vgl. Römer 8,31-39). Deswegen muss dieser erste Satz, der in so vielen Köpfen mehr oder weniger explizit herumspukt (»Was habe ich getan, dass mich Gott so bestraft?«), radikal abgewiesen werden. Dahinter steckt ein fatales Gottesbild, das keinen Deut reifer und weiter ist als der Gewittergott eines Animisten, eines Naturreligiösen.

Zudem löst dieser Satz ein Zweites aus: Wut auf oder Angst vor einem solchen Gott. Denn ganz ehrlich: Einen solchen Gott kann man vielleicht fürchten, aber kann man ihn lieben? Wenn er seine Kinder mit Krebs straft? Wie würden wir einen menschlichen Vater bezeichnen, der sein Kind mit einer Kette schlägt, weil es versagt hat, und ihm dann ein tödliches Gift in das Morgenmüsli mischt? Krank, pervers, nicht wert, ein Vater genannt zu werden! So lautet unser Urteil, und das zu Recht. Warum aber akzeptieren wir diese Denkweise bei Gott? Was für ein Gott wäre das, der so mit seinen »geliebten« Kindern umgehen würde? Ein Gott zum Weglaufen, zum Angsthaben oder zum Bekämpfen – aber auf keinen Fall ein Gott zum Lieben.

Wir müssen solche Gedanken im Namen Jesu aus unserem Herzen hinauswerfen, immer und immer wieder – bis wir es endlich verstanden haben: Wir sind heilig, wenn wir uns an den gehängt haben, der heilig war und ist: Jesus Christus (an dieser Stelle ist bereits deutlich zu spüren, dass das Arbeiten an den Spannungsfeldern eine hochpraktische Angelegenheit ist). Wir werden immer heilig in Gottes Augen sein, denn wir haben eine neue Erbsubstanz von ihm bekommen. Christen sind Blaublütige, von königlichem Geschlecht. Wir können diesen Gedanken gar nicht radikal genug denken.

Ein Gott, vor dem wir zu Kreuze kriechen müssen?

Was ist mit dem zweiten Satz – ich zitiere ihn noch einmal: »Ich bin und bleibe ein Sünder, deswegen muss ich mich regelmäßig vor Gott beugen, damit er mir vergibt!«? Ich spitze es zu: Das einzig Gute an diesem Satz ist das Beugen vor Gott. Aber nicht, weil wir unwürdig und elend sind, sondern damit er uns aufrichtet. Ansonsten hat dieser Satz einen sehr frommen Anstrich und entspricht leider auch der Erfahrung der meisten Christen, denn sie erleben sich als Sünder, die sieglos durch das Leben stolpern und von der Kraft der Auferstehung nicht viel spüren. Gerade diese Kraft aber hat sie nicht nur gerettet, sondern auch geheiligt. Nur sollte man den Alltag nicht zum Maßstab für die Theologie machen, sondern das Wort Gottes. Denn hier muss nun fein unterschieden werden:

1. Ja, wir sündigen immer noch.
2. Nein, wir sind keine Sünder mehr.

Das mag wie Haarspalterei wirken, hat aber auf unser Selbstbild einen entscheidenden Einfluss. Wir erleben uns vielleicht noch als Sünder, aber in Gottes Augen, aus seiner Perspektive, sind wir makellos rein. Die alte Natur zappelt noch, aber sie ist erledigt am Kreuz, ein für alle Mal. Der Ausgang dieses Kampfes ist eindeutig und unumkehrbar. Die Sklaverei der Sünde ist vorbei.

Die alte Natur zappelt noch, aber sie ist erledigt am Kreuz, ein für alle Mal.

Muss Gott mir nun immer wieder neu vergeben? Ich habe lange so gedacht. Meine Vorstellung war, dass ich Gott eine ihm vorher unbekannte Sünde beichte, die mir dann in genau diesem Moment vergeben wird. Die Vergebung ist aber längst in Jesus Christus am Kreuz geschehen. Gott hat die Welt mit sich versöhnt (vgl. 2. Korinther 5,19). Wir brauchen dieses Bußgebet nicht mehr, damit er uns in genau diesem Moment vergibt, sondern damit er uns reinigt, damit die Leitung wieder frei ist zwischen Vater und Kind. Nicht Gott benötigt das konkrete Bekenntnis der Schuld, weil er uns noch vergeben müsste – wir brauchen es, damit wir wachsen können.

Durch die Buße übernehmen wir Verantwortung für unser Handeln und nennen die Schuld beim Namen. Im Gebet bringen wir die Sünde vor ihn und ins Licht; denn nur was ins Licht gerät, kann geheilt und verändert werden. Außerdem erkennen wir an, dass wir die Sünde nicht aus eigener Kraft überwinden können, sondern seine Kraft benötigen – die er uns aber jederzeit zur Verfügung stellt, ja, die er in uns hineingelegt hat, in unseren Geist.

Wenn wir mit dem Vaterunser beten: »Vergib uns unsere Schuld«, dann beten wir das nicht, weil er das genau in diesem Moment tun müsste – wir sind ja bereits in seinen Augen Heilige –, sondern weil damit die Leitung zu Gott frei bleibt und die Kraft zum Leben und Glauben ungehindert fließen kann. Um es in einem Vergleich zu verdeutlichen: Wenn ich gegenüber meiner Frau Isa offen zugebe, dass ich sie mit einer dummen Bemerkung verletzt habe (diese Schuld also ans Licht bringe) und sie dafür um Vergebung bitte, dann tue ich das nicht, weil sonst unsere Ehe ganz grundsätzlich gefährdet wäre, sondern weil es mich entlastet, weil es unsere Beziehung wieder bereinigt, weil es die Tür aufstößt zu Wachstum aneinander und miteinander. Isa dagegen wird froh sein, dass ich auch zu meinen Schwächen und Fehlern stehen kann und sie nicht verberge. Natürlich kann eingestandene Schuld auch belastend für den Partner sein. Mittel- und langfristig mündet dieser Umgang miteinander jedoch in mehr Vertrauen.

Nicht anders verhält es sich in unserer Liebesbeziehung zu Gott. Unser Status, unsere Stellung, steht nicht auf dem Spiel, egal, wie oft wir fallen. Wir selbst nehmen uns als Sünder wahr – und wir sündigen in der Tat und würden vielleicht weniger sündigen müssen, wenn wir uns bewusst wären, aus welcher Kraft wir wirklich leben.

Damit wir Christus ähnlicher werden können, müssen wir uns der Realität der Sünde in unserem Leben immer wieder neu stellen, die erkannte Schuld ans Licht bringen und uns bewusst machen bzw. bewusst gemacht bekommen: Dir ist vergeben. Ja, auch diese Schuld trennt dich nicht von deinem Vater. Wenn wir uns also beugen, dann nur aus einer gesunden Ehrfurcht vor dem, der uns bereits aufgerichtet hat und der sich von keinem Fehler davon abhalten lässt, das immer und immer wieder zu tun! Sich zu beugen, das macht nur dann Sinn, wenn man aufgerichtet werden will zu neuer Kraft und Würde und sich bewusst weigert, das selbst und aus eigener Kraft zu bewerkstelligen. Denn aufrichten – das kann Gott viel besser!

Benötigt *Gott* also unser Gebet um Vergebung? Nein! Er sieht uns für immer und ewig so, wie wir in seinen Augen sind: heilig. Benötigen *wir* also das Gebet um Vergebung? Auf jeden Fall, denn so bleiben wir in der tiefen und liebevollen Abhängigkeit zum Vater. Es hält die Leitung frei und verhindert, dass wir schlechtes und zerstörerisches Verhalten geheim halten. So kann es nicht im Dunkeln wüten und unser Herz schwächen oder gar vernichten.

Scott Peck führt in *The Road Less Travelled* aus, dass Sünde für Gott nicht mehr das Problem ist (denn diese ist ja nun vergeben), sondern das Verstecken, das Geheimhalten der Sünde. Wir verhalten uns damit wie Kinder, die Mist gebaut haben und sich nicht mehr zu ihren Eltern trauen. Diese wiederum sind traurig, weil ihr Kind ihnen so wenig vertraut … Wie sehr muss es den Vater-Gott schmerzen, wenn wir der Freiheit der Gerechten, der Freiheit der Kinder Gottes so wenig trauen und immer noch denken, Gott müsse uns verdammen und verstoßen …!?

Wir sind also Gerechte und dürfen als solche leben. Ich beschreibe den einen Pol unseres ersten Spannungsfeldes ganz bewusst so ausführlich, weil er für eine lebendige Spiritualität so wesentlich ist. Die Tatsache unseres Standes in Jesus Christus darf und soll unser Herz erreichen. Wenn durch Tod und Auferstehung Jesu nicht wirklich etwas grundlegend und revolutionär Neues geschehen ist und wir doch nur wieder im alten Vergeltungsmuster der Religiosität festhängen, dann wären wir besser Heiden geblieben – so betont es zumindest gewohnt zugespitzt Paulus (vgl. 1. Korinther 15,17-19.32).

Und doch Sünder …

Einer meiner Lehrer am theologischen Seminar gab mir eine Regel für das Predigen mit auf den Weg: »Predigen Sie das Wort und seine Pointe bis an den Rand der Häresie, also der Irrlehre!« Dahinter steht eine wertvolle Einsicht. Fast alle biblischen Texte und Geschichten sind einseitig. Zugespitzt. Manche Prediger und mit ihnen die Gemeinden neigen nun zum Abschleifen der Spitze, um den Zuhörer nicht zu überfordern. Damit wird aber dem Text die Kraft genommen. Die Gemeinde gewöhnt sich an seichtes Mittelmaß. Zu jedem Entweder gibt es auch sofort ein Oder.

Mir ist das so in einer Predigt über Barmherzigkeit gegangen. Ich habe die Barmherzigkeit Jesu bis zur »Schmerzgrenze« gepredigt. Hinterher kam dann sofort die Gegenstimme, die die Forderungen des Gesetzes vermisste. Den ethischen Anspruch. »So barmherzig ist Gott doch gar nicht, da könnte man sich ja ausruhen!« Genau mit einer solchen Predigt würde man aber dem Wort Gottes nicht gerecht. Die Spitzen sollen zu anderer Zeit eine Gegenspitze finden und zwischen diesen beiden Polen soll sich Spannung aufbauen dürfen. Bitte also keine lauwarme Brühe, kein butterweiches Gottesbild. Sondern kraftvoll, verwurzelt, pointiert.

> Sich zu beugen, das macht nur dann Sinn, wenn man aufgerichtet werden will zu neuer Kraft und Würde und sich bewusst weigert, das selbst und aus eigener Kraft zu bewerkstelligen.

Nun also zum anderen Pol unseres Spannungsfeldes: Wir erleben uns als Sünder, wir nehmen uns selbst schmerzhaft so wahr, weil wir eben immer wieder fallen und uns in diesem Bereich auch nichts vormachen sollen (vgl. 1. Johannes 1,10).

Was aber geschieht zum Beispiel mit einer Gemeinde, die diesen Spannungspol vernachlässigt? Sie unterliegt schnell dem triumphalistischen Missverständnis, Christen würden im permanenten Sieg leben. Sünde ist dann aus den eigenen Reihen und dem Leben auszumerzen, Krankheiten werden nicht zugelassen, sondern durch die Kraft Gottes abgewiesen, die Heiligung wird schleichend zum Test für den Glauben. Lebe ich siegreich über meine Sünden? Lebe ich aus der neuen Natur? Woran sehe ich, ob ich »erfolgreich« in meinem Glauben bin? Was bedeutet aber erfolgreich? Wer definiert das?

Es fällt auf, dass solche Definitionen im Neuen Testament nicht im Zentrum stehen. Im Zentrum steht die Beziehung zu Jesus Christus. Heiligung geschieht als Nebenprodukt dieser sich stetig vertiefenden

Freundschaft. Wenn nun die Heiligung wieder eine zentrale Rolle einnimmt und die Realität der Sünde im Leben eines Christen in einer gefallenen Welt schlimmstenfalls sogar geleugnet wird, wird damit nicht nur die Schrift in grundlegenden dogmatischen Aussagen zurechtgebogen, sondern auch die Vorläufigkeit meines Zustandes außer Acht gelassen. Natürlich bin ich ein Gerechter und nicht von dieser Welt, aber ich lebe im »Noch-nicht« dieser Welt. Ich werde in Christus hinein verwandelt, doch sehe ich ihn nicht direkt, sondern nur indirekt, wie in einem Spiegel (vgl. 2. Korinther 3,18). Wer das Sündigen (wohlgemerkt nicht als Identität in Christus) leugnet, der holt den Himmel auf die Erde und sagt damit: »Das Beste ist jetzt schon da!«, anstatt: »Das Beste kommt noch!«

Wer das Sündigen leugnet, der holt den Himmel auf die Erde und sagt damit: »Das Beste ist jetzt schon da!«, anstatt: »Das Beste kommt noch!«

Von dieser Seite des Pferdes fallen sicherlich nicht viele Gemeinden, doch es gibt sie, die Gemeinschaften der Heiligen, in denen Sünde, Schwäche, Krankheit, Abhängigkeit nichts mehr zu suchen haben und verdrängt werden – es sei denn, sie verwandeln sich blitzschnell in einen siegreichen Triumph. Das aber erzeugt einen immensen Druck. Warum nur hat Jesus selbst betonen müssen, dass uns siebenmal 77 Mal vergeben wird – wenn das am Ende gar nicht nötig sein sollte (vgl. Matthäus 18,21-22)?

Viel häufiger aber treffe ich auf die Opfer, die nie gesagt bekommen haben, wer sie in Christus eigentlich sind und aus welcher Kraft sie leben dürfen. Alles ist uns bereits in Christus geschenkt – alle himmlischen Gaben (Es lohnt sich, Epheser 1 in diesem Zusammenhang konkret auf sich bezogen zu lesen und am besten auswendig zu lernen).

So ist dieses Spannungsfeld absolut notwendig für das Wachstum im Glauben: Die eine Seite macht uns deutlich, wer wir sind und was uns geschenkt ist, die andere ist unverzichtbar, wenn wir die Leitung freihalten wollen, uns ins Licht stellen, uns die Abhängigkeit von der Kraft Gottes klarmachen und uns seiner bereits geschehenen Vergebung vergewissern wollen. Was für ein Spannungsfeld der Gnade und der Kraft spannt sich da auf! Immer wieder neu gilt es, beide Seiten in den Blick zu nehmen und deutlich zu betonen – so gelingt ein lebendiger und starker Tanz zwischen diesen beiden starken Polen.

Konkret gefragt – zum Weiterdenken

- *Wo stehen Sie im Spannungsfeld zwischen Sünder und Gerechter? Wie erleben Sie sich selbst?*
- *Welche Reaktion spüren Sie in sich, wenn Sie von den großartigen Zusagen Gottes bezüglich unserer neuen Identität hören? Erfreut? Ungläubig? Gar zynisch?*
- *Feiern Sie die neue Identität in Christus. Gehen Sie konkret ins Gebet und bitten Sie um Vergebung für alle Dinge, die Ihnen von Gott gezeigt werden.*

Kapitel 5

Mysterium oder alles klar?
Leben im Spannungsfeld zwischen Glauben und Wissen

In den letzten Jahren hat sich eine erstaunliche Wandlung vollzogen. Namhafte Theologen und manch prominenter Christ in den USA sind konvertiert, sprich: haben ihre geistliche Heimat gewechselt. Aus der evangelikalen Szene heraus hinein in die katholische oder sogar orthodoxe Kirche. Einen krasseren Wechsel kann man sich innerhalb des christlichen Spektrums kaum vorstellen. So tritt automatisch die Frage in den Raum: Was hat diese Männer und (selten) Frauen bewegt?

Ihre Antwort war recht eindeutig: In evangelikalen Gemeinden würden vor allem Rezepte vermittelt. Rezepte für das Leben und für den Glauben. Auf alles gäbe es eine Antwort, alles sei erklärbar, jede Bibelstelle liege offen und transparent auf dem Tisch und man habe alles im Griff. Bei alldem sei das Gespür für das Geheimnis Gottes verloren gegangen, das Mysterium habe sich verwandelt in eine »How to«-Sammlung.

Du bist depressiv? Tue dieses und jenes. Du hast Probleme in der Ehe? Folge diesen Regeln und absolviere erfolgreich jene Seminare. Du verstehst Gott in einem konkreten Punkt nicht? Lies diese zehn Bibelstellen und du weißt Bescheid. Der sich offenbarende Gott wird zu einem Karteikasten aus fein säuberlich katalogisierten Lebensanweisungen. Wo ist das Geheimnis Gottes geblieben?

Die traditionelleren Kirchen lassen naturgemäß von ihrer kirchengeschichtlichen Prägung her mehr Raum für das Mysterium. Es wird weniger erklärt – mehr angebetet. Der orthodoxe Gottesdienst kommt gar ganz ohne Predigt aus und ist eine einzige Bewegung der Anbetung. Parallel entsteht seit einiger Zeit die sogenannte »Emerging Church«, eine Bewegung, in der sakrale Räume, alternative Formen der Anbetung u.v.m. verbunden mit einer neu durchbuchstabierten Theologie wieder wichtiger werden. Ich erlebe das selbst in feierlichen Früh- und Spätgottesdiensten mit alternativen Formen der Anbetung wie Gebetsstationen, Möglichkeiten der Kontemplation, Symbolgebeten, Klagemauern oder Gebetsgesten – da sind gerade junge Christen ganz neu gepackt und begeistert, egal wie früh oder spät der Gottesdienst ist.

Eine Sehnsucht nach dem Geheimnis Gottes ist deutlich spürbar. Das ist gut so. Gut, wenn vorhandene Theologie auf den Prüfstand kommt und auch einmal quer gebürstet wird.

Denn im Spannungsfeld zwischen dem offenbarten Gott und dem geheimnisvollen Gott ist das Pendel weit in die eine Richtung ausgeschlagen. Das birgt immense Risiken für Gemeinde, aber gerade auch für das persönliche Glaubensleben. Für mich kristallisiert sich die Anfrage an das heutige Christentum westlicher Prägung in einem Satz von Mark Twain: »Mich beunruhigen nicht die Bibelstellen, die ich nicht verstehe, sondern die, die ich verstehe!« Da sträuben sich dem aufgeklärten Menschen der Moderne alle Nackenhaare. Alles ist doch letztlich erklärbar. Irgendein Kommentar, irgendein Weiser muss doch jedes theologische Geheimnis entschlüsseln können.

> Der sich offenbarende Gott wird zu einem Karteikasten aus fein säuberlich katalogisierten Lebensanweisungen. Wo ist das Geheimnis Gottes geblieben?

Gott im Griff?

Was einst so gut begonnen hat, nämlich in dem Wunsch, den Menschen den Zugang zum Glauben zu erleichtern und ihn alltäglich und verständlich zu machen, das ist nun in einen saft- und kraftlosen Glauben gemündet mit einem harmlosen Gott, der entweder theologisch liberal zum netten Kraftwesen oder in konservativer Prägung zu einem äußerst kalkulierbaren Gegenüber mutiert ist. Gott hat man so oder so im Griff. Da ist eine fruchtbare Spannung auf eine furchtbare Weise aufgelöst worden.

Übrigens: Die Menschen spüren das und suchen in ihrer stark ausgeprägten Sehnsucht nach Spiritualität selten in den christlichen Kirchen und Freikirchen. Weil keine erlebbare Kraft mehr da ist. Kraft erwächst aber aus einem Gott, der weit größer ist als wir und sich dennoch offenbart. Immer noch birgt er allerdings fantastische Geheimnisse – wie ein Eisberg unter der Wasseroberfläche.

Der evangelische Theologe Manfred Josuttis sieht die zukünftige Position des Pastors bzw. Pfarrers in der eines »Mystagogen«, eines Mannes oder einer Frau, der oder die andere Suchende in die Nähe des Geheimnisses Gottes führt und so eine Begegnung ermöglicht. Ich würde diese Sicht erweitern: Jeder Christ sollte zum Mystagogen werden.

Die Suchenden um uns herum sehnen sich nach der Begegnung mit einem lebendigen, wilden und geheimnisvollen Gott.

Die Menschen unserer postmodernen Gesellschaft misstrauen zunehmend Patentrezepten und Sieben-Schritte-Programmen zum Erfolg. Deswegen sollten wir aufhören, ihnen Antworten auf Fragen zu geben, die sie nicht stellen. Die Suchenden um uns herum sehnen sich nach der Begegnung mit einem lebendigen, wilden und geheimnisvollen Gott. Wir sehnen uns auch danach. Von klein auf werden Kinder in den Kindergottesdiensten mit Flanellbildern vom netten Freund Jesus traktiert und der wilde und geheimnisvolle Gott mutiert zum Bettvorleger des beunruhigten Gewissens. Jesus hat dich doch lieb.

Ich sehe meinen kleinen Sohn Ole vor mir, der gerade fünf Jahre alt geworden ist. Er fragt nach Gott – wie jedes Kind, egal, ob es in einer christlichen Familie aufgewachsen ist oder nicht. Ich finde diese Fragen sehr spannend: nach dem Gott, der gleichzeitig überall ist und der groß und stark ist und doch so klein, dass er in einem wohnen kann. Mein Sohn findet das faszinierend und auf kindliche Weise logisch. Er fragt nach dem Gott, der für Gerechtigkeit sorgt und die Macht hat, den Armen zu helfen und den Bösen eins auf die Nase zu geben, zum Beispiel seinem Spielkamerad, der gerade so unfreundlich zu ihm war. Ole mag und will den großen und wilden und durch und durch geheimnisvollen Gott. Warum wir nicht?

Haben wir doch den Mut, Bibelstellen stehen zu lassen, die wir nicht verstehen können, anstatt sie zu rechtfertigen und platt zu erklären vor denen, die kritisch nachfragen. Haben wir den Mut, an den »ganz anderen Gott« zu glauben, der uns eigentlich nicht braucht und trotzdem erwählt hat. Der so viel größer und geheimnisvoller ist als wir. Dessen Rocksaum bereits den ganzen Tempel füllt (vgl. Jesaja 6,1) und der dennoch Wohnung in Menschen nimmt, die ihm in Jesus Christus begegnen (vgl. Johannes 17,23).

Lassen Sie uns auch den Mut haben, Formen des Gebets zu entwickeln und auch zuzulassen, die wir nicht unbedingt im Griff haben. Das Körpergebet zum Beispiel. Oder die Kontemplation – also sich wortlos in Gott hineinzuversenken. Lernen wir wieder, mehr zu hören und zu empfangen, anstatt viele Worte zu machen und Gott zuzutexten. Lassen Sie uns verbrauchte und enge Gottesbilder loslassen, anstatt sie krampfhaft festzuhalten. Nur geöffnete Hände können empfangen. Solange ich etwas umklammert halte, vielleicht sogar noch ängstlich bewahrend, wird mir nichts Neues geschenkt.

Aber vielleicht wollen wir auch gar nicht neu empfangen, weil wir den Moment des Nichthabens, der spannungsreichen Leere, so sehr fürchten. Diesen Augenblick zwischen: »Ich habe losgelassen«, und: »Ich habe noch nichts Neues empfangen.« Kann es sein, dass die mangelnde Anziehungskraft unseres Glaubens daher rührt, dass die Menschen vermittelt bekommen, dass hier auch keine echte Freiheit zu finden ist? Dass hier auch nur Menschen sind, die etwas festhalten? Ein Etwas, das christlich klingt und auch so untermauert ist, allerdings doch nur wieder ein Objekt der Umklammerung ist, aber nicht der Freiheit.

Ich mache die Erfahrung, dass es meinen Mitmenschen guttut, wenn ich offen auf eine Frage sage: »Das weiß ich nicht.« Oder: »Hier kann ich nur staunen und habe keine Antworten.« Oder: »Ich bin gerade schwach und verletzbar, weil ich etwas losgelassen habe und noch nichts Neues empfangen habe.« Oder: »Ich ringe im Moment mit Gott um den nächsten Schritt.« Wir spüren: Wenn wir so glauben und leben, bekommen wir neue Kraft. Kraft und Intensität entstehen, wenn wir uns hineinbegeben in das Spannungsfeld zwischen Offenbarung und Geheimnis Gottes. Denn natürlich hat Gott sich offenbart!

Kraft und Intensität entstehen, wenn wir uns hineinbegeben in das Spannungsfeld zwischen Offenbarung und Geheimnis Gottes.

Der Blick durch den Vorhang

> *Kann ein Unglück in der Stadt passieren, das der Herr nicht geschickt hat? Gott, der Herr, tut nichts, ohne sein Geheimnis vorher seinen Dienern, den Propheten, anvertraut zu haben. Wenn der Löwe gebrüllt hat, muss man sich dann nicht fürchten? - Und wenn Gott, der Herr, gesprochen hat, muss dann nicht der Prophet das Offenbarte ankündigen?* (Amos 3,6-8; NLB)

Der Prophet Amos sagt hier zuerst, dass selbst das Unglück von Gott kommt, dass nichts an ihm vorbei geschieht. Dann macht er deutlich, dass Gott seine Geheimnisse den Propheten offenbart. Hier und da gibt Gott also ausgewählten Menschen Einblick in seine Pläne. Aber ansonsten gilt im Alten Testament: Das Geheimnis wohnt unter seinen Menschen, unter denen, die ihm ehrfürchtig begegnen (vgl. Psalm 25,14). Es wohnt dort, aber es ist nicht für jeden transparent.

Mit dem Neuen Testament ändert sich das grundlegend. Jesus erzählt in Gleichnissen vom Reich Gottes. Damit die, die ihn ablehnen, nicht verstehen. Aber vor allem, damit die anderen, die Durst haben nach einem neuen Weg, einem neuen Reich, eingeweiht werden: *Euch ist es von Gott gegeben, die Geheimnisse des Reiches Gottes zu verstehen* (Markus 4,11; NLB).

Was für eine Aussage! Mit Jesus wird das verhüllende Tuch weggenommen und das Geheimnis sichtbar für alle, die »Augen haben, zu sehen«. Der christliche Glaube ist keine Geheimlehre für Eingeweihte, keine Esoterik oder Gnosis, sondern liegt offen und frei da für jeden, der von ganzem Herzen sucht. Paulus predigt allen von diesem Geheimnis, das in Jesus Christus gekommen ist und vom Beginn der Welt an verborgen war (vgl. Römer 16,25). Aber die Kenntnis dieses Geheimnisses ist nicht etwa auf Paulus und andere besonders »heilige« Christen beschränkt, sondern ist nach langer Verborgenheit nun allen Heiligen, also allen, die Jesus Christus nachfolgen, offenbart (vgl. Kolosser 1,26).

Paulus selbst bezeichnet sich als »Haushalter«, als Verwalter und Erklärer des offenbarten Geheimnisses der Frohen Botschaft (vgl. 1. Korinther 4,1). Er kennt es und erklärt es Suchenden lebensnah und relevant. Genauso ist jeder Christ von Gott aufgefordert, Worte zu finden für seine Hoffnung, Worte, die in die Herzen der Menschen hineinsprechen – weil sie aus dem Herzen kommen und nicht auswendig gelernt sind.

In diesem Sinne ist Gott offenbart. Er hat sich selbst offenbart. Nicht wir können es »machen«, weil wir so klug sind, weil wir es draufhaben, sein Wort in eine Dogmatik zu pressen (vgl. Matthäus 11,25). Gott ist offenbar, weil er sich in seiner Gnade geöffnet hat. Allein diese Einsicht kann eigentlich nur zum Staunen und in die Anbetung hineinführen, wenn sie denn unseren Kopf verlassen und uns in Körper, Seele und Geist bewegen darf.

Gott ist offenbar, weil er sich in seiner Gnade geöffnet hat.

Doch geht es bei der Offenbarung nicht um ein Wissen, das dem Wort und dem Wesen Gottes quasi die Kleider vom Leib reißen will. Hier beginnt das Spannungsfeld farbig sichtbar zu werden: Das Tuch ist weggenommen, der Vorhang zerrissen – aber: Gott bleibt unverfügbar, er bleibt immer noch der unendlich viel größere, geheimnisvolle, der wilde Gott, den wir manchmal, vielleicht oft, nicht verstehen und auch nicht verstehen müssen. Zuerst sollen wir lieben und leben. Erst dann kann Erkenntnis folgen.

Überrascht von Gott

Mir scheint, dass viele von uns mit Gott einen Ehevertrag geschlossen haben, in dem alles genau erklärt und geklärt ist. Mit der Eheschließung ist aber gleichzeitig »die Luft raus«, das Wesentliche geschehen und die Leidenschaft auf dem Rückzug – ich karikiere hier ein sehr negatives, wenn auch leider nicht so seltenes Ehebild.

Eine einseitige Betonung der einmaligen Bekehrung fördert sicherlich in manchen Kreisen dieses punktuelle Denken. Wer jedoch in diesem Denken verharrt und sich nicht wieder neu dem geheimnisvollen Gott öffnet, der wird unbeweglich stehen bleiben. An dem werden sich die Wogen des Lebens schmerzhaft brechen. Denn ein solcher Glaube taugt für eine »Überzeugung« – nicht aber für eine Beziehung mitten im stürmischen Alltag.

Wo ist in unserem Leben Raum für das Geheimnis Gottes? Können wir uns von Gott überraschen lassen? Indem er reden darf, wenn wir nicht damit rechnen? Indem wir zum Beispiel so lange schweigen und hindurchtauchen durch die inneren Stimmen, bis wir seine Stimme hören? Indem wir staunend und schweigend wortlos vor einem Vers in der Bibel verharren?

Egal, wo man steht und welche Form auch immer man wählt: Mir scheint, als sei das westliche Christentum gründlich entzaubert und entmystifiziert. Gott ist klein geworden. So klein, dass wir fast alles erklären können und wollen. Ich will das nicht mehr. Ich will wieder staunen lernen. Sie auch? Können Sie diese Sehnsucht in sich erspüren?

Auch Gemeinden müssen wieder lernen, dem Geheimnis Gottes Raum zu geben – durch Darstellungen, durch Rituale, durch Orte des Zweifelns, des Staunens, des Hörens. Ist die Lobpreis- und Anbetungskultur nicht manchmal auch aus dem Antrieb genährt, Gott im Griff zu haben? Doch Gott will Anbetung als Antwort auf die Begegnung mit seinem Geheimnis, mit seiner Liebe, mit seiner Kraft. Da gibt es keinen Schalter, den man einfach umlegen kann. Anbetung ist eine wachsende innere Haltung für das ganze Leben aus dem Geist.

Auch Gemeinden müssen wieder lernen, dem Geheimnis Gottes Raum zu geben – durch Darstellungen, durch Rituale, durch Orte des Zweifelns, des Staunens, des Hörens.

Begeben wir uns hinein in das erstaunliche Spannungsfeld aus dem offenbarten Gott und dem wilden, geheimnisvollen Gott, der sich uns trotzdem nähert. Wir werden das Staunen lernen. Die Folge wird unübersehbar sein: Menschen und Gemeinden, die suchende Menschen hineinführen können in die Gegenwart des geheimnisvollen Gottes, der sich trotzdem aus Liebe öffnet. Was für eine kraftvolle Spannung!

Konkret gefragt – zum Weiterdenken

- *Wie gehen Sie mit dem geheimnisvollen, vielleicht sogar manchmal unverständlichen Gott um?*
- *Gibt es in Ihrem Leben Raum für das Geheimnis Gottes und für die Anbetung?*
- *Wie weit ist Ihr Bedürfnis nach Kontrolle und Sicherheit ausgeprägt? Wie könnte das mit Ihrem Gottesbild zusammenhängen?*
- *Wie betrachten Sie Gottes Wort? Als Lösungsbuch? Als Offenbarung Gottes für die Beziehung zu ihm?*

Kapitel 6

Machen oder machen lassen? Leben im Spannungsfeld zwischen Kontemplation und Aktion

Dieses Spannungsfeld ist so alt wie das Neue Testament und dennoch gerät es leicht aus dem Blick und beeinträchtigt so unsere Spiritualität. Richard Rohr, der franziskanische Pater und Autor zahlreicher lesenswerter Bücher zu unserem Thema, hat sein Ausbildungszentrum *Center for Action and Contemplation* genannt, ein Zentrum der Aktion und Kontemplation. Einen kontemplativen Lebensstil mit leidenschaftlichem Handeln zu verbinden – das ist sein Ziel und beschreibt gleichzeitig präzise unser Spannungsfeld.

Kontemplation bedeutet, Gott zu betrachten, sich in ihm zu versenken und sich dabei beschenken zu lassen mit dem, was er geben möchte. Es ist vielleicht eine der gnadenvollsten Ausdrucksformen von Spiritualität, weil das eigene Machen und Wollen komplett losgelassen wird und nur noch die reine, nackte Begegnung zwischen Mensch und Gott im Mittelpunkt steht. Kontemplation steht hier aber auch für den Aspekt der Gnade in unserem Glaubens- und auch Gemeindeleben. Gott beschenkt uns, er arbeitet an uns, er liebt uns und wir halten uns hin. Die weit geöffneten Hände, nach oben gereckt und empfangsbereit, könnten als Symbol für diesen Spannungspol dienen. Auf der anderen Seite steht aber die Aktion. Anpackende Hände voller Schwielen, die zugreifen und mithelfen, symbolisieren diesen Spannungspol.

Wir werden beschenkt, wir sind zuerst Empfangende, aber nicht für uns allein, sondern damit wir weiterschenken, weitergeben können.

Wir werden beschenkt, wir sind zuerst Empfangende, aber nicht für uns allein, sondern damit wir weiterschenken, weitergeben können. Schließlich sind die zahlreichen geistlichen Gaben bis auf eine

Ausnahme (die Rede in fremden Sprachen ist auch zur eigenen Auferbauung – vgl. 1. Korinther 14,4) vor allem für die Stärkung des Leibes Christi bzw. den Bau des Reiches Gottes geschenkt (vgl. 1. Korinther 12).

Beschenkt werden – das Empfangene weitergeben

Gott denkt global. Es soll uns mit ihm um Frieden, um Gerechtigkeit, um die gelebte und nicht nur geglaubte Bergpredigt gehen. In seinem Reich soll die Utopie in die Wirklichkeit übergehen. Dies alles kann nur geschehen, wenn wir uns vorher haben beschenken lassen. Denn sonst handeln wir zu sehr aus eigener Kraft und laufen somit leer bzw. produzieren christlich angestrichenes Gutmenschentum. Aber wenn wir beschenkt worden sind, dann sollen wir auch endlich handeln. Wir sollen unsere Gaben so einsetzen, dass sie reiche Frucht tragen (vgl. Matthäus 25,14-30).

Dabei wächst man im Glauben, wenn man seine Gaben einsetzt, denn: Wer im Kleinen treu gewesen ist, der bekommt Größeres anvertraut (vgl. Verse 21.23). Dabei sind nicht Heldenleistungen verlangt, sondern schlicht Treue gegenüber der Aufgabe, die der Gott stellt, der niemanden überfordert – uns aber manchmal an unsere Grenzen bringt …

Wichtig ist: Gottes Reich wird nicht nur in Gemeinden gebaut, sondern da, wo Sie sind. Im Beruf, in der Partnerschaft, in der Partei, für die Sie sich engagieren. Die Bürgerinitiative, das Ehrenamt im Sportverein oder der Jugendklub – das alles ist Bau des Reiches Gottes, wenn Gott uns beauftragt hat.

Was hier nun vermeintlich prima zusammenpasst, ist dennoch in der Kirchengeschichte bis hinein in das eigene Herz ein wirkliches Spannungsfeld. Denn schnell entwickeln sich Schlagseiten, die schleichend zu einem ungesunden Glauben führen. Buchstabieren wir es einmal in kurzen Worten durch. Dieses Spannungsfeld äußert sich auf vielfältige Weise und in chamäleonhaften Schattierungen: Aktion – Kontemplation; Leistung – Gnade; Burn-out – Rückzug ins Private; Machbarkeitsdenken – Passivität.

Je nach Grundausrichtung des Herzens neigt man meist dazu, einen Pol des Spannungsfeldes überzubetonen. Ein Macher, ein Unternehmer, jemand, der weiß, was er im Leben will, hat vielleicht Probleme damit, beschenkt zu werden und sich Gott und vertrauten Menschen hinzuhalten. Da wird selbst angepackt, da muss man sich durchsetzen und den Ellbogen ausfahren – hier und da auch über das gesunde Maß hinaus.

»Ich muss hart sein!« – diesen Satz hat mir noch vor Kurzem eine junge Frau zu Beginn ihres Studiums gesagt. »Nur so komme ich durch und kann bestehen!« Es ist unschwer zu erraten, mit welchem Pol des Spannungsfeldes sie mehr zu kämpfen haben wird.

Bei den meisten Menschen – mich eingeschlossen – beobachte ich, dass das eigene Glaubensleben nicht an zu viel Gnade und zu wenig Aktion zugrunde geht. Immer wenn ich im Hauskreis oder in Predigten und Vorträgen von der Gnade Gottes schwärme, kann ich wetten, dass jemand die Stimme erhebt: »Aber so einfach kann das doch nicht sein! Es kann doch nicht jeder machen, was er will!« Behauptet auch keiner. Paulus musste sich auch schon mit diesem Einwand herumschlagen (vgl. Römer 6). Bis heute ist mir nicht klar, warum immer wieder Leute damit kommen. Wenn ich unendlich von einem Menschen geliebt werde, wenn ich ewige Treue versprochen bekommen habe und selber versprochen habe, dann trete ich doch nicht weg vom Traualtar und beginne mit dem Abarbeiten einer Liste von Dingen, die ich garantiert machen muss, um meinem Partner zu gefallen! Nein, wir gehen nicht an zu viel an Gnade in unserer Spiritualität unter – eher an zu wenig.

Wenn ich unendlich von einem Menschen geliebt werde, wenn ich ewige Treue versprochen bekommen habe und selber versprochen habe, dann trete ich doch nicht weg vom Traualtar und beginne mit dem Abarbeiten einer Liste von Dingen, die ich garantiert machen muss, um meinem Partner zu gefallen!

Glaube – Privatsache?

Die Kehrseite der Medaille ist ein Glaubensleben, das nicht im Alltag spürbar wird. »Glaube ist Privatsache« – dieser abgedroschene und zudem falsche Satz wird zum Programm. Mit fatalen Folgen. Wo bin ich zum Beispiel in meiner Glaubenspraxis hinterfragbar? Nicht von jedem – natürlich. Aber zum Beispiel von geistlichen Autoritäten, denen ich sonst auch vertraue. Oder von einem geistlichen Weggefährten, der auch den Mumm hat, mir unangenehme Dinge zu sagen.

Ein Glaube, den ich mir im Privaten »zusammenbastele« und der nicht hinterfragbar ist, der eignet sich vielleicht perfekt zur frommen Show – aber nicht zur kraftvollen Aktion. Das ist nun wahrlich kein Problem allein der jungen Generation. Mir sagte einmal ein älterer Herr mit großer Überzeugungskraft nach einer Predigt, bei der ich betont hatte, wie wichtig es ist, sich geistlich ermahnen und ermutigen zu lassen: »Mich hinterfragt keiner – das mache ich schon selbst mit Gottes Wort!« Na, Mahlzeit! Seltsam, dass eines der häufigsten Worte des Neuen Testaments das Wort »einander« ist. Einander ermutigen, ermahnen, hinterfragen, anspornen …

Kurz: Man kann sich den Glauben auch sehr fein persönlich gefallen lassen mit all seinen seelischen Wohltaten und Streicheleinheiten – den Grad der Umsetzung ins Leben aber, den bestimmt man selbst. Damit rennt ein solcher Mensch jedoch an der biblischen Wahrheit vorbei.

Dietrich Bonhoeffer hat es mit am besten in seinen großartigen Gegensatzpaaren zum Ausdruck gebracht: »Nur der Glaubende ist gehorsam und nur der Gehorsame glaubt.«[3] Wir stutzen unweigerlich und beginnen, mit dualistischer Logik an diesen Satz heranzugehen, um ihn doch irgendwie unter die Füße zu bekommen, doch das gelingt nicht. Die Spannung ist hier wieder das Salz in der Suppe des Glaubens. Am Anfang steht jedoch immer die Frage: Was motiviert mich zur Aktion? Somit landen wir wieder bei der Gnade und der Liebe, beim Handeln Gottes, das man an sich erfährt und worauf man antwortet. Selbst der Glaube ist ja ein Geschenk …

---

3 Dietrich Bonhoeffer: *Nachfolge,* Gütersloher Verlagshaus, S. 52.

Der Mangel liegt oft darin, dass im Glauben zu viel theoretisiert wurde, aber nicht erfahren. Wer Jesus Christus wirklich und alltäglich erfährt, der kann sich nur den Jüngern anschließen, die sagten: Wir können gar nicht anders, als rauszugehen und zu reden und zu handeln (vgl. Apostelgeschichte 4,20).

Aktive vs. kontemplative Gemeinde

Zuletzt ein kurzer Blick in die Gemeindearbeit – denn immerhin prägen wir sie und sie prägt uns. Auf der einen Seite, der aktionsorientierten Seite, steht die Programmgemeinde. Man organisiert jede Menge, hat zahlreiche Angebote. Für alle Geschmäcker und Altersklassen. »Ein Vollprogramm«, würden Medienfachleute sagen. Doch: Wer zu allen Seiten offen ist, kann nicht ganz dicht sein. Wo ist denn nun die spezielle Aufgabe, in die Gott eine konkrete Gemeinde hineingestellt hat? Sie lautet sicher nicht: Mache alles für alle und zwar so, dass alle es toll finden. In solchen Gemeinden brennen Mitarbeiter und Hauptamtliche leicht aus. Es herrschen eine Sprache und ein Denken vor, die auf Leistung und Wachstum konzentriert sind, es hängt viel an den Leitern und am Pastor. Marketingvokabular macht sich breit. Da ist viel »Machen« und wenig Hören und Schweigen angesagt. Die Mitarbeiter fühlen sich zunehmend wie Fußballtrainer, die gefeuert werden können, wenn sie bestimmte Leistungen nicht erbringen. Leistung regiert über Gnade.

Die Mitarbeiter fühlen sich zunehmend wie Fußballtrainer, die gefeuert werden können, wenn sie bestimmte Leistungen nicht erbringen.

Ist das in dieser Form biblisch? Ich befürchte nein. Da wird selbst gemacht, anstatt beauftragt und gesendet zu sein. Da wird vorangetrieben, anstatt durchaus spielerisch und gelassen mit Jesus Christus unterwegs zu sein. Die blinde Übernahme von Management-Prinzipien ohne biblische Prüfung ist nicht hilfreich. Es hilft auch nicht, wenn man diese mit einem Vers aus den Sprüchen oder den Psalmen untermauert. Gottes Wort im Gesamtzeugnis mit seinen mannigfaltigen Spannungsfeldern und Abhängigkeiten soll uns prägen und den Maßstab vorgeben.

Beziehungen sind wichtiger als Programme. Programme dienen Menschen und müssen von Gott gewollt sein, sonst werden sie zum Ziel und Zentrum und nicht zum Mittel, das Begegnung ermöglicht. Wir leben auch in der Gemeinde aus der Gnade und den Verheißungen Gottes und nicht aus uns selbst. Es ist Gottes Gemeinde, Christus ist ihr Haupt – die Menschen dürfen Glieder sein.

Auf der anderen Seite sehe ich ein anders geartetes Problem, gerade bedingt durch den Rückzug ins Private: dass Christen sich nicht mehr einmischen, sondern vor der öffentlichen Verantwortung zurückschrecken. Ich habe in manchen Gemeinden mitbekommen, wie dafür gedankt wurde, dass wir »uns frei versammeln dürfen«. Solch ein Gebet kann durchaus ernst gemeint sein, gerade dann, wenn persönliche Kontakte in Länder reichen, in denen Christen massiv verfolgt werden. Ich kann mich allerdings des Eindrucks nicht erwehren, dass es gerade auch von den Leuten gerne gebetet wird, die, zugespitzt gesagt, auch nicht gerade viel dafür tun, dass sie verfolgt werden könnten. Ich höre dieses Gebet nicht in Gemeinden an sozialen und gesellschaftlichen Brennpunkten, sondern in braven bürgerlichen Milieus. Das könnte ein Hinweis darauf sein, dass man sich lieber schön bedeckt hält mit dem persönlichen Outing, und wenn, dann durch sozialverträgliche Methoden: Fische auf dem Auto, Poster an der Wand, Bibel auf dem Tisch. Schade, dass dabei Jesus und eine seiner Seligpreisungen aus dem Blick geraten: *Glücklich sind, die verfolgt werden, weil sie nach Gottes Willen leben. Denn ihnen gehört Gottes neue Welt* (Matthäus 5,10; HFA).

Wir müssen Verfolgung nicht provozieren – aber wir sollten auch nicht aus Angst die Zivilcourage zu Hause im Schrank lassen.

Wir müssen Verfolgung nicht provozieren – aber wir sollten auch nicht aus Angst die Zivilcourage zu Hause im Schrank lassen. Das würde nur zeigen, dass diese Welt mit ihrem System noch weit mehr Einfluss auf uns hat, als uns biblisch gesehen lieb sein kann …

Wie könnte also der positive und biblische Traum von Gemeinde und auch vom eigenen geistlichen Leben in diesem Spannungsfeld aussehen? Er ergibt sich fast von selbst dort, wo Aktion und Kontemplation, außen und innen, Geben und Empfangen, in einem gesunden Verhältnis zueinander stehen und beide ernst genommen und gelebt werden. Da stehen die Beziehungen im Mittelpunkt. Im Hören auf Gottes Reden bewegt man sich proaktiv in diesem Spannungsfeld. Schnauft eine Gemeinde unter der Anstrengung einer intensiven Evangelisation, dann ist es Zeit, notfalls auch gegen ein beschlossenes Programm, durchzuatmen und einen erholsamen Gegenpol zu schaffen. In einer solchen Gemeinde werden Mitarbeiter gefördert und gefordert, denn nur so brennen sie nicht aus, sondern behalten Freude, ja, Spaß an ihrer Arbeit im Reich Gottes.

In einer Gemeinde, die sich im Spannungsfeld aus Aktion und Kontemplation bewegt, werden die Bewegungen zwischen diesen beiden Polen immer feiner und geschickter ausfallen, sodass extreme Schieflagen zunehmend ausbleiben – man lernt eben das Tanzen auf einer Fontäne! Leiter werden systematisch entlastet und wertgeschätzt, Mitarbeiter dürfen loslassen und sich Auszeiten gönnen. Gleichzeitig bleibt die Gemeinde nah am Reden Gottes, um herauszufinden, zu welchen konkreten Diensten Gott die Gemeinde und den Einzelnen bewegen möchte. Gott ist unterwegs, er ist schon an der Arbeit. Daran mitzuwirken, das ist nur möglich in einem inspirierenden Spannungsfeld aus Aktion und Kontemplation. Das bedeutet: Leben aus der Gnade und gleichzeitig: dynamisch das Reich Gottes zu bauen. Von einer solchen Gemeinde träume ich.

Konkret gefragt – zum Weiterdenken

➡ *Betrachten Sie Ihren eigenen Stand zwischen den beiden Spannungspolen. Wozu neigen Sie eher?*

- *Wie erleben Sie Ihre Gemeinde? Kennt sie ein ausgewogenes Verhältnis zwischen Aktion und Kontemplation? Wie könnte man das verbessern?*
- *Was hindert Sie, in konkreten Situationen aktiv zu werden? Wie könnte dieses Hindernis überwunden werden? Was ist Ihre Verantwortung dabei?*
- *Können Sie leicht Komplimente und Geschenke empfangen? Dann haben Sie wahrscheinlich wenig Probleme mit dem Aspekt der Gnade im Glauben. Wenn nicht – woran liegt das? Was hat Sie in Richtung Leistung geprägt? Überprüfen Sie diese Maßstäbe an der Bibel.*

Kapitel 7

Immer in Bewegung bleiben … Praktisch mit den Spannungsfeldern arbeiten

Drei Spannungsfelder haben wir näher untersucht. Spannungsfelder, die mir in besonderem Maße für eine positive Entwicklung unserer Spiritualität in unserer Zeit relevant erscheinen. Wie geht man nun damit praktisch um? Indem man sie zuerst auf das eigene Leben und auf das Leben der Heimatgemeinde bezogen betrachtet. Wo stehen wir, wenn wir uns unsere konkrete Bewegung zwischen diesen Polen anschauen – vielleicht zusammen mit einem Freund oder einer Freundin?

Diese ehrliche Analyse ist notwendig und verlangt Disziplin. Doch es gibt keine Abkürzung zu einer lebendigen Spiritualität. Da Gott seinen Weg mit uns geht und nicht an uns vorbei, müssen wir auch bei uns anfangen. Gott wird nicht auf magische Weise unsere Persönlichkeit und Biografie umgehen – weder bei Einzelpersonen noch bei Gemeinden.

Werden alle Pole eines Spannungsfeldes berücksichtigt und finden in unserem Leben Ausdruck? Perfekt ausgewogen müssen und können sie nicht sein, denn es geht ja um einen spielerischen Tanz zwischen den Polen. Ein Tanz ist charakterisiert durch Bewegung, Rhythmus und Betonung, daher wird eine Analyse, die ja eine Momentaufnahme ist, immer ergeben, dass eine gewisse Einseitigkeit vorhanden ist. Der Tanz ist eben ein Schwingen, man hat keinen festen Stand ein für alle Mal und das ist auch nicht das Ziel – in der Bewegung liegt die Schönheit.

Wir müssen an dieser Stelle dem Drang wehren, die Dinge wieder in den Griff zu bekommen. »In der Bewegung liegt die Kraft – der Stillstand ist der Tod, und der geschieht massenhaft« – so lautet eine Liedzeile der Fantastischen Vier. Christsein heißt, in Bewegung zu sein, zu schwingen, in Spannungsfeldern zu tanzen. Die einzige Konstante ist Jesus Christus, der uns in diesem Prozess begleitet

Christsein heißt, in Bewegung zu sein, zu schwingen, in Spannungsfeldern zu tanzen.

und vorangeht; jede andere Konstante müssen wir ablehnen. Auch die Gemeinde ist kein Rückzugsort aus der bedrängenden Welt, sondern eine Weggemeinschaft durch genau diese Welt. Nicht der Berg der Verklärung ist das Ziel von Gemeinde (vgl. Markus 9,2-9). Als Petrus dort oben Hütten bauen wollte, sorgte Jesus dafür, dass diese vermeintliche, aber von Petrus ersehnte Stabilität wieder verlassen wurde.

Diesen Bildwechsel von Stabilität in Richtung Bewegung und Tanz für das persönliche Leben und für das Leben als Gemeinde unter die Füße und ins Herz zu bekommen, das ist ein aufregender Teil des Weges. Denn die augenblickliche Polung kann ganz anders sein.

Wie sehen Ihre persönlichen Spannungsfelder aus?

Als nächster Schritt ist es wichtig, nach anderen, ganz persönlichen Spannungsfeldern zu suchen, die die besondere Situation des eigenen (Gemeinde-)Lebens betreffen. Denn die drei von mir beschriebenen sind ja nur ganz allgemeine und weitverbreitete. Was aber gilt konkret in Ihrem Leben? Eine wichtige Testfrage wäre hier: *In welchen Punkten bin ich mir ganz sicher und habe auf jeden Fall den richtigen Weg gefunden und die richtige Entscheidung getroffen?* Abgesehen von den Basisentscheidungen des Glaubens, zum Beispiel in Bezug auf das Heil, handelt es sich wahrscheinlich gerade dort um einen fruchtbaren Themenbereich, in dem eine Auflösung eines Spannungsfeldes stattgefunden hat. Überall, wo wir meinen, etwas sicher im Griff zu haben, lohnt es sich, nachzuforschen.

Als ich zum ersten Mal die Grundlagen der Seelsorge und der Psychologie entdeckte, da tauchte ich intensiv in diese Welt ab und hatte irgendwann das Empfinden: Diese Erkenntnisse sind alles, was du brauchst, um dich mit deinen Ecken und Kanten zu verstehen und in den Griff zu bekommen. Die wissenschaftlichen Einsichten in das Innenleben des Menschen und seiner Prägung faszinierten mich und vermittelten mir für einige Zeit die Illusion, dass ich, wenn ich all das verstanden und verinnerlicht hätte, ein sicherer, besserer und letztlich perfekterer Mensch sein könnte. Nun ist unbestritten, dass wir durch die

Erkenntnisse der Seelsorge und Psychotherapie ungeheuer viel lernen können. Aber ich hatte den klassischen Fehler gemacht. Ich wog mich in Sicherheit, nun mich selbst in den Griff zu bekommen und den Königsweg gefunden zu haben. Gott in seiner unendlichen Geduld (und mit manchen Schlägen auf den Hinterkopf) hat mir gezeigt, dass es viel mehr auch um ihn selbst geht, um Gnade, um Loslassen, um Hingabe an ihn – alles andere flankiert diesen Prozess des Wachstums hinein in das Bild Christi. Wichtig, aber nicht zentral waren diese Erkenntnisse. Hätte ich mir früher diese Testfrage gestellt, ich wäre vielleicht stutzig geworden und hätte meinen Weg verändert.

> Der Weg selbst ist Teil des Schwingens, des Tanzes, und darf genossen werden.

Eine zweite Testfrage, die wirklich weiterbringt, ist diese: *Wo spüre ich wenig Energie, wenig Leidenschaft?* Spannung entsteht ja – wie bereits erwähnt – elektrotechnisch gesehen durch Potenzialunterschied. Beide Pole sind also stark ausgeprägt, je stärker, desto größer der Potenzialunterschied und desto größer die Spannung. Dort, genau dort, findet sich geistliche Energie *en masse.* Wenn also leidenschaftslose Energiearmut vorherrscht, und das bei parallel durchaus stattfindendem Engagement, dann kann man davon ausgehen, dass eine Schieflage im Spannungsfeld entstanden ist. Dann ist es Zeit, Muße mit Gott zu genießen, um sich neu beauftragen und ausrüsten zu lassen. Er wird gerne die richtigen Hinweise auf die richtigen Fragen folgen lassen. Wenn wir wagen, sie zu stellen, anstatt einfach weiterzumachen.

Unterwegs mit Jesus

Sie spüren – selbst dieser hier skizzierte Prozess ist spielerisch und beweglich, dynamisch. Veränderung entsteht. Er ist sehr individuell zugeschnitten auf das eigene Leben als Christ und als Gemeinde. Wichtig dabei ist, dass dieser Prozess nicht als notwendiges Übel betrachtet wird, damit man endlich die Spannungsfelder unter Kontrolle bekommt. Denn in diesem Moment bisse sich die Katze in den Schwanz. Wir hätten damit die Spannungsfelder in Stein gemeißelt und alle Dynamik verloren. Der Weg selbst ist Teil des Schwingens, des Tanzes, und darf genossen werden.

Deswegen: Wenn wir uns auf den Weg machen, lassen Sie uns feiern – allein und in der Gemeinschaft. Gott will uns nirgendwo hinbekommen. Er will mit uns unterwegs sein. Nur ein bewegliches Schiff kann überhaupt gelenkt werden. Es geht also darum, zu lernen, die Bewegung zu genießen und zu initiieren. Je entspannter und unverkrampfter wir die Sache mit den Spannungsfeldern angehen, desto eher werden wir dem biblischen Charakter dieses Prinzips gerecht. Denn: Der Menschensohn hat keinen Platz, wo er seinen Kopf hinlegen kann (vgl. Lukas 9,58). Er ist unterwegs. Mit den Menschen, zu den Menschen. Gelenkt, genährt, getragen von seinem Vater, denn ohne ihn hat auch Jesus nichts getan (vgl. Johannes 5,19).

Sind wir dabei? Willkommen in der Energie der Spannungsfelder.

Konkret gefragt – zum Weiterdenken

- *Haben Sie noch innere Vorbehalte gegen den Gedanken und das Leben in den Spannungsfeldern? Welche sind das?*
- *Welches von den drei erwähnten Spannungsfeldern hat Sie am stärksten im Geist bewegt? Nehmen Sie dieses Spannungsfeld mit ins Gebet und die Bibellese und beschäftigen Sie sich damit.*
- *Stellen Sie sich die beiden Testfragen. Wie sehen Ihre Antworten aus? Gibt es ein ganz persönliches Spannungsfeld, das Sie nicht loslässt?*
- *In welchen Lebensbereichen spüren Sie Energiearmut, in welchen ist Ihr Herz engagiert und »voll dabei«?*

3. Teil

Eine fruchtbare innere Haltung

Einleitung

Jetzt geht es um Ihr Herz!

Nachdem wir anhand von drei Beispielen betrachtet haben, in welchen Spannungsfeldern sich kraftvolle Spiritualität bewegen kann, richtet sich nun der Blick auf uns – und zwar mitten in unser Herz hinein. Wahrscheinlich wird so manches Spannungsfeld Gefühle, Unbehagen, Neugier, Freude und hoffentlich vieles mehr in Ihnen ausgelöst haben. Mich hat zumindest die Beschäftigung mit den Spannungsfeldern aufgewühlt; das ist auch kein Wunder. Spiritualität, wie ich sie in diesem Buch beschreibe, deckt ja den ganzen Menschen ab.

Verletzlichkeit als Anfang der Veränderung

Doch nun geht es also im wahrsten Sinne des Wortes ans Eingemachte, in das Zentrum. Wir haben bereits festgestellt, wie irreführend es ist, geistliche Übungen mit der falschen inneren Haltung durchzuführen. Gott geht es letztlich um Transformation, um Verwandlung unseres Herzens. Sie wird verstärkt und erfährt sozusagen ihre Rückkopplung durch geistliche Übungen und die Umsetzung in der Praxis, das Innere aber ist zentral und immer wieder neu der kritische Ausgangspunkt. Ein fauler Baum bringt faule Früchte hervor und ein guter Baum gesunde Früchte (vgl. Lukas 6,43-46).

Mir ist an dieser Stelle klar, dass es durchaus seelsorgerisch wird, ja, seelsorgerisch werden muss. Seit ich Christ bin, ist es für mich eine Selbstverständlichkeit, Seelsorge und Supervision in Anspruch zu nehmen und auch reichlich weiterzugeben. Ich bin betrübt, wie selten Christen diese Chance zur Entwicklung wahrnehmen. Ein Mann sagte mir einmal ganz deutlich: »Männer gehen nicht zur Seelsorge, höchstens kurz vor dem Aufknüpfen!« So kommen wir im geistlichen Leben nicht voran und so hat sich Jesus geistliches Leben nicht gedacht: als Weg eines Einzelkämpfers, der die Kämpfe in sich verschließt. Seelsorge kann dabei ganz verschieden aussehen. Sie kann in einer Zweierschaft zusammen mit einem begabten Menschen gleichen Geschlechtes stattfinden. Sie kann mit einem Pastor, Geistlichen oder einem anderen reifen Christen geschehen. Es kann durchaus dran sein, sich bei manchen Problemen professionelle Hilfe zu suchen und einen ausgebildeten Therapeuten aufzusuchen – leider ein oft mühsames Unterfangen. Manche ganz praktische Seelsorge im Kleinen findet aber auch in guten, offenen Hauskreisen statt.

Frauen haben mit Seelsorge weit weniger Probleme, Männer scheuen sie zumeist. Diese Scheu hat durchaus etwas Teuflisches, denn dahinter steckt allzu oft Stolz. »Ach, so was habe ich doch nicht nötig, ich bin doch kein kaputter Typ, so übel bin ich gar nicht, ich habe mein Leben im Griff und unter Kontrolle!« Dass die Bibel selbst diese Lebenshaltung nicht lehrt, ist mehr als deutlich. Paulus rühmt sich seiner Schwäche, die Figuren des Alten und Neuen Testamentes werden systematisch in Situationen hineingeführt, in denen sie die Kontrolle abgeben müssen und in denen der Stolz an den Realitäten zerbricht – man betrachte nur einmal das Leben des Petrus in seiner Entwicklung als Lehrbuch für Zerbruch, Kontrollverlust und gesunde Demütigung. Vielleicht müssen wir uns diese biblischen Bilder als Männer wieder vermehrt vorhalten, damit wir durch die Schwäche hindurch wirklich stark werden und nicht an ihr vorbei.

> Seit ich Christ bin, ist es für mich eine Selbstverständlichkeit, Seelsorge und Supervision in Anspruch zu nehmen und auch reichlich weiterzugeben.

Jeder, der sich an Jesus Christus hält, hat eine Zeit vor dem Glauben gehabt und ist so falschen Maximen im Leben gefolgt. Aber auch auf dem Weg des Glaubens geschehen Verletzungen, und widergöttliche Maximen prägen sich im Herzen ein wie eine sich vertiefende Fahrspur, geprägt durch Herkunftsfamilie, Gemeinde, Beruf, Lehrer und vieles mehr. Diese falschen Maximen, diese falsche Matrix hinter dem Leben hat auch Sie verletzt, verbogen, hat Sie Blockaden aufhäufen lassen. Das Herz ist allzu oft umgeben von einer Schicht aus Mörtel, die das Verletzliche schützen soll. Zu Recht, denn das System ohne Gott, die diabolische Matrix, ist eigentlich nur eins: böse. Macht, Ausnutzung,

Verzweckung des Menschen, willentliche Verletzung – all das findet in diesem System statt. All das ist die »Welt« als antigöttliches System, von der die Bibel an einigen Stellen spricht.

Ich glaube, keiner kommt an diesem System vorbei. Selbst wenn wir ein christliches Elternhaus genossen haben, selbst wenn unsere Kindheit, unser Lebenslauf bisher unauffällig waren, das System hat sich verankert. Es ist ja in uns drin! Wir mögen als Christen nicht mehr von der Welt sein, aber die Welt hat trotzdem ihren Einfluss auf uns. Selbst gläubige Eltern sündigen immer wieder gegen ihre Sprösslinge (vgl. Hebräer 12,10). Meine eigene Erfahrung ist: Das eigene Herz ist immer umgeben von Schutzschichten aus »Abwehr-Mörtel«. Das ist wohl unabwendbar in dieser Welt. Frustrierend ist an dieser Stelle eins: Diese Schichten können selbst dann noch dicker werden, wenn man Christ geworden ist und nun (offiziell) einem anderen System angehört. Weil das alte, verletzende System noch in unseren Knochen steckt. So geschieht Sünde und jede Sünde trägt die Strafe bereits in sich, sie verletzt weiter und die Spuren werden tiefer, die Schutzschichten dicker … Dieser Weg scheint unausweichlich und wird viel zu selten beim Namen genannt. Aber es gibt auch einen Weg heraus aus den ausgefahrenen Spuren – doch wie?

Biblisch gibt es keine »Veränderung light« und keinen Weg am Kreuz vorbei.

Biblisch gibt es keine »Veränderung light« und keinen Weg am Kreuz vorbei. So braucht unser Herz in manchen Punkten konkrete Entrümpelung und Befreiung. Daran vorbeikommen zu wollen, hieße, eine geistliche Abkürzung gehen zu wollen, und die funktioniert nie.

Ich halte einen Menschen, der sich seinen Verletzungen stellt und einen anderen in sein Herz schauen lässt, für weit stärker und reifer als einen, der glaubt, er oder sie habe alles unter Kontrolle und habe »so was« nicht nötig. Lassen wir uns auf den Prozess einer heilenden und heilsamen Seelsorge ein und wir erleben eine neue Dimension der Spiritualität. Unser Herz ist einfach zu wichtig. Wenn dieses stufenweise geheilt wird, werden das Leben und der Glaube massiv verändert und gestärkt werden. Das kann ich aus eigener Erfahrung bestätigen. Lassen wir uns also auf die folgenden Punkte ein und schauen wir ehrlich auf unser Herz, was auch immer da hochkommen mag. Schmerz, innere Fragezeichen, Freude, alldem und vielem mehr sollten wir nun Raum geben und Mut zu kleinen Löchern in den Mauern haben, die das Herz immer noch schützen.

Konkret gefragt – zum Weiterdenken

- *Fällt es Ihnen leicht, Schwäche einzugestehen?*
- *Welche Erfahrungen haben Sie mit Seelsorge gemacht? Gibt es entsprechende Angebote in Ihrer Gemeinde?*
- *Neigen Sie dazu, am Kreuz vorbei Veränderung zu ersehnen?*

Kapitel 8

Ob Gott es wirklich immer gut mit mir meint? Vertrauen lernen

»Der wahre, grundlegende Makel in deinem Leben, Mackenzie, ist, dass du mich nicht für gut hältst. Wenn du wüsstest, dass ich gut bin und dass alles – die Mittel, die Resultate und alle Vorgänge des individuellen Menschenlebens – in meine Güte eingeschlossen ist, dann würdest du zwar mein Handeln nicht immer verstehen, aber du würdest mir vertrauen. Doch du vertraust mir nicht.«[4]

Sind wir uns eigentlich folgender Tatsache bewusst? Unsere Brille, durch die wir das Leben sehen, ist gefärbt und manchmal auch kräftig verbogen. Objektiv ist allein Gott und sein Wort – schon unsere Wahrnehmung, unsere Interpretation des Wortes, aber eben auch des ganzen Lebens, ist subjektiv. Mehr oder weniger – aber immer subjektiv. So scheint das schiefe Bild von Gott, der Welt und auch von uns selbst durchaus stimmig zu sein, weil wir die Farbe und Verkrümmung unserer Brille gar nicht mehr als ungewöhnlich und fehlerhaft wahrnehmen. Man kann sich eben an fast alles gewöhnen …

Kein Mensch dieser Welt ist eine Tabula rasa – eine blanke Tafel. Ereignisse, Erziehung, andere Menschen, denen wir Autorität gegeben haben oder geben mussten, Verletzungen, Erfolge, alles hat auf dieser Tafel Spuren hinterlassen und unsere Brille auf einzigartige und leider auch eigenartige Weise gefärbt. Unsere Sicht auf die Welt ist schlicht Folge einer gefallenen Schöpfung. Gerade Menschen, die elternlos aufgewachsen sind, sei es durch Scheidung, durch Tod oder schlicht durch Abwesenheit, fehlt häufig das Urvertrauen, dieses in frühester Kindheit vermittelte Gefühl: Die Welt ist ein sicherer Ort und spannend zu entdecken. Denn du bist behütet und geliebt und in Ordnung. Stattdessen wird das Leben tendenziell kritisch und ängstlich bewertet, denn dieses

---

4 Aus William Paul Young, *Die Hütte,* allegria 2009, S. 144.

meint es nicht gut und ist eher feindselig. Diese misstrauische Haltung gegenüber Menschen und dem gesamten Leben ist eine weitverbreitete Krankheit unserer westlichen Welt.

Vor einigen Jahren habe ich für mich entdeckt: Ich habe kein Urvertrauen. Warum, das kann ich nur ahnen, denn Urvertrauen wird ja in den allerersten Lebensjahren angelegt. Nur kann ich auf alten Fotos sehen, dass mein Lächeln irgendwann erstirbt und von einem natürlichen Strahlen zu einem Fotogrinsen wird. Ich bin dieser Erkenntnis gerade erst auf der Spur und rolle sie sozusagen von hinten auf. Dabei geht es nicht darum, Schuldige zu finden, sondern die Stellen auszumachen, an denen Heilung erfahren werden sollte. Trotzdem: Das zu erkennen hat mich in diesem Moment geschockt. Doch der Vater geht damit sehr barmherzig um und verlangt nichts, was wir nicht geben können – auch das habe ich im Laufe der Zeit gelernt. Urvertrauen ist ja nicht machbar, und so habe ich immer wieder Menschen und liebevolle Begegnungen mit Gott selbst benötigt, der mich genau an den richtigen Stellen berührt hat, um in dieses Vertrauen hineinzuwachsen. Eins weiß ich heute – auch wenn ich immer noch auf dem Weg bin und ab und an in meine verzagte und dunkle Haltung zurückfalle: Gott möchte uns dieses Urvertrauen schenken. Nur er kann es.

> Kein Mensch dieser Welt ist eine Tabula rasa – eine blanke Tafel.

Das Problem ist: Manche kritische und dunkle Einschätzung dieser Welt mag ja sogar stimmen – doch diese Haltung wird natürlich auch auf Gott übertragen. Wer so geprägt ist, der kann die vertrauensvolle Aussage, dass Gott es grundsätzlich gut meint, nicht von ganzem Herzen bejahen. Theologisch vielleicht – aber von Herzen? Wenn man sich diese Färbung der Brille eingesteht, ist das eine der wertvollsten Einsichten, die man sich denken kann. Denn sonst verletzt man sich und andere immer wieder …

Was geschieht, wenn ich nicht glauben kann, dass Gott es wirklich gut meint? Wenn Gott zwar existiert, aber durch meine Brille unzuverlässig und hart wirkt, zornig und strafend? Hier mischen sich auch noch manch fromme und angelernte beziehungsweise blind übernommene Klischees mit hinein in die Art und Weise, wie man Gott sieht. Klischees, die nur vordergründig biblisch begründbar sind. Wenn wir uns auf dieses falsche Gottesbild verlassen, dann bleibt die Beziehung zu ihm auf Sand gebaut und alle geistliche Übung verkommt zu einem Fassadenspiel, ist wie Sex mit einem Ehepartner, von dem ich nicht weiß, ob er mich liebt oder verachtet …

Mir ist wichtig, an dieser Stelle klarzumachen, wie absurd die Vorstellung ist, man könne eine gesunde Spiritualität auf einer solchen verkrümmten Vorstellung von Gott aufbauen. Nehmen wir ein unverfänglicheres Beispiel: Mit einem solchen Gott zu reden und von ihm zu lesen, das ist wie ein Ehegespräch über strittige Fragen, bei dem nicht einmal klar ist, ob die Ehe überhaupt gültig ist beziehungsweise von beiden Partnern erwünscht ist. Ganz eigenartig fühlt sich das an und kommt leider auch vor.

Wenn unsere Liebesbeziehung zu Gott so aussieht, ist die Folge ein verängstigtes geistliches Leben, manchmal gepaart mit einer kräftigen frommen Fassade. Nach innen will man es Gott recht machen (was nicht geht), will ihn besänftigen (was nicht nötig ist), will ihm gefallen (was man bereits in Jesus Christus tut), will sich würdig erweisen, zumindest im Nachhinein (was nicht geht, nicht nötig und sogar kontraproduktiv ist).

Nach außen hat man natürlich das Bild eines »guten« Christen abzugeben (den es nicht gibt) und kann schlecht über seine Zweifel, Ängste und vor allem den tief sitzenden Zorn gegenüber Gott und der Welt reden. Also bauen sich neue Mauern um das Herz herum auf … und das Evangelium, die Frohe Botschaft, macht krank und verkrümmt, anstatt aufzurichten und frei zu machen. Wie sehr war ich schon in diesem Strudel gefangen und habe Impulse von außen benötigt, um das zu erkennen und da herauszukommen.

> Aber auch wenn Gott uns in Christus bereits als geheilt ansieht, als schuldlos und rein: Unseren Willen übergeht er weiterhin nicht.

Das Problem liegt aber nicht im Evangelium. Dieses hat wie nichts anderes auf dieser Welt befreiendes und heilendes Potenzial. Aber auch wenn Gott uns in Christus bereits als geheilt ansieht, als schuldlos und rein: Unseren Willen übergeht er weiterhin nicht. Er wird unsere Mauern nicht gegen unseren Wunsch durchbrechen und uns so in die Freiheit führen – wir könnten damit auch nicht umgehen … Ein Baum, der ohne ausreichende Verwurzelung dem Sturm der Freiheit ausgesetzt wird, wird umfallen und dem Wind nicht standhalten können. Andersherum: Es mögen starke Wurzeln da sein, die dem Baum Kraft geben, aber es fehlt die Elastizität. Wie das menschliche Herz, das von Mauern umgeben ist, sind der Baumstamm und seine Äste steif und unbeweglich. Ein solcher Baum würde zwar nicht entwurzelt, aber er würde zerbrechen am Sturm der Freiheit – denn Bäume sind elastisch. Sie spielen und tanzen mit dem Wind, nutzen ihn, bewegen sich in ihm.

Gott wird uns also Freiheit nie gegen unseren Willen oder zu früh (wenn keine Wurzeln da sind) oder ohne vorherigen Zerbruch von Mauern (wenn zu wenig Elastizität da ist) schenken. Er enthält uns die Befreiung vor, weil er uns liebt.

Heilung finden

Wie geschieht nun Heilung in diesem Bereich? Sie beginnt durch die Anerkennung und Benennung des Problems. Kein Fortschritt ohne Diagnose. Ich stelle einmal ein paar Fragen, die mir weitergeholfen haben:

Frage ich mich manchmal, warum Gott dieses oder jenes zulässt und was ich falsch gemacht habe? Habe ich verletzende Autoritätspersonen in meinem Leben erfahren müssen? Kann ich Gott im Gebet von Herzen und ohne bitteren Beigeschmack als Papa ansprechen? Nicht respektlos und kumpelhaft, aber eben kindlich? Ist mein Verhältnis zu Gott eher professionell und distanziert als liebevoll, zärtlich und durchaus emotional (je nach Typ natürlich in unterschiedlicher Ausprägung)?

Wir sollten, wenn wir uns diese Fragen stellen, Gott um Einsicht in unser Herz bitten, ganz so wie es der Psalmist David getan hat (vgl. Psalm 139).

Ich habe in meiner Arbeit als Pastor nur ganz wenige Menschen kennengelernt, die in diesem Bereich heil sind und Gott von Herzen als liebevoll und gut bejahen können. Ich gehöre nicht zu diesen glücklichen Menschen – aber ich mache große Fortschritte und das fühlt sich sehr gut an. Ich habe schon weiter oben von meinem Mangel an Urvertrauen geschrieben – für mich ist die Frage, was ich denn falsch mache, immer wieder quälend gewesen. Doch immer wieder hat mich auch Gott berührt und die Heilung ein kleines Stückchen weiter in mein Herz sickern lassen. Es sind oft winzige Begebenheiten, viel häufiger als große Durchbrüche und Umbrüche. Das ist so Gottes Art, an uns zu arbeiten: sanft, stetig, nicht gewaltsam. Irgendwann saß ich mit einem Kollegen zusammen und mitten in einem intensiven Gespräch sagte er mir: »Man muss es dir einmal sagen – du begeisterst mich echt!« Das war keine Schleimerei, die meine Untiefen und Macken umschifft hätte, es war keine rhetorische Strategie, sondern tief aus dem Herzen, und das kam an. In diesem Moment habe ich gelernt, wie wertvoll echte und aufbauende Worte sind. Das heißt Segnen – gute Worte in ein Leben hineinsprechen.

Bibellesen und Beten waren weniger Pflicht und Zwang, sondern vielmehr Teil eines Dialoges zwischen zwei Vertrauten.

Das Faszinierende daran ist, dass sich auch die geistlichen Übungen parallel zum Heilungsprozess weiterentwickeln. Mit dem wachsenden Vertrauen haben sich bei mir die Gebetsformen gewandelt. Plötzlich war es mir wichtig, einfach mit Gott spazieren zu gehen. Oder mich in meinen Lieblingssessel zu setzen, um zu beten – aber nun mit einer flauschigen Decke, in die ich mich hüllte und die mir zum Symbol für Gottes Wärme wurde. Andere Ausdrucksformen wurden wichtiger, altbekannte Formen begannen zu verblassen. Bibellesen und Beten waren weniger Pflicht und Zwang, sondern vielmehr Teil eines Dialoges zwischen zwei Vertrauten.

Es lohnt sich also, sich an diese grundlegendste aller Herzenshaltungen heranzuwagen. Gerade weil diese so wichtig ist, wird sie oft vom Gegner Gottes attackiert und verdreht. Aber genauso gilt: Gerade weil sie so wichtig ist, möchte Gott in diesem Bereich Fortschritt und Heilung schenken. Weil er sich nach uns sehnt.

Nach der Diagnose, ohne die die inneren Haltungen nicht reifen und heilen können, geht es zweitens immer darum, das Erkannte im Gebet vor Gott zu bringen. Ich schildere Gott das, was ich erkannt habe, und bitte ihn um einen Weg der Heilung.

Ich habe es zusätzlich drittens immer als hilfreich empfunden, über die »Diagnose« auch mit einem vertrauten Menschen zu sprechen mit der damit verbundenen Bitte, immer wieder einmal nachzufragen, was in diesem Bereich geschehen ist. Allzu oft bleibt es seelsorgerisch beim Erkennen hängen, ohne dass es wirklich in die Umsetzung geht. Mich hat das lange Zeit frustriert. Wichtig ist es bei aller Erkenntnis, sich nicht zu verheddern und an zu vielen Baustellen gleichzeitig zu arbeiten. Das ist eine Strategie des Teufels. Es reicht durchaus, ein halbes Jahr an *einer* inneren Haltung zu arbeiten bzw. arbeiten zu lassen.

Viertens gilt es, aus den Verheißungen der Bibel einen kleinen Katalog an Bibelstellen zusammenzustellen, die göttliche Zusagen machen, passend zur eigenen Situation. Wir dürfen bei diesem Prozess der Heilung nie vergessen: Gott hat in uns eine neue Identität angelegt und durch seinen Geist in uns verankert. Dass diese noch längst nicht in allen Bereichen spürbar ist, geschweige denn durchgedrungen ist, das versteht sich von selbst. Aber genau auf diese Identität gilt es immer wieder zu schauen, sie im Gebet zusammen mit konkreten Verheißungen zu proklamieren und ihre Wahrheit zu meditieren. Wir sprechen bezogen auf unsere innere Haltung so viele Lügen unbemerkt aus (»Ich tauge nichts, ich schaffe das nicht, ich bin nichts wert« u.v.m.), dass wir dringend einen biblischen, heilsamen Gegenpol benötigen.

Fünftens hilft ein kleines Veränderungstagebuch. In dieses Büchlein schreibt man die Erfahrungen, die man positiv in Bezug auf seine innere Haltung gemacht hat: »Jemand hat mich aufrichtig wertgeschätzt und mein Vertrauen belohnt.« – »Ich habe mich in einer schwierigen Situation auf Gott verlassen und bin nicht weggelaufen oder habe es selbst gemacht.« Solche Erlebnisse gehören in dieses kleine Tagebuch. Auf diese Weise entsteht ein Vorrat an prägenden Erfahrungen, denn genau so arbeitet Gott ganz häufig: durch alltägliche Kleinigkeiten und nicht selten mit einem Augenzwinkern, auch wenn wir das erst hinterher wahrnehmen können.

Sechstens muss man sich davor hüten, sich zu oft den geistlichen Puls zu fühlen. So wie es kontraproduktiv beim Abnehmen ist, jeden Tag auf die Waage zu steigen, so sollte auch beim geistlichen Fortschritt und bei der inneren Heilung vor allem eins herrschen: Gelassenheit. Sie ist Ausdruck der Gnade Gottes – denn er liebt mich keinen Deut mehr, wenn ich mich verändere. Aber er freut sich, wenn ich seinem Bild ähnlicher werde.

Siebtens benötige ich im wahrsten Sinne des Wortes sinn-volle geistliche Übungen, die diesen Weg begleiten und verstärken. Dazu später mehr.

Dieser ganze Prozess ist ein dynamisches Bewegen und Spielen mit eben diesen Elementen. Veränderung geschieht oft spiralförmig und nicht linear und stetig fortschreitend. Das zu beobachten und sich selbst als Teil dieses Prozesses zu verstehen und kreativ gestaltend einzugreifen, das ist eine wunderbare Erfahrung, die auch für die nun folgenden inneren Haltungen gilt.

Konkret gefragt – zum Weiterdenken

- *Wie ist das mit dem Urvertrauen bei Ihnen? Haben Sie Urvertrauen vermittelt bekommen?*
- *Wie ist Ihre persönliche Brille gefärbt? Versuchen Sie, dafür Worte zu finden. Worauf reagieren Sie allergisch, was ist Ihnen wichtig?*
- *Ganz ehrlich gefragt: Vertrauen Sie Gott? Gott schaut bei der Beantwortung dieser Frage liebevoll auf Sie und sieht in Ihr Herz – eine ehrliche Diagnose tut also wirklich gut, auch wenn sie zuerst schmerzhaft ist.*
- *Haben Sie einen Menschen, mit dem Sie über die Erkenntnisse und Einsichten reden können?*

Kapitel 9

Gott ist Gott und du bist du!
Zu einem entspannten Umgang mit sich selbst finden

»Wenn nicht du du bist, wer dann?« Diese Frage erwischte mich kalt und ertappte mich in meinem damaligen eifrigen christlichen Gewusel. Es ist nun schon über ein Jahrzehnt her, aber sie hat jede Menge bei mir angestoßen. Dazu kamen zum richtigen Zeitpunkt Bücher wie *Gott braucht keine Helden* von Magnus Malm oder die entwaffnend ehrlichen halb biografischen Geschichten von Adrian Plass.

Vor einiger Zeit fragte mich außerdem mein Seelsorger, mit dem ich gerade ein gut gelungenes Konfliktgespräch in der Gemeinde analysiert hatte, unvermittelt: »Und? Kannst du dich dafür auch wertschätzen und anerkennen, dass du das geschafft hast?« Ich stutzte und schmerzhaft wurde mir bewusst: Nein, das kann ich nicht. Ich dachte: Ach, das ist doch alles normal und das muss man halt so machen als Christ! Nein, muss man nicht, genug Menschen bekommen das nicht hin. Fortschritte im geistlichen Wachstum darf man feiern und sich dafür auch mal angemessen auf die Schulter klopfen. Manche Christen vermuten hinter einer solchen Haltung schnell den individualistischen Zeitgeist, der uns auf uns selbst fixiert und nicht mehr Gott die Ehre gibt. Das ist sicherlich zum Teil richtig, ist aber als Fehlform hier nicht das Thema. Dennoch glaube ich auch: Wir haben in unserer Zeit einen natürlichen und entspannten Umgang mit uns selbst weitgehend verlernt und schwanken stattdessen zwischen ichverliebtem Hedonismus auf der einen und schmallippiger Selbstverleugnung auf der anderen Seite.

Fortschritte im geistlichen Wachstum darf man feiern und sich dafür auch mal angemessen auf die Schulter klopfen.

Jenseits dieser beiden Fehlformen geht es um eins: um die Begegnung des nackten Menschen mit dem nackten Gott als Ziel der Spiritualität. Also: keine Fassaden mehr, stattdessen unmittelbare Begegnung, so unmittelbar, wie sie eben auf dieser Welt möglich ist. Keine geistlichen Höhenflüge, kein frommes Getue mehr. Begegnung, reduziert auf das Maximum! Von Gott her gilt diese Wahrheit längst: *Es gibt niemand, dessen Inneres vor Gott verborgen wäre. Alles liegt nackt und bloß vor den Augen dessen da, dem wir Rechenschaft schuldig sind* (Hebräer 4,13; GNB).

Die Frage ist vielmehr: Haben wir genug Vertrauen zu Gott, dass wir uns ihm ebenfalls nackt zeigen? Dieser Weg führt – auch in den geistlichen Übungen – gleichermaßen nach innen und zu Gott. Denn wenn ich meinem Inneren näherkomme und Blockaden, Fassaden und Fehlprägungen der heilenden Veränderung Gottes hinhalte, dann komme ich ihm näher. Immer wieder deckt Jesus in seinen Begegnungen die tiefsten inneren Überzeugungen und Haltungen der Menschen auf, weil er weiß: Wenn dort keine Buße, keine Neuorientierung stattfindet, dann ist fröhliche und leidenschaftliche Nachfolge nicht möglich.

Der reiche Jüngling, die Frau am Jakobsbrunnen, Petrus und viele mehr werden von Jesus nach innen und somit gleichzeitig zu ihm geführt. Dieses ist nun kein Automatismus, denn dann wäre Psychoanalyse der Königsweg zu Gott. Wenn ich aber, geführt vom Geist, beginne, mein Herz wahrzunehmen und mir bewusst werde, dass Gott mir am offenen Herzen begegnet – dann kann Veränderung geschehen.

Der Autor und Lehrer Henri Nouwen hat in seinen Büchern dieses Thema immer wieder angepackt, weil er gerade als Dozent an der Yale University spürte, wie sehr er sich hinter Fassaden versteckte und dazu neigte, mehr zu scheinen, als wirklich zu sein. Reflektiert hat er das äußerst kritisch in seinen Tagebüchern während ausgedehnter Klosterzeiten, aber auch in seinen letzten Werken, in denen er seine bewusste Abkehr vom akademischen Leben und seine Hinwendung zu einem einfachen Leben zusammen mit behinderten Menschen beschreibt.

Beeindruckend, wie dieser großartige Mann sich selbst ganz ehrlich betrachtet und auch den Leser daran Anteil haben lässt. Ich – ohne mich damit in eine Reihe mit solchen Größen stellen zu wollen – versuche das in Predigten, Artikeln und auch in persönlichen Gesprächen seit dieser entlarvenden Frage (»Wenn nicht du du bist, wer dann?«) auch so zu halten. Dabei erlebe ich, dass auf diese Weise viel leichter eine Nähe zu den Menschen entsteht, mit denen ich im Gespräch bin. Da ist man plötzlich nicht mehr der distanzierte Geistliche, der »es im Griff hat« und nur drei Prozent von der perfekten Heiligkeit entfernt ist …

Es lohnt sich also, sich selbst näherzukommen und sich anzunehmen, es verändert die Beziehungen, in denen wir stehen, und damit wie von selbst unsere Spiritualität. Damit das gelingen kann, brauchen wir ein heilsames und biblisches Bild, das uns hilft, zu uns durchzustoßen. Teresa von Avila (1515–1582) hat im Mittelalter schon von der inneren Burg oder »Seelenburg« gesprochen. Dahinter steht der Gedanke eines inneren Raumes, der in uns ist und in dem Gottes Geist wohnt und uns begegnet. Teresa beschreibt nun den Weg von außen hinein in die innere Burg, bis hin zum inneren Raum. Doch was ist dieser Raum?

Es lohnt sich also, sich selbst näherzukommen und sich anzunehmen, es verändert die Beziehungen, in denen wir stehen, und damit wie von selbst unsere Spiritualität.

Dieser Raum existiert ab dem Moment, an dem jemand den Geist erbittet und sich Jesus Christus zuwendet. Jeder Mensch ist in diesem innersten Raum unverletzbar und nicht von außen beeinflussbar. Dort können wir gar nicht anders, als ehrlich und nackt Gott zu begegnen.

Der innere Raum entspricht dem menschlichen Geist, der erneuert wurde, als wir aus Gnade Gottes Kinder wurden. Durch unseren Egoismus und unser zwanghaftes, sündiges Streben nach Unabhängigkeit war dieser Geist bis auf ein Minimum zusammengeschrumpft, denn ohne Geist kann kein Mensch leben. Ohne Geist ist aber auch echte Begegnung mit Gott nicht möglich.

Der Geist als Zentrum und Quelle des Lebens war also auf ein Minimum reduziert – eine für jeden Menschen unvermeidbare Langzeitfolge des sogenannten Sündenfalls, dieses unseligen Strebens nach Autonomie, sprich: der Gottlosigkeit. Stattdessen übernahm nun die Seele diese Position. Sie umfasst im biblischen Sprachgebrauch Verstand, Wille, Gefühle, Antrieb etc. – gute Dinge, die aber als Zentrum und Quelle nicht taugen. Mit der Hinwendung zu Christus entsteht nun neu, vollkommen und ohne die Notwendigkeit zu weiterer Verbesserung der Geist. Gott redet mit seinem Geist in uns zu unserem

Geist (vgl. Römer 8,16). Hier, in unserem Geist, soll auch Gottes Wort Raum bekommen – und nicht primär in den Gefühlen und im Verstand: *Denn lebendig ist das Wort Gottes, kraftvoll und schärfer als jedes zweischneidige Schwert; es dringt durch bis zur Scheidung von Seele und Geist* (Hebräer 4,12; EÜ).

Das zeigt, wie wichtig es ist, dass wir Seele und Geist auseinanderhalten, auch wenn beide zu einem Menschen gehören. Unser Geist ist also etwas ganz Fantastisches und vollkommen zu unterscheiden vom Verstand, wie dieser Begriff ja heute gefüllt ist.

Nun ist jede biblische Anthropologie (Lehre vom Menschen) begrenzt und auch nur begrenzt sinnvoll, denn im jüdischen Denken ist der Mensch vor allem eine Einheit. Die analytische Aufteilung in verschiedene Bestandteile ist der Bibel recht fremd und taucht auch nur am Rande, da aber deutlich auf (vgl. 1. Thessalonicher 5,23). Trotzdem deutet der biblische Befund darauf hin: Es gibt diesen Raum in uns, den wir Geist nennen können. Auf diesen Geist sollen wir »säen« (Galater 6,8), sprich: Aus ihm sollen wir wieder lernen zu leben und nicht aus dem »Fleisch«, also aus dem Rest. Verstand, Gefühl, Wille – all das taugt nicht zum Mittelpunkt, ist aber gut, wichtig und wird zunehmend geheiligt, wenn wieder aus dem Geist heraus gelebt wird. Denn so war es ursprünglich gedacht. Gefühle, Verstand, Wille sollen vom Geist durchtränkt werden.

Viele Christen meinen, Gott zu gefallen, wenn sie zum Beispiel eigene Gefühle, Stimmungslagen oder seelische Verletzungen nicht ernst nehmen oder verdrängen.

Warum ist das Bild des inneren Raumes so wichtig? Dafür gibt es mehrere Gründe. Viele Christen verstehen es immer noch falsch, was es heißt, sich selbst zu verleugnen (vgl. Matthäus 16,24-25). Sie meinen, Gott zu gefallen, wenn sie zum Beispiel eigene Gefühle, Stimmungslagen oder seelische Verletzungen nicht ernst nehmen oder verdrängen. Natürlich muss man nicht jedem Windhauch des Egos hektisch hinterherrennen. An dieser Stelle ist der Sport ein guter Ratgeber: Ein Sportler kann sehr wohl unterscheiden zwischen einem Zwicken, das nach ein paar Kilometern des Laufens wieder verschwindet, und einer ernsthaften Verletzung. Es gibt Schmerz, der dazugehört, der sogar Zeichen der Anpassung und des Wachstums sein kann, und es gibt Schmerz, der wie eine Warnlampe auf dem Armaturenbrett eines Autos aufleuchtet und uns stoppen will.

Nicht anders ist es im Glauben. Das Verleugnen im besagten und gern zitierten Bibelvers bezieht sich auf Regungen des alten Menschen, der mich davon abhalten will, aus dem Geist zu leben, und mein Leben wieder dominieren will. Sich selbst erniedrigen und verleugnen, das heißt eben nicht, sich selbst abzulehnen oder sogar zu verachten. Zudem kann ich nur verleugnen, was ich vorher wahrgenommen und erkannt habe. In diesem Sinne ist es gut und wichtig, sich selbst gut kennenzulernen. Dazu zählen auch relevante innere Regungen, egal, ob aus dem Verstand, der Gefühlswelt oder dem Bauch. Ich soll sie ernst nehmen – aber sie sollen mich nicht mehr dominieren. Sie sollen mich lehren – aber ich betrachte sie aus dem Geist heraus und nicht mehr als hilfloser Sklave dieser Impulse.

Es ist biblisch nicht begründbar, sich selbst zu verachten. Gott arbeitet immer mit uns und nicht gegen uns, schließlich hat er uns geschaffen und als »sehr gut« bezeichnet. Wir sind immer noch seine Abbilder, auch wenn wir inzwischen durch unser verteufeltes Streben nach Unabhängigkeit reichlich verunstaltet sind.

Die Aufrichtung unserer ganzen Person durch Jesus Christus schließt die Seele mit ein. Diese soll geheiligt werden und zum wunderbaren Diener der Sache Gottes werden, sodass alles miteinander Gott Ehre geben kann: Gefühl, Verstand, Körper, Wille – einfach alles!

Und mal ganz logisch betrachtet: Wenn Gott durch seinen Geist in uns wohnt und uns dort auch begegnet, wenn wir also Gott nicht im Weltall suchen müssen, dann ist die Annäherung an sich selbst immer auch eine Annäherung an ihn. Zumindest dann, wenn wir diesen Umstand mit im Blick haben. Spiritualität fängt bei und in uns an, und nicht außerhalb von uns.

Aus noch einem anderen Grund ist es entscheidend, um den Geist und die damit verbundene neue Identität in Christus zu wissen: Beide sind ein Ausdruck von Gottes Gnade in unserem Leben, der uns bereits mit allem himmlischen Segen versorgt hat (vgl. Epheser 1,4-14) und uns an seiner ganzen Fülle teilhaben lässt (vgl. Kolosser 2,9-10). Meine Identität ist eben nicht mehr dieses Sammelsurium aus Prägungen, Verletzungen, Gaben und Grenzen. All das ist immer noch da und wird mich mein Leben lang begleiten. Meine tiefste Identität jedoch, die mir niemals zu nehmen sein wird, ist die des Gotteskindes, für das Gott bereits alles getan hat. Wenn wir um diese neue Identität nicht wissen, leben wir weiter aus der falschen Quelle und versuchen dem Vater zu gefallen, indem wir uns verändern – dabei gefallen wir ihm längst über alle Maßen. Dafür hat er selbst in seinem Sohn Jesus Christus gesorgt.

So stehen wir einerseits fest gegründet in einer neuen Identität und spüren andererseits immer noch die vielen Schieflagen und Verletzungen in unserem Leben. Diese müssen uns aber nicht quälen. Wir dürfen uns von Herzen annehmen und gleichzeitig das Herz öffnen, damit es durchdrungen werden kann vom heilsamen Einfluss des Geistes.

Für diesen Prozess ist Mut notwendig. Es ist anstrengend und nicht immer schmeichelhaft, wenn man sich selbst in das Herz schaut (was nur begrenzt geht) und Menschen bzw. Gott hineinschauen und sich Untiefen liebevoll zeigen lässt (was besser möglich ist). Gleichzeitig muss das aber nicht hektisch und gestresst geschehen, denn alles Wesentliche ist bereits von Gott geschenkt und in uns hineingelegt. Sich selbst annehmen lernen heißt also, eine heilsame und nüchterne Sicht auf die eigene Identität aus Gottes Perspektive zu bekommen.

Als ich das Geheimnis des Geistes und der neuen Identität in Christus für mich vor wenigen Jahren entdeckt habe (ich war schon Pastor), bin ich vor Begeisterung in meinem Büro umhergelaufen wie ein Kleinkind vor dem Abmarsch zur Kirmes. Großartig war und ist das! Doch der eigentliche Wandel beginnt erst an dieser Stelle. Wie bei der ersten Haltung ausführlich beschrieben, beginnt nun ein kleinteiliger Weg der Heilung der Seele, des Herzens. Dabei helfen wieder Gebete, geistliche Übungen, Begleiter, Tagebücher und das achtsame und aufmerksame Durchleben unseres Alltags, durch den Gott uns beschenken und formen möchte.

Konkret gefragt – zum Weiterdenken

- *Wie sehen Sie sich selbst? Können Sie sich selbst wertschätzen und auch kritisch betrachten? Auf welcher Seite fallen Sie eher vom Pferd?*
- *Was bewegt der Gedanke des inneren Raumes in Ihnen?*
- *Wir haben eine neue Identität in Christus, die uns niemand nehmen kann. Meditieren Sie diesen Gedanken und beobachten Sie, was für Empfindungen dabei entstehen.*

Kapitel 10

Einfach zugreifen!
In dem leben lernen, was uns bereits geschenkt ist

Bewusst habe ich im vorigen Kapitel vom Weg der Selbsterkenntnis und -annahme gesprochen, damit durch dieses Kapitel nicht eine einseitige Vorstellung von einem siegreichen Christenleben entsteht, das nur noch Triumphe kennt und in dem das bisherige Leben keine Rolle mehr spielt oder gar verleugnet wird. Für mich ist die Haltung, das zu ergreifen, was uns geschenkt ist, wesentlich (und leider ganz schön vernachlässigt in der Christenheit), weil sie unser Leistungsdenken aushebelt und eine gesunde Gelassenheit im Vertrauen auf Gott fördert; nicht zuletzt ist sie biblisch. Es schmerzt mich ein wenig, zugeben zu müssen, dass ich wesentliche Aspekte dieser inneren Haltung erst spät entdeckt habe. Lange Zeit war mir nicht bewusst, wie umfangreich mir Gott seine Gnade bereits geschenkt hat und in welchem Maße alles am Kreuz vollbracht wurde.

Im Studium hatte ich eine Predigt in der FeG Unna zu halten und hatte mir selbst das Thema Heiligung auferlegt. Da konnte man feurige Appelle loswerden zu mehr Ernsthaftigkeit im Glauben. Doch dann stolperte ich über einen Vers, 1. Korinther 1,30 – den ich weiter unten noch zitieren werde. Dort steht kurz zusammengefasst: Christus ist unsere Heiligung. Mir fiel es wie Schuppen von den Augen und es folgte sicherlich eine meiner bewegendsten Predigten, so begeistert war ich von dieser Entdeckung. Ergreifen, was bereits geschenkt ist – schauen wir uns wichtige Aspekte dieses Themas an, zuerst die bereits angeschnittene Heiligung.

Heiligung

Bei diesem Wort rinnen nicht wenigen Christen Schauer des Unbehagens über den Rücken. In der Kirchengeschichte hat es immer wieder

Heiligungsbewegungen gegeben, die neu zu einer Ernsthaftigkeit im Glaubenswachstum aufgerufen haben, dazu, das Geglaubte auch zu leben. Zumeist erfolgte eine solche Neuausrichtung als gesunde Gegenbewegung zu einem verinnerlichten Christentum, genährt von einer Sehnsucht nach echter Glaubenserfahrung und erlebbarer Frucht des Heiligen Geistes. Doch wie immer, wenn man aufgrund einer Einseitigkeit und eines aufgelösten Spannungsfeldes mit einer weiteren Einseitigkeit reagiert – es führt zu Verletzungen und theologischen Schieflagen.

Rückt die Heiligung auf falsche Weise in den Mittelpunkt, ist die menschliche Leistung meist nicht weit. Wenn ich nun geheiligt lebe, wird plötzlich in gewisser Weise die Richtigkeit der eigenen Erkenntnis und sogar die Auserwählung durch Gott bewiesen: Ich bin gesegnet, mein Leben trägt Frucht, also bin ich erwählt und meine Sichtweise ist die richtige. Das mag in einzelnen Fällen sogar stimmen, doch sofort entsteht ein Gruppenzwang, der Ähnliches von allen anderen einfordert. Wer ist der Frommste in der ganzen Gemeinde? Oder mit Stirnrunzeln vorgebracht: Warum sieht man so wenig von deinem Glauben im Leben? Streng dich an! Warum bist du nicht gesegnet? Glaubst du nicht? Bist du überhaupt ein Kind Gottes?

Rückt die Heiligung auf falsche Weise in den Mittelpunkt, ist die menschliche Leistung meist nicht weit.

Diese Fragen gibt es aber nicht nur in Gemeinden, die die Heiligung und den »Erfolg« im Glauben hoch ansetzen – es gibt sie auch quälend in unseren Herzen.

Dabei gilt: Bestandteile solcher Fragen sind durchaus berechtigt, die grundsätzliche Stoßrichtung aber ist schief. Die Gnade scheint sich auf eigenartige Weise aus dem Staub zu machen, wenn es um Heiligung geht – nach dem Motto: Ja, wir sind aus Gnade erwählt, nun müssen wir aber auch in die Hände spucken und was draus machen. Damit Gott an uns Gefallen hat, damit unsere Erwählung sich bestätigt, damit wir erfolgreiche Christen, eine erfolgreiche Gemeinde sind.

Was mit Gnade begonnen hat, wird zum leistungsbezogenen Dogma. Zu einer starren Lehraussage. »Das tat *er* für dich, was tust du für *ihn?*« Fragen, die verständlich sind, die ursprünglich vielleicht sogar ihren Sinn hatten, die sich aber toxisch im Glaubensleben auswirken können …

Dabei kann man zur Heiligung mindestens zweierlei sagen: Sie ist erstens ein dynamischer Prozess, der eine wachsende Beziehung widerspiegelt, und sie ist zweitens reine Gnade. Wir werden verwandelt (vgl. Römer 12,2 – bitte nicht nach Luther oder Hoffnung für alle lesen, da ist diese Stelle meines Erachtens falsch übersetzt) und verwandeln nicht zuerst uns selbst; am Kreuz wurden wir nicht nur gerechtfertigt (wurde also all unsere vergangene, gegenwärtige und zukünftige Schuld bezahlt), sondern auch geheiligt (vgl. Römer 8,30, vor allem aber 1. Korinther 1,30): *Von ihm her seid ihr in Christus Jesus, den Gott für uns zur Weisheit gemacht hat, zur Gerechtigkeit, Heiligung und Erlösung* (EÜ).

Gott legt in jeden, der beginnt, ihm zu folgen, den Samen der neuen Schöpfung an, der von diesem Moment an wachsen und kräftig werden kann.

Gott legt in jeden, der beginnt, ihm zu folgen, den Samen der neuen Schöpfung an, der von diesem Moment an wachsen und kräftig werden kann (vgl. 2. Korinther 5,17). Selbst dieser Anfang der Heiligung ist Geschenk und Gnade. Jesus Christus ist nicht nur eine längst vergangene historische Person, die mir ein paar weise Worte im Neuen Testament vermacht hat, an die ich mich halten soll. Das wäre religiöses Leistungsdenken. Die Dreieinigkeit ist mit mir und um mich herum, um mich zu verwandeln und an mir zu arbeiten.

Die berühmte Bibelstelle, die uns zusagt, dass uns alle Dinge zum Guten dienen werden (vgl. Römer 8,28), verwendet das schöne Wort *synergein*. Wir kennen es vom Fremdwort Synergie – dem Zusammenwirken gänzlich unterschiedlicher Faktoren, wobei das Ergebnis mehr ist als die Summe der Teile. Was heißt das? Dass Gott wirklich alles zusammenfügt zu einem Gesamtbild, das uns auf jeden Fall zum Heil dient. Die Dreieinigkeit ist um uns herum, selbst wenn wir hinfallen. Sie kann selbst unsere Sünde so zusammensetzen, dass wir letztlich zum Heil hin reifen.

Aber es wird noch faszinierender: Jesus Christus ist sogar das Bild, in das wir verwandelt werden (vgl. 2. Korinther 3,18). Er ist somit auch vor uns und ein gnadenvolles, beziehungsreiches Ziel unserer Heiligung. Nicht einmal das müssen wir »machen«. Um das Bild komplett zu machen: Gott ist durch seinen Geist zusammen mit seinem Sohn in uns und hat dort Wohnung genommen (vgl. Johannes 17).

Wir werden von der Dreieinigkeit im Fluss der Zeit und des Lebens umfassend umgeben und verwandelt. Was ist unsere Aufgabe in der Heiligung? Sich diesem Einfluss bewusst auszusetzen, Hingabe einzuüben, durch geistliche Übungen die Sensoren zu trainieren, durch Seelsorge alte Blockaden zu überwinden bzw. Wunden heilen zu lassen. Sprich: Wir sorgen wie in einer guten Freundschaft oder Partnerschaft für Kommunikation, Hingabe, Ehrlichkeit, Offenheit, für heilsame Rituale – und lassen uns beschenken. Gott liebt es zu heilen, er liebt es, Menschen in das Bild seines Sohnes zu verwandeln. Er sehnt sich nach Intimität mit uns. Darauf ist Verlass.

Heiligung geschieht einfach, denn sie ist bereits in Christus vollendet. Wir leben sie nur noch aus.

Wenn ich diese biblische Tatsache ernst nehme, dann folgt daraus ein Zweites: Wenn ich verwandelt werde, dann ist da jemand, der verwandelt. Dann ist Heiligung ein Weg in Partnerschaft, eine tiefe und abhängige Beziehung und keine Einzelkämpferausbildung. Gott überrumpelt uns dabei allerdings nicht, sondern nimmt unser Tempo auf und respektiert unseren Willen. Er weiß genau, dass unser Weg bis zu einem entscheidenden Lern- und Heiligungsschritt zum Beispiel siebenundsechzig Einzelschritte benötigt und freut sich über jedes Stück, das wir auf diesem Weg geschafft haben.

Die Heiligung sollte also nicht zum Selbstzweck werden. Wir verachten zu Recht Menschen, die andere aus Machtgründen oder finanziellen Vorteilen zum Partner wählen und dabei Liebe mehr oder weniger vortäuschen. Wir empfinden das als Verrat an der Liebe und als kaltes Kalkül. Nicht anders ist es bei der Heiligung. Sie ist ein Beziehungsgeschehen; sie dient somit nicht einem Zweck,

Die Heiligung ist ein Beziehungsgeschehen; sie dient somit nicht einem Zweck, sondern ist ein wunderbares Nebenprodukt einer sich vertiefenden Freundschaft.

sondern ist ein wunderbares Nebenprodukt einer sich vertiefenden Freundschaft.

Ich hoffe, dass Sie von nun an »Heiligung« mit einem fröhlichen Lächeln sagen und leben können. Wer weiß, dass alles zum Guten dient, dass die Verwandlung in Jesu Bild nicht mehr aufzuhalten ist, dass Christus, ja, dass die gesamte Dreieinigkeit uns umgibt, der kann auch in schweren Zeiten der Aufforderung des im Gefängnis sitzenden Paulus folgen: *Freut euch immerzu, mit der Freude, die vom Herrn kommt! Und noch einmal sage ich: Freut euch!* (Philipper 4,4; GNB).

Im Kampf des Glaubens

Christus genügt. Am Kreuz und mit der Auferstehung ist bereits alles geschehen, was wir benötigen. Im Tanz der Heiligung ist diese Haltung so wichtig. Ich muss Gott nichts mehr beweisen, ich muss seine Vergebung nicht mehr konkret erwirken, ich muss mir seine Liebe nicht erarbeiten – es ist alles in Jesus Christus geschehen und ich kann mich an ihn hängen und in der wiederhergestellten Beziehung zum Vater leben.

Ich genüge nicht und muss es nicht – Jesus Christus genügt und in ihm passiert das Wunder der Neuschöpfung, der Umgestaltung des Inneren, der neuen Position als Kind in der Beziehung zum Vater.

Doch was passiert, wenn andere Gedanken, innere Stimmen hochkommen – und die kommen ja hoch. »Bist du wirklich Gottes Kind?« – »Du versagst zu oft, Gott ist sauer auf dich!« Ich kenne solche Stimmen. Was ich Ihnen jetzt weitergeben möchte, ist eine der mächtigsten Waffen im Kampf gegen das Böse und auch gegen die eigene alte Natur, die uns wegzieht von Gott:

Um mit Stimmen, die uns etwas anderes als Gottes Wahrheit einflüstern wollen, angemessen umgehen zu können, benötigen wir zwei Grundvoraussetzungen, die sich aber mit wachsender geistlicher Reife zunehmend einstellen werden: Wir müssen unser eigenes Herz (siehe Kapitel 9) und das Herz Gottes gut kennen. Letzteres wird nur möglich, wenn wir das Wort Gottes ganzheitlich aufnehmen (mehr dazu in Kapitel 11). Auf diese Weise zunehmend geschult und sensibel für die inneren Stimmen des Herzens und des Charakters bzw. der Stimme Gottes kann die Abwehr beginnen.

Teile der Waffenrüstung Gottes (vgl. Epheser 6,11) dienen uns dabei als Hilfe, mit dem Glauben und dem Wort Gottes falsche Stimmen zu entmachten, die nicht selten für geistliche und reale Depressionen zuständig sind.

Teile der Waffenrüstung Gottes (vgl. Epheser 6,11) dienen uns dabei als Hilfe, mit dem Glauben und dem Wort Gottes falsche Stimmen zu entmachten, die nicht selten für geistliche und reale Depressionen zuständig sind. Exerzieren wir das einmal an einem konkreten Beispiel durch.

Eine Stimme sagt mir: »Gott nimmt dich so nicht mehr an – du baust zu viel Bockmist. Schau dir die Pornografie an, die du konsumierst. Immer wieder fällst du in diesem Bereich, und siehst du deinen Stolz? Vergiss es, du taugst nichts und als Christ hast du versagt.«

Das Perfide an diesen Stimmen ist: Sie haben teilweise recht und tarnen sich so als Gottes Stimme. Die entsprechenden Sätze können aus dem Herzen kommen oder auch von mehr oder weniger (wohl eher weniger) wohlmeinenden Freunden oder sogar vom Gegner Gottes. Nun sollte sofort ein bewusster und zunehmend schneller werdender Prozess beginnen. Dieser wirkt zuerst kompliziert, wird sich aber zunehmend automatisieren.

Gehen wir als Beispiel von der inneren Stimme aus – der Umgang mit menschlichen oder teuflischen Stimmen, die uns herunterziehen, sieht nicht wesentlich anders aus:

1. Wer spricht? Nicht Gott. Das ist biblisch zu belegen. Passt inhaltlich und auch vom Charakter der Worte nicht zum Vater-Gott. Daher handelt es sich also um irgendeine seltsame Mischung aus falscher Prägung der alten Natur und einer Versuchung des Gegners. Dieser ist nämlich nicht kreativ, sondern benötigt Vehikel, mit denen er sich in unser Herz schleichen kann, sprich: alte Wunden und Verletzungen, Stimmen, die sich in uns festgesetzt haben und nach Heilung schreien. Deswegen halte ich auch nichts von der Meinung mancher Christen, solche Gedanken sofort abzuweisen. Alles kann zum Guten dienen, nichts ist

einfach nur Zufall – es gibt also hier und da auch etwas zu lernen und das möchte ich nicht verpassen.

Es ist wichtig, dass ich lerne, die Stimmen in mir zu benennen. In unserem Beispiel meldet sich vielleicht die (möglicherweise längst verstorbene) Mutter zu Wort, denn sie hat immer so geredet. Oder ich nenne die Stimme den »Kritiker« – eine Mischung aus allen Menschen in meinem Leben, die mich kleinmachen wollten, die aber auch vor den Untiefen des Lebens warnen und mich schützen wollten.

Egal wie: Diese inneren Stimmen meinen es meist nicht nur böse. Übrigens im Gegensatz zum Teufel, der sich mit diesen Stimmen verbünden kann und dessen Absicht es ist, uns zu zerstören. Der innere »Kritiker« dagegen könnte durchaus ein sinnvolles Ziel mit seinen Worten verfolgen, nämlich uns zu ermahnen, dass wir das Leben und den Glauben nicht zu leicht nehmen. Dass wir auch in ethischen Fragen ernsthaft sein sollten. Aber die Stimme schießt weit über das Ziel hinaus und wir werden ungeistlich geprägt, ja missbraucht, wenn wir sie einfach zum Herzen durchlassen und somit akzeptieren.

Am Anfang kann es dauern, bis man die Stimme und ihre Botschaft identifiziert hat. Die Mitglieder der in uns sprechenden Stimmenvielfalt müssen definiert werden, aber irgendwann weiß man, wer sich da üblicherweise meldet, und die Identifikation läuft schneller.

2. Als Nächstes müssen wir lernen, mit der (inneren) Stimme bewusst umzugehen. Viele seelische Probleme haben damit zu tun, dass innere Prozesse unbewusst ablaufen und nicht wahrgenommen werden. So treiben sie uns jahre- und jahrzehntelang immer tiefer in geistliche und seelische Probleme hinein, quasi an uns und einer bewussten Wahrnehmung vorbei. In dem Moment, wo ich bewusst und reflektiert auf die Stimmen reagiere, übernehme ich Verantwortung und lasse nicht zu, dass ich von einem

In dem Moment, wo ich bewusst und reflektiert auf die Stimmen reagiere, übernehme ich Verantwortung und lasse nicht zu, dass ich von einem falschen Impuls erneut verletzt werde.

falschen Impuls erneut verletzt werde. Das ist oft, wenn nicht immer, der erste Schritt zur Heilung und zum Wachstum.

Ich kann zum Beispiel so reagieren: »Hey, Kritiker. Ich kenne deine Argumente und weiß, dass du dich um meine ethische Integrität sorgst. Ich kann dich beruhigen, die ist in guten Händen in meiner Beziehung zu Jesus Christus. Ansonsten hast du einfach unrecht. Ich bin und bleibe Kind Gottes, auch wenn ich siebenmal 77 Mal falle – nichts kann mich trennen von der Liebe Gottes. Also verschwinde mit deinen seltsamen und zerstörerischen Argumenten und Anklagen!«

Wenn ich herausgefunden habe, was ich Positives aus einer solchen Stimme ziehen kann (falls das möglich ist), kann ich den falschen Anteil mit Vollmacht und Wahrheit entmachten und er verliert so an Kraft und Wirkung in meinem Leben.

Versuchungen, egal welcher Art, beginnen oft auch als unbewusste innere Stimmen. Hier bestünde der erste Lernschritt darin, diese Tatsache überhaupt erst einmal wahrzunehmen. Die innere Stimme zu erkennen und zu benennen. Wenn ich instinktiv zornig auf etwas reagiere (was nicht immer falsch sein muss), dann ist meinem Verhalten zumindest unmerklich und in Windeseile eine innere Aussage vorausgegangen. Zum Beispiel: »Der Typ verletzt mich mit seinen Worten, er greift mich in meiner Substanz an, das kenne ich nur zu gut, ich lasse mich nicht mehr schlagen, ich wehre mich!« Das wäre ein Beispiel aus meinem Leben.

Wenn man diese Stimme hört, spürt man instinktiv: Die meint es gar nicht übel. Sie will uns schützen und deswegen wäre es auch selbstverletzend, wenn man sie einfach unterdrücken würde. Wir könnten stattdessen einmal tief Luft holen und der inneren Stimme leise sagen: »Mach dir keine Sorgen, Jesus und ich, wir schützen dich und lassen nicht zu, dass du erneut verletzt wirst – du und ich, wir sind in Gott geborgen, und tief drinnen sind wir unverletzbar, denn dort kommt kein Mensch mit seinen Worten hin. Entspann dich, ich sorge für dich!« Dann könnte man nach einem weiteren Atemzug vielleicht etwas kontrollierter seinen Zorn äußern, ohne den anderen in die Pfanne zu hauen.

Dieses Prinzip kann problemlos ausgeweitet werden auf andere alltägliche Situationen. Es kommt Ihnen vielleicht am Anfang ein wenig künstlich vor, weil alltägliche Abläufe bewusst unterbrochen und entschleunigt werden. Aber »alltäglich« heißt ja nicht automatisch gut, sondern eben oft auch unreflektiert und eingefahren nach dem Motto: »Das haben wir immer so gemacht!« So sind die bewusste Wahrnehmung und Reaktion auf unsere inneren Stimmen ein echtes »Säen auf den Geist« – damit dieser stärker wird und das Leben heilsam und froh machend bestimmt.

Alles ist uns in Christus geschenkt, wir haben eine neue Identität in Jesus. Daran sollen wir nicht nur festhalten, sondern dafür sollten wir auch kämpfen, das wäre und ist der weit effizientere und biblischere Weg gegen das Übel in uns und um uns herum.

Verheißungen

In Kapitel 6 habe ich bereits ein Spannungsfeld skizziert, in dem sich wohl jede Gemeinde, aber auch jeder Christ einordnen muss. Wo stehen wir zwischen den Polen Aktion und Kontemplation?

Wir sprachen letztens im Männerkreis über geistliche Visionen für die Gemeinde. Dabei kamen großartige Bilder und konkrete Vorschläge ans Tageslicht, über die ich mich ungemein freute und die mich sehnsüchtig machten. Doch irgendwann fiel mir auf: Das ist alles gut, aber aktionsorientiert (typisch Mann eben). Wir müssen den kontemplativen Gegenpol finden und betonen. Auch und gerade zum Selbstschutz – damit wir nicht ausbrennen und nicht mehr aus der Gnade leben. An dieser Stelle kommen nun die Verheißungen auf sehr feine Weise ins Spiel …

> Verheißungen, also Versprechen Gottes, sind unbedingt vertrauenswürdige Zusagen des Herrschers über das gesamte Universum.

Die Verheißungen Gottes für die Gemeinde und für das Leben als Christ – die sind der wahre Sprengstoff, der uns mitten hineinstellt und tanzen lässt im Spannungsfeld zwischen Gnade und Leistung. Denn

Verheißungen, also Versprechen Gottes, sind unbedingt vertrauenswürdige Zusagen des Herrschers über das gesamte Universum.

Hunderte Zusagen sind uns gegeben. Viele sind bereits in Christus erfüllt und wir dürfen und sollen sie in Anspruch nehmen, andere sind an Bedingungen geknüpft und werden in dem Moment geschenkt, in dem diese Voraussetzungen erfüllt werden.

Dabei geht es nicht um lineare Gleichungen: Aus a folgt b. Es handelt sich stattdessen um ein dynamisches Beziehungsgeschehen, aus dem keine Forderungen abgeleitet werden können. Verheißungen sind aber verlässlich; und Gott ist unter allen Umständen zu vertrauen. Würden wir diese Grundaussagen anzweifeln, könnten wir nur verzweifeln, denn dann würden sich die Verheißungen selbst ad absurdum führen.

Verheißungen sind Geschenke aus Gnade. Dennoch: Wir ergreifen und leben sie als Gemeinde und als Einzelne nur aus, wenn wir aktiv werden. Verheißungen, an die eine Bedingung geknüpft ist, verlangen eben nach der Erfüllung dieser Bedingung. Oft sind das Bedingungen, die unsere Beziehung zu Gott betreffen und nicht messbar sind. Daher werden wir wohl keine konkreten Ziele formulieren können, damit sich bestimmte Verheißungen erfüllen. Gut so, denn dann stünden die Verheißungen über dem Geber der Verheißungen, und das wäre Götzendienst.

Spüren Sie die empfindliche Balance, in der uns Verheißungen halten? Wir müssen sie kennen und beginnen, in sie hinein zu leben und zu lieben. Der Prozess ist hier das Entscheidende, das Ziel ist ja bekannt: Wachstum in Christus hinein. Sich als Christ oder als Gemeinde zurücklehnen mit den Worten: »So, nun habe ich 65 von 123 Verheißungen erreicht – was bin ich doch prima!«, das wäre, sicherlich zugespitzt, ein Glaube der Berechnung und der Berechenbarkeit.

Christsein bedeutet also auch Wachsen in Verheißungen hinein. Mit einem Seitenblick auf die Verheißungen, aber dem Fokus auf Jesus Christus. Unterwegs sein, den Geist stärken, Beziehungen leben, die Verheißungen Gottes kennen, ersehnen, aber nicht in den Mittelpunkt stellen. Verheißungen balancieren uns immer neu im Spannungsfeld aus, sie sind der Zünder, mit dem der Sprengstoff des Evangeliums im Leben zur Explosion gebracht werden kann.

Wenn wir beginnen, das Unglaubliche zu glauben, weil wir Gottes Versprechen, Gottes Wahrheit wichtiger nehmen als die Wahrheit, die wir vor Augen haben.

Konkret gefragt – zum Weiterdenken

- *Welches Bild haben Sie bisher von Heiligung gehabt? Was hat sich verändert?*
- *Wie kämpfen Sie gegen das Dunkle in sich? Versuchen Sie eine konkrete innere Stimme ausfindig zu machen, die Sie immer wieder beschäftigt. Forschen Sie nach der biblischen Wahrheit zu dieser Stimme, und beginnen Sie den praktischen Kampf, indem Sie die Wahrheit gegen die innere Stimme setzen, ohne diese zu unterdrücken.*
- *Lesen Sie eine Zeit lang die Bibel und konzentrieren Sie sich auf die Verheißungen. Schreiben Sie sie heraus in ein kleines Notizbuch. Aber nur die, die Ihren Geist bewegen! Hier geht es nicht um Fleißarbeit, sondern um Veränderung. Nehmen Sie die so gefundenen Verheißungen täglich mit ins Gebet und in den Alltag hinein.*

4. Teil

Ganzheitliche geistliche Übungen, die uns bewegen

Einleitung

Auf Entdeckungsreise im Neuland ganzheitlicher Spiritualität

Willkommen bei der Praxis – auch wenn sich recht schnell zeigen wird, dass auch hier die Theorie von der Umsetzung nicht zu trennen ist. Denn natürlich beten und lesen wir in der Bibel nicht vor dem Hintergrund einer leeren Tafel, sondern vor einem ganz konkreten Bild, das wir von Gott, von der Bibel und vom Glauben generell haben. Das müssen wir im Zusammenhang mit geistlichen Übungen berücksichtigen. Doch auch hier wird es keine »Sieben Schritte zum erfüllten Glauben« geben können. Ich möchte weiterhin den Tanz lehren, nicht das Einnehmen einer festen Position. Spiritualität bewegt sich auf spielerische Weise eine Ebene höher als fest zementierte Lösungen und Positionen.

Geistliche Übungen also. Ich will einfach sein. Bibellesen und Gebet. Sonst nichts. Aber gegen manchen Strich gebürstet.

Ich selbst habe an manchen Stellen Jahre, ja mehr als ein Jahrzehnt benötigt, um mich hindurchzuwühlen zu manchen Erkenntnissen …

Vom Typ her bin ich eher ein störrischer »Gegen-die-Wand-Laufer«, und Gott hat mir immer wieder gnädige, aber dennoch harte Wände in mein Leben gestellt, damit ich endlich kapiere. Vielleicht ist das aber auch ganz normal und notwendig im Glaubensleben und ein Zeichen von Gottes Liebe, denn Wände erzeugen brutale Spannungen, denen ich nicht mehr ausweichen kann – was ich sonst auch ganz gerne tue. Jahrelang bin ich der »Regel« gefolgt: Schreibe dir deine Gebetsanliegen in ein Büchlein und trage sie jeden Tag vor Gott. Man hatte mir das so gesagt – ich habe es gemacht und es kam meinem systematischen Denken ganz entgegen. Gott hat mir dann durch Bücher, Freunde und schlicht durch ein ersterbendes Glaubensleben sehr deutlich gemacht, dass es so nicht geht. Dass ich erst einmal Kind werden soll und ihn als Papa entdecken und lieben lernen darf. Johannes 15,7 war dann der Augenöffner: Ich darf lernen, in Christus zu sein und seine Worte aufzunehmen – dann kann ich bitten, was ich will, und es wird erfüllt. In Christus. So, so. Da hatte ich nun ein gänzlich anderes Lernfeld und genau dort habe ich weitergegraben.

Begeben wir uns also auf eine Entdeckungsreise hinein in die Spiritualität. Wenn Ihnen Ecken und Landstriche bekannt vorkommen, schön. Wenn nicht, umso besser. Bitte lassen Sie uns dabei spielerisch und leicht vorgehen, nicht leistungsorientiert und verkrampft. Hier geht es um ein Gesamtbild, um einen Weg, um ein Mosaik, das aus verschiedenen Blickwinkeln betrachtet werden will. Nicht um einen systematischen Plan zur vertieften Geistlichkeit.

Hier geht es um ein Gesamtbild, um einen Weg, um ein Mosaik, das aus verschiedenen Blickwinkeln betrachtet werden will. Nicht um einen systematischen Plan zur vertieften Geistlichkeit.

Wir erkunden Neuland, wir durchstreifen forschend und neugierig die unbekannte Landschaft, wie sich das für Entdecker gehört. Man schaut hier und da, wirft einen Blick hinter diesen und jenen Busch. Da es sich durchaus um selten gegangene Wege handeln kann, die noch nicht in vielen Karten verzeichnet sind, ist diese Vorgehensweise effektiver als ein Zehn-Punkte-Plan. Schlendern wir los. Nutzen Sie doch die Anstöße in den nächsten Kapiteln einfach dazu, sich auf ganz eigene und persönliche Weise auf den Weg zu machen und den neuen Landstrich auf Ihre eigene Weise einzunehmen und zu entdecken. Ich bin gespannt, was Sie für ergänzende oder gar ganz neue Erfahrungen machen – vielleicht schreiben Sie mir einmal davon? Legen wir jedoch zunächst die Grundlagen für die geistlichen Übungen.

Konkret gefragt – zum Weiterdenken

- *Wie geht es Ihnen mit den sogenannten geistlichen Übungen: Fallen Sie Ihnen leicht oder tragen Sie eher ständig ein schlechtes Gewissen mit sich herum?*
- *Welches »Ziel« verfolgen Sie mit den geistlichen Übungen?*
- *Was löst das Bild vom einzunehmenden Neuland in Ihnen aus?*

Kapitel 11

Spiritualität aus dem Geist
Geistliche Übungen gelassen praktizieren

Geistliche Übungen haben es nicht leicht. Allein die Wortwahl deutet auf Anstrengung hin. Der Silvestervorsatz: »Ich möchte im neuen Jahr wieder mehr Beten und Bibellesen«, steht gefühlt auf einer Höhe mit dem Wunsch, 5 Kilo abzunehmen und täglich laufen zu gehen. So endet es meistens auch. Es tut sich nichts. Dazu gesellt sich noch ein schlechtes Gewissen, das uns wahrlich nicht weiterhilft …

Mal kritisch nachgefragt: Wenn zum Beispiel die Bibel ein Liebesbrief vom Vater ist – warum finde ich sie so langweilig? Warum kämpfe ich mich mit ihr ab? Diese Fragen haben mich umgetrieben, weil ich selbst auch nicht zu denen gehöre, die Tag für Tag mit innerer Begeisterung die Bibel aufschlagen. Ich möchte Ihnen meine Antworten und Einsichten weitergeben.

Die Antwort ist eine zweifache, und ich bleibe beim Beispiel des Bibellesens. Zum einen kämpfen wir damit, weil das innere Bild der Bibel in unserem Herzen nicht stimmig ist und wir deswegen die Bibel falsch lesen. Zum anderen pflegen wir meines Erachtens geistliche Übungen, die diese Schieflagen eher verstärken als verringern oder ausbalancieren.

An dieser Stelle tut sich eine geistliche Grundsatzfrage auf, die wir exemplarisch am Beispiel des Bibellesens klären werden. Die Antwort auf diese Frage und die damit verbundenen praktischen Übungen sind aber grundlegend für jeden Bereich der Spiritualität.

Die Wichtigkeit unseres Geistes

Die Mystik kennt das Bild von der *unio mystica* – der Verschmelzung von Gott und Mensch. Dabei ist nie die grenzenlose Verschmelzung gemeint, genauso wenig, wie sich beim Sex die Grenzen zwischen den zwei manchmal sehr unterschiedlichen Persönlichkeiten der Ehepartner aufheben, obwohl sie dennoch in biblischer Sprache »ein Fleisch« sind.

Es geht also bei der *unio mystica* nicht um ein Denken mit der Tendenz: Ich bin als Mensch wie Gott. Dennoch geht die Bibel an manchen Stellen recht weit in diese Richtung. Lesen wir einmal hinein in 1. Johannes 4,13-17 – denn in diesen beeindruckenden Versen greift Johannes das hohepriesterliche Gebet Jesu aus Johannes 17 auf. Es geht hier um ein Bild, ein emotionales, geistliches, körperlich zu spürendes und wahrzunehmendes Bild, das uns prägen soll. Wir dürfen die folgenden Verse murmelnd kauen, wiederkäuen und genießen (wie uns Psalm 1,2 wörtlich auffordert):

> *Dass* ***wir in Gott leben und er in uns,*** *wissen wir, weil er uns* ***Anteil an seinem Geist*** *gegeben hat. Wir haben es selbst gesehen und sind Zeugen dafür, dass der Vater seinen Sohn gesandt hat als den Retter der Welt. Wer sich zu Jesus als dem Sohn Gottes bekennt,* ***in dem lebt Gott und er lebt in Gott.*** *Wir jedenfalls haben erkannt und halten im Glauben daran fest, dass Gott uns liebt. Gott ist Liebe.* ***Wer in der Liebe lebt, lebt in Gott und Gott lebt in ihm.*** *Auch darin hat die Liebe Gottes bei uns ihr Ziel erreicht, dass wir dem Tag des Gerichts voller Zuversicht entgegensehen;* ***denn so wie Christus mit dem Vater verbunden ist, so sind ja auch wir es in dieser Welt*** (Hervorhebungen durch den Autor; GNB).

Großartig, nicht wahr? Wir leben in dieser Welt in derselben intimen Beziehung mit Gott wie Christus selbst mit seinem Vater (siehe Vers 17b). Das ist die Intimität, die wir in unserer Beziehung zu Gott, dem Vater, feiern und leben dürfen. Wir sollten uns nicht mit weniger zufriedengeben, denn dann bleiben wir unter dem, was Gott für uns bereithält.

Eine intimere Beziehung zwischen Gott und Mensch ist nicht denkbar. Gottes Geist spricht zu unserem Geist und lebt in uns. Dort, in diesem inneren Raum, findet die intime Begegnung mit Gott statt (siehe auch

Kapitel 9). Dieser Teil von uns ist bereits durch und durch geheiligt aus Gnade, er muss nicht mehr verändert werden und wird in der Ewigkeit bei Gott nicht anders »aussehen«. Ganz anders die Seele, die durch den Geist verwandelt wird. Dieser Prozess wird zu unseren Lebzeiten nicht zum Ende kommen. Die Gnade wacht über unseren zahlreichen Niederlagen und Neuanfängen und führt uns so in eine spielerische Freiheit der Heiligung.

Wir mögen beispielsweise immer noch mit Depressionen kämpfen, auch nach unserer Hinwendung zu Christus (seelischer Bereich), auch das Übergewicht verschwindet nicht über Nacht (körperlicher Bereich), aber das Zentrum, die innere Verteilung, ist neu. Überwältigend neu – aber nicht unbedingt immer seelisch erfassbar. Wer den emotionalen Kick erwartet, wenn er aus dem Geist lebt, der kann eventuell lange warten. Der Geist wird auf Dauer auch und auf ungewöhnliche Weise unsere Gefühlswelt prägen und uns herrliche Erlebnisse schenken (aber auch manch dunkle Stunde der Krise, der dunklen Nacht der Seele). Doch das Gefühl ist immer Folge eines Lebens aus dem Geist und darf nicht Antrieb oder gar Ursache sein. Genauso wenig wie der Intellekt. Hier dürfen Ursache und Wirkung nicht vertauscht werden.

Geistliche Übungen wie das Bibellesen geschehen im Geist, denn nur dieser kann Gottes Wort als Spiegel lesen und wahrnehmen. Von dort aus werden auch der Wille, das Gefühl und unser Sinn verändert und heilsam geprägt – wenn wir das denn zulassen und nicht gleich aus der Seele heraus lesen auf der Jagd nach einem intellektuellen oder emotionalen Höhepunkt. Die Veränderung findet jedoch nicht nur auf seelischer Ebene statt, wenn wir in Gottes Wort lesen. Sogar unser Körper kann positiv vom Geist her beeinflusst werden.

Geistliche Übungen wie das Bibellesen geschehen im Geist, denn nur dieser kann Gottes Wort als Spiegel lesen und wahrnehmen.

Mein Sohn, achte auf meine Worte, neige dein Ohr meiner Rede zu! Lass sie nicht aus den Augen, bewahre sie tief im Herzen! Denn Leben brin-

gen sie dem, der sie findet, und Gesundheit seinem ganzen Leib (Sprüche 4,20-22; EÜ).

Wundern wir uns, warum Bibellesen so trocken und mühsam ist? Meines Erachtens ist das so, weil die Bibel nach menschlichen Maßstäben ein anstrengendes und manchmal langweiliges Buch ist – im Vergleich zu einem spannenden Roman oder Krimi. Lesen wir sie aber aus dem Geist, dann explodiert dieses Buch und wird zu einer unglaublichen Kraftquelle. Dann wollen wir uns dem aussetzen. Dann können wir gar nicht anders.

Wenn wir dieses Feuer beim Bibellesen nicht zumindest ab und an erleben, dann lesen wir wahrscheinlich aus seelischen Motiven heraus, setzen menschliche Disziplin ein, erwarten intensive Gefühle beim Lesen oder stets bereichernde intellektuelle Gedanken. Das alles mag vorkommen, mag auch in schwierigen Phasen helfen, durchzuhalten (besser so als gar nicht lesen) – aber es sollte nicht der Ausgangspunkt der Begegnung zwischen uns und dem Wort Gottes sein.

Wenn Jesus selbst gegenüber der Frau am Jakobsbrunnen betont, dass die wahren Anbeter Gott im Geist anbeten werden (vgl. Johannes 4,23), so gilt das sicherlich auch für alle anderen Begegnungen mit dem Vater. Paulus fordert uns sogar deutlich dazu auf, aus dem Geist heraus zu leben: *Wenn wir im Geist leben, so lasst uns auch im Geist wandeln* (Galater 5,25; LUT; in manchen Übersetzungen werden beide Geister mit dem Heiligen Geist identifiziert. Das ist nicht unbedingt naheliegend nach dem vorherigen Vers, in dem es um den Tod der alten Natur, des »Fleisches«, ging).

Daraus folgt aber unmittelbar, dass wir als Menschen in einer Kultur der sinnlichen Befriedigungen, sei es durch intellektuelle, emotionale oder körperliche Genüsse, erst einmal umdenken lernen müssen. Wenn wir als Bild des Wortes Gottes im Herzen tragen, dass dieses uns berühren, begeistern, hinterfragen, intellektuell bewegen sollte und muss – dann ist das aller Ehre wert und spricht für unsere hohe Meinung von der Schrift. Wir billigen ihr zu, dass sie uns genauso oder sogar besser erreichen kann wie alle anderen auf die Seele zielenden Impulse in unserer Kultur (Kino, Fernsehen, Internet, Werbung etc.).

In unserer Erwartung an die Schrift ehren wir sie zwar, indem wir ihr einen hohen Platz zubilligen, verfehlen aber die eigentliche Begegnung mit ihr. Wir wollen die Seele reizen, Gott aber möchte unserem Geist begegnen. Das Ergebnis ist eine »Vergegnung«[5], die uns hilflos und enttäuscht zurücklässt.

Warum erfüllt die Bibel diesen Wunsch nicht? Sie ist in der Tat kraftvoller, farbiger und intensiver als alles andere, aber das ist nicht das Ziel, sondern die Folge, wenn unser Geist durch die Beschäftigung mit dem Wort gestärkt wird, unser Seelenleben auf diese Weise immer mehr von der Kraft Gottes durchtränkt wird. Wenn ich diese seelischen »Ergebnisse« in den Mittelpunkt stelle oder mich in irgendeiner Weise auf sie fixiere, werde ich das Erhoffte nicht erfahren. Weil das Ziel, die intime Begegnung mit dem Herrn im Geist, gar nicht stattgefunden hat. Sowie ich ein eigenes seelisches Ideal von einer geistlichen Übung entwickle, trennt mich dieses Ideal – so ehrenwert es sein mag – von Gott. Denn Ideale versklaven letztlich und drängen sich selbst in den Mittelpunkt. Sie dulden keine Abweichung.

Sowie ich ein eigenes seelisches Ideal von einer geistlichen Übung entwickle, trennt mich dieses Ideal – so ehrenwert es sein mag – von Gott.

Deswegen ist es so entscheidend, dass wir von der tiefen Verbindung unseres Geistes mit Gott, Vater, Sohn und Heiligem Geist, wissen und dieses Bild verinnerlichen. Damit unsere Seele und unser Körper Diener des Geistes werden und nicht dem Geist vorgeordnet. Einen ersten Ansatz dazu sollen die nächsten Kapitel bieten.

Es liegt mir nun nichts ferner als eine neue Vergeistlichung, die den Körper und die seelische Innenwelt außen vor lässt. Es ist aber schlicht eine biblische Tatsache, die sich in den verschiedensten konfessionellen Kontexten vertieft und bestätigt hat, dass wir Gott im Geist begegnen. Dass dieser durchaus den Körper, den Verstand, den Willen und auch die Gefühle mit einbeziehen kann und möchte, das

---

5 Martin Buber, *Begegnung. Autobiographische Fragmente,* Verlag Lambert Schneider 1978, S. 9-11.

ist unbestritten. Motor dieser Bewegung aber ist der Geist und nicht der Bereich der Seele.

Es ist also heilsam, auf eine gute Weise von der tiefen, liebevollen Einheit zwischen Gott und Mensch zu reden. Dieses Geheimnis von der Intimität mit Gott im Geist soll unser Bild von der Bibel, aber eben auch von jeder anderen geistlichen Übung bestimmen. Hier fängt alles an. Nicht im Kopf – es gibt zahlreiche gebildete Theologen, die dennoch nicht glauben können. Nicht im Gefühl – es gibt so manche Christen, die im Gefühl beginnen und dort auch wie Babys von Gott beschenkt werden. Dann aber gründen sie ihr Glaubensleben auf Gefühle, anstatt reif zu werden und die Gefühle als Sahnehäubchen, aber nicht als Grundlage zu betrachten. Und auch nicht im Körper – selbst von den zehn Geheilten kommt nur einer zurück, um sich bei Jesus zu bedanken (vgl. Lukas 17,11-19), sprich: irgendeine Form der Beziehung zu ihm aufzunehmen. Wunder, Heilung – all das geschieht, aber es sind keine Ursachen und Fundamente für den Glauben. Stattdessen beginnt alles aus Gnade und in Liebe: im Geist und durch Gottes Geist.

Aus dem Geist leben – praktisch!

Dieses neue Bild ist die Grundlage für eine Weiterentwicklung unserer Spiritualität. Die dahinterstehenden praktischen Übungen dienen vor allem dazu, sich dieses Bild zu vergegenwärtigen und in den Geist hineinzuführen. Sie muten nicht spektakulär an, ich empfinde sie aber als enorm hilfreich.

Es tut gut, schon morgens vor dem Aufstehen kurz zu beten: »Herr, hilf mir heute, aus dem Geist zu leben. Hilf mir, nicht auf meinen Verstand und meine Gefühle zu setzen, sondern auf den Geist. Zieh mich hinein in diesen inneren Raum, wann immer es möglich und nötig ist, damit dort Ruhe einkehren kann und Entscheidungen und Aktivitäten von dort aus getroffen und begonnen werden können. Hilf mir, dass ich Gefühle und den Verstand als Hilfe zu diesem Zweck nutzen kann, sie aber nicht in den Mittelpunkt stelle. Herr, zentriere mich im Geist!«

Selbstverständlich ist das nur ein Beispielgebet – es ist wichtig, eigene Worte sorgsam zu überlegen, sie zu formulieren, an ihnen zu arbeiten, sie niederzuschreiben und über sie nachzusinnen und zu beten, bis eine Formulierung gefunden ist, die einfach passt. Es geht um ein kurzes, kraftvolles, authentisches Gebet mit Sogwirkung in den Geist hinein. Wenn dieses Gebet immer mehr in Fleisch und Blut übergeht (durch täglich mehrfache Wiederholung), dann kann es zunehmend zu einer inneren Stimme werden, die in uns betet. Zu einer Sehnsucht, zu einer bittenden und empfangenden Haltung.

> Es tut gut, schon morgens vor dem Aufstehen kurz zu beten: »Herr, hilf mir heute, aus dem Geist zu leben.«

Stehen wir dann mitten im Beruf oder gehen gestresst und genervt mit den Kindern durch den Tag oder sind im Streit mit einem Freund oder dem Partner, dann hilft oft nur eine kleine Erinnerung, ein inneres Seufzen des kleinen Satzes: »Jesus, hilf mir, im Geist zu sein, gerade jetzt!«, um wieder den Wechsel zu vollziehen, der gerade in diesem Moment alles ändern kann. Raus aus seelischen Nöten. Hinein in die ruhige Fokussierung und Zentrierung des Geistes.

Man mag an dieser Stelle fragen: Kann ich das überhaupt »machen«? In den Geist hineinkommen? Nein und ja. Nein, denn so wie der Geist ein Geschenk ist, so können wir das Leben aus ihm nicht erzwingen. Sobald ich das versuche, steht die Seele im Mittelpunkt und verdrängt die zarte Kraft des Geistes, der sich nicht aufdrängt, sondern dort hineinströmt, wo wir Raum machen. Und ja, denn wir werden in der Bibel mehrfach aufgefordert, im Geist und aus dem Geist zu leben. Es gilt also: Wir können das Leben im Geist fördern, indem wir unsere Seele in seinen Dienst stellen und Blockaden aus dem Weg räumen. Je mehr Sinne ich im Namen Jesu in den Dienst des Geistes nehme, um zu ihm »hindurchzutauchen«, desto besser.

Da ist unsere Fantasie. Sie ist wie der Verstand ein Teil unserer gottgegebenen Natur und soll dem Geist dienen. Teresa von Avila spricht vom inneren Haus oder der inneren Burg. Warum also nicht beim Gebet in einer ruhigen Stunde die Augen schließen und abtauchen in das eigene Lebenshaus? Hindurchgehen durch die Räume, in denen die Familie lebt, der Beruf, durch die Sorgenkammer, die Rumpelkammer, die ich gerne verschlossen halte, bis hin zu einem inneren Raum, in dem Gott mir begegnen möchte. Gott möchte mir genauso in den anderen Räumen begegnen. Der innere Raum aber ist der ursprüngliche Ort der Begegnung, von dem aus alles andere heller und klarer werden kann.

Helfen kann neben der Fantasie auch unser Körper. Indem ich für diese leise Bewegung zum Geist hin nicht nur Worte verwende und meine Fantasie, sondern auch Gesten. Gebetsgesten stellen den Körper sehr sinnlich in den Dienst der Heiligung. Mir tut es gut, wenn ich bei der Bitte um ein Leben aus dem Geist meine Hände vor der Brust verschränke und den Kopf neige und dabei bewusst nach innen schaue. Das Ganze kann begleitet werden vom bewussten Aussprechen von Bibelversen, die diese liebevolle Intimität zwischen Gott und Mensch zum Thema haben. Das Wort Gottes ist ja mehr als eine Anhäufung von wichtigen Informationen. Gottes Geist will zu unserem Geist sprechen.

Das Wort Gottes ist ja mehr als eine Anhäufung von wichtigen Informationen. Gottes Geist will zu unserem Geist sprechen.

Auch Musik kann an dieser Stelle helfen. Lieder mit Texten, die helfen, sich selbst zurückzunehmen und in eine empfangende Haltung hineinzugehen. Mir persönlich tut »Stille vor dir, mein Vater« sehr gut:

Stille vor dir, mein Vater.
Neue Stille vor dir suche ich, Herr.
Stille vor dir, ich höre.
Rühre mich an durch dein Wort.

Stille vor dir ist Gnade.
Aus der Stille vor dir schöpfe ich Kraft.
Stille vor dir, ich höre.
Rühre mich an durch dein Wort.

Rede du, mein Vater, heute zu mir.
Worte der Wahrheit kommen von dir.
Rede du, mein Vater, heute zu mir.
Du willst mich beschenken.
Herr, hab Dank dafür.

Stille vor dir, will schweigen,
und ich öffne mein Herz nun für dein Wort.
Stille vor dir, ich höre.
Rühre mich an durch dein Wort.

Stille vor dir ist Frieden.
Und ich staune, o Herr, reden wirst du.
Stille vor dir, ich höre.
Rühre mich an durch dein Wort.[6]

Es lohnt sich, jeden Satz auszukosten, darüber nachsinnend zu singen, zu beten. Sich hineinziehen zu lassen in eine innere Ruhe, die sich sogar mitten im Trubel (mit etwas Übung) einstellen kann.

Eine letzte Hilfestellung: Neben der Bewegung hin zum Geist ist es gleichzeitig notwendig, genau auf der anderen Seite ganz bewusst die alte Natur, das Leben aus dem »Fleisch«, zu schwächen. Das klingt nun sehr rigoros und ist sicherlich auch mit mancher inneren Spannung verbunden. Warum erwarten wir aber, dass geistliches Leben leicht sein muss? Der Marathonläufer soll und darf sich quälen, um sein Ziel zu erreichen. Der Christ nicht ebenso? Paulus verwendet dieses Bild (vgl. 1. Korinther 9,24-27) – warum nur suchen wir so schnell nach dem geistlich leichten Weg? Denn es geht eben sehr wohl auch darum, dass wir falsche Abhängigkeiten im Leben erkennen und brechen.

Wo machen wir uns von Gefühlen, von Gedanken, auch von Meinungen anderer Menschen abhängig? Wo liegen unsere Lebensmotive? Worum drehen wir uns Tag für Tag? Um Konsum, Geld, Sexualität oder Abnehmen? Wir müssen die Motivationen, Ziele und Abhängig-

6 Text: Carsten Groß, © 1998 SCM Hänssler, 71087 Holzgerlingen

keiten unseres Lebens erkennen, wahrnehmen und auch benennen. Sie dürfen nicht im Dunklen aus Scham – oder weil ein Christ so etwas ja nicht tun oder denken darf – weiterexistieren.

Nachdem die entsprechenden Lebensmottos erkannt und benannt worden sind, sollte man am besten einem Mentor oder einem Vertrauten davon erzählen. Dann wird dieser die Gnade Gottes über einem aussprechen. Wenn ich alleine bin, kann ich sie mir aus dem Wort Gottes heraus selber zusprechen. Christus ist genau dafür gestorben. Nicht um Lappalien zu beseitigen, die unser ansonsten makelloses Image beflecken, sondern gerade für die echt dicken Klötze in unserem Leben. Egal, was uns belastet, wenn das Licht der Liebe Gottes darauffällt, ist es vergeben. Das Kreuz hat eine unglaubliche Macht und setzt uns zum tausendsten Male frei, damit wir durchatmen können.

Kämpfen wir aus dem menschlichen Willen gegen falsche Abhängigkeiten, dann werden wir nicht siegen – so gut gemeint und aller Ehre wert unsere Versuche auch sind.

Dabei dürfen wir nun nicht wieder versuchen, mit heldenmütiger Disziplin oder starkem Willen zu kämpfen, wenn falsche Prägungen hochkommen. Kämpfen wir aus dem menschlichen Willen gegen falsche Abhängigkeiten, dann werden wir nicht siegen – so gut gemeint und aller Ehre wert unsere Versuche auch sind. Vielleicht siegen wir sogar temporär (das ist sehr persönlichkeitsbedingt), fallen dann aber irgendwann wieder gnadenlos (im wahrsten Sinne des Wortes) auf die Nase und sind enttäuschter und geschwächter denn je.

»Was soll nun Gott von mir denken?« Ja, was? Nichts Schlechtes. Er ist höchstens traurig, dass Sie nicht aus dem Geist gekämpft haben. Denn Selbstbeherrschung ist eine Frucht des Geistes (vgl. Galater 5,23, an letzter Stelle einer Aufzählung, sozusagen als »Klammer zu« nach allen anderen Früchten).

Wie können falsche Abhängigkeiten denn dann durchbrochen werden? Überwinde das Böse durch das Gute – so sagt es Paulus in Römer 12. Einem Liebenden muss nicht gesagt werden, dass er seine Geliebte nicht mit anderen Frauen betrügen soll. Je stärker die Erfahrung des Geistes, desto schwächer die Gegenseite. Die dunkle Seite wird durch manche kurzfristig hochgezogene Attacke den gegenteiligen Eindruck erwecken wollen, aber das ist nur ein Strohfeuer. Der Gegner ist längst besiegt, das Neue ist bereits im Wachstum begriffen und gewinnt Raum in Ihnen. Ansonsten gilt der zeitlose Spruch von Billy Graham, den ich hier sinngemäß zitiere: »Wenn du die Versuchung an die Tür klopfen hörst, gehe nicht selbst hin und öffne – sondern bete: Jesus, kannst du für mich schauen gehen?«

Manchmal reicht ein kurzes Gebet: »Nicht ich kämpfe – Gott kämpft in mir und für mich!« So wie Gott Jericho im Alten Testament (vgl. Josua 6,2) dem Volk Israel in die Hände gegeben hat und selbst sogar die Strategie des Kampfes vorgab, so wird er es auch für Sie und mich tun. Wie gut, denn ich bin des Kämpfens müde geworden – Christus dagegen ist unser Sieg. In dem Maße, wie wir das Fleisch auf eine gute Weise schwächen, wird unser Geist Raum gewinnen und uns einnehmen können mit seiner sanften und kraftvollen Art …

Ich habe mir bewusst etwas Zeit genommen für diesen Abschnitt, denn er betrifft alle geistlichen Übungen, ja das ganze geistliche Leben. So vorbereitet können wir tiefer einsteigen in das Lesen von Gottes Liebesbrief an uns. Indem wir beten: »Herr, begegne meinem Geist in deinem Wort.« Wenn wir uns so dem Wort aussetzen, stellen wir recht schnell etwas ganz Entscheidendes fest. Die Bibel ist weit mehr als ein Liebesbrief …

Konkret gefragt – zum Weiterdenken

- *Wie praktizieren Sie Ihre geistlichen Übungen? Was erwarten Sie? Wollen Sie Gott um seiner selbst willen begegnen oder wollen Sie intellektuell oder emotional bewegt werden?*
- *Formulieren Sie Ihr eigenes Gebet für den Morgen und für zwischendurch, mit dem Sie Gott darum bitten, im Geist und aus dem Geist leben zu dürfen.*
- *»Überwinde das Böse durch das Gute« – wie kann das in Ihrer konkreten Kampfsituation aussehen?*

Kapitel 12

Oasen im Alltag
Anders in der Bibel lesen

Die Bibel hat es nicht leicht in der westlichen Christenheit. Es gibt Gegenden in der Welt, wo Bibeln unter Lebensgefahr hineingeschmuggelt, heimlich übersetzt, versteckt und am Leib getragen werden, um nicht entdeckt zu werden. Behörden und Regierungen haben dieses Buch gefürchtet und fürchten es immer noch. Das 20. Jahrhundert war das blutigste Jahrhundert in der Geschichte der Christenverfolgung. Überall, wo Glaube gewachsen ist und die Menschen das Evangelium entdeckt haben, stand Gottes Wort im Mittelpunkt. Seine Explosivität ist bei den Machthabern und Feinden dieses Wortes in aller Munde.

Christen im Westen dagegen haben vielleicht zehn verschiedene Übersetzungen im Regal stehen, dazu diverse Kommentare – sie lesen sie aber nicht. Oder sie lesen sie aus zweiter Hand. Ich habe viele Glaubensgeschwister gefragt. Ein paar Prozent lesen regelmäßig in der Bibel. Eine größere Zahl liest jedoch die Losungen, das Kalenderblatt oder Andachten und ernährt sich bildhaft gesprochen von Bonbons (die durchaus lecker sein können), anstatt an die Quelle zu gehen, wo es herrliche Genüsse gibt, die uns aufbauen und reinigen. Das sind nüchterne Fakten und ich kann mich für eine lange Zeit meines Christseins genau an dieser Stelle eingliedern. Auf eine eigenartig träge und müde Weise habe ich mich immer wieder neu dem Wort Gottes genähert, habe ein paar Tage eisern durchgehalten, um dann doch wieder »hinzufallen« und tagelang wie ein begossener Pudel um dieses Buch herumzuschleichen. Druck hat das ausgeübt. Gleichzeitig hatte ich Sehnsucht nach diesem Wort und verstand die Trägheit und Diszip-

Christen im Westen haben vielleicht zehn verschiedene Übersetzungen im Regal stehen, dazu diverse Kommentare – sie lesen sie aber nicht.

linlosigkeit nicht. Doch so ist es nicht geblieben und so muss es nie bleiben. Doch fangen wir vorne an …

Für evangelisch geprägte Christen gilt seit Luthers *sola scriptura* (allein die Schrift), dass Gottes Wort ein Zentrum des praktischen geistlichen Lebens sein sollte. Kein Zentrum im Sinne eines Kreiszentrums, um das sich alles andere herum anordnet und gruppiert – dieses Bild wäre zu statisch und die Bibel würde zu leicht selbst zum Gott werden. Vielmehr ein Zentrum unter mehreren lebenswichtigen Zentren, die in unserem Land des Glaubens eine Art Oase bilden. Tankstellen, Orte, wo man sich ausruhen kann, Entscheidungen heranreifen können, wo man Gemeinschaft erleben, Korrektur erfahren und Kraft tanken kann. So wie sich auf einer Landkarte Zentren finden, wo ich alles finde und bekomme – so finden sich in unserem Leben Zentren, die uns ausrüsten und sammeln wollen: Bibellese, Gebet, Gemeinschaft und vieles mehr.

Das Ziel ist, das Leben mit Inseln, mit Oasen, mit Zentren der Stille, der Einkehr, der Stärkung, der Wegweisung zu durchziehen.

Spiritualität bedeutet nun, diese Zentren zu pflegen und sie in den Alltag zu integrieren. So wie die frühen Mönche in unbekannte Länder zogen, wilde Landstriche friedlich einnahmen und an strategischen Orten Klöster bauten, um von diesen neuen Kraftzentren aus weiterzuziehen und so neue Kernzellen geistlichen Lebens zu bilden. Kurz: Das Ziel ist, das Leben mit Inseln, mit Oasen, mit Zentren der Stille, der Einkehr, der Stärkung, der Wegweisung zu durchziehen.

Spüren Sie, wie dieses Bild auf Sie wirkt? Es geht nicht darum, geistliche Pflichten einfach nur abzuhaken. Es geht vielmehr um einen dynamischen, spielerischen und gleichzeitig kämpferischen Prozess des wachsenden Lebens aus dem Geist – mitten im Alltag. Als Mutter von drei anstrengenden Kindern, als Verantwortlicher über viele Mitarbeiter, als Lehrer oder als Schornsteinfeger. Dort bewährt sich Spiritualität, dort findet sie letztlich statt – das stille Kämmerchen will nur der Ausgangspunkt sein.

Aber ohne diese Oasen der Stille und der Inspiration geht es eben auch nicht. Wir benötigen das Innehalten, um die leise Stimme Gottes überhaupt wahrzunehmen und unseren Weg an ihr Reden anzupassen.

Denn so spricht der allmächtige Herr, der Heilige Israels: »Durch Umkehr und Ruhe könntet ihr gerettet werden. Durch Stillsein und Vertrauen könntet ihr stark sein. Aber das wollt ihr nicht. Ihr sagt: ›Wir wollen auf Pferden dahinfliegen.‹ Deshalb werdet ihr fliehen. Und: ›Wir wollen auf schnellen Tieren reiten.‹ Deshalb werden auch eure Feinde sehr schnell sein! Vor dem Schlachtruf eines Einzigen werden 1 000 von euch fliehen. Fünf von ihnen werden euch alle in die Flucht schlagen, bis von euch nur noch ein kleiner Rest übrig ist. Dann seid ihr wie eine einsame Kiefer auf einer Bergspitze oder wie ein Flaggenmast auf einem Hügel« (Jesaja 30,15-17, NLB).

Je mehr Einsatz wir in die Waagschale des Glaubens werfen, desto stärker und überwältigender werden die Feinde. Würden wir still werden, hätten sie dagegen keine Chance. Das ist göttliche Logik, und dieser Logik des Segens müssen wir folgen, daran führt in der Spiritualität bei aller Weite kein Weg vorbei.

Es geht nicht um Richtigkeiten, sondern um Realitäten

Viele Christen beschreiben die Bibel fast zärtlich als Liebesbrief Gottes an den Menschen. Dieses Bild ist wohltuend und gerade für diejenigen, deren Herz durch ein falsches und verletzendes Vaterbild schmerzhaft angegriffen ist, eine heilsame Vorstellung. Zu entdecken: Gott nähert sich mir ganz anders, als ich das für möglich gehalten habe und man es mir vielleicht beigebracht hat – das ist eine echte Befreiung. Ich kenne nicht wenige Männer und Frauen, die genau das gebraucht haben und immer noch brauchen. Ja, ich würde sagen: Unser Glaubensleben muss immer wieder zurück zu diesem heilsamen Bild.

Es tut einfach gut, Gott als zärtlichen Liebhaber kennenzulernen, der sich uns behutsam nähert und uns in seiner unendlichen Liebe erobert. Wir antworten auf diese Liebe mit Hingabe und Anbetung.

Nicht umsonst bedeutet das griechische Wort für Anbetung und Lobpreis wörtlich: »hingehen, um zu küssen«. Jesus als Bräutigam, die Gemeinde als Braut – das alles sind Bilder der Leidenschaft und der intimen Hingabe. Er erobert und ergreift die Initiative, wir antworten ihm mit unserem Leben.

Manche Christen haben jedoch die Vorstellung, dass die Bibel der Liebesbrief Gottes an den Menschen ist, schon dermaßen verinnerlicht, dass die Bezeichnung »Liebesbrief« als ultimatives Synonym für das Wort Gottes schon fast zum Klischee verkommen ist. Es entsteht ein Gefälle: Da ist Gott, der schreibt mir einen Brief aus einer gewissen Entfernung. Gut, er ist mir nahegekommen in Jesus Christus, um ein für alle Mal für meine Sünden zu sterben, aber das ist ja nun auch schon eine Weile her …

Jesus als Bräutigam, die Gemeinde als Braut – das alles sind Bilder der Leidenschaft und der intimen Hingabe.

So langsam beginnt nun eine fatale Entwicklung, die Gott zunehmend in der Vergangenheit verortet. Ich möchte diese Entwicklung hin zur freundlichen Distanz Gottes an einem Bild verdeutlichen: Wenn Gott mir aus der Vergangenheit einen Brief schreibt, dann ist das so, als wenn ich eine plötzlich auf dem Speicher gefundene Botschaft eines vor 200 Jahren im Krieg gefallenen Verwandten lese. Ich habe durchaus eine genetische Verbindung zu diesem Vorfahren, immerhin ein Ururgroßvater. Ich verschlinge diesen Brief, um alle möglichen Informationen über diesen Verwandten herauszubekommen. Aber dann ist es auch irgendwann gut. Ich habe meine Informationen gesammelt und der Brief wandert in die Vitrine mit den geschätzten, aber verstaubten Erinnerungsstücken aus der Familiengeschichte.

Nicht viel anders geht es manchen Christen mit der Bibel. Deswegen langweilen sich auch so viele beim Bibellesen. Wir müssen nicht nur innerlich dahin kommen, aus dem Geist heraus zu lesen, sondern müssen auch verstehen, was wir da eigentlich lesen. Unser Bild muss sich verändern …

Ich komme zurück zu dem Brief des alten Verwandten. Angenommen, dieser war ein Mensch mit prophetischer Gabe. Stellen wir uns vor, wir läsen diesen Brief und plötzlich fiele der Satz: »Ich sehe einen Menschen vor mir, Generationen nach mir, und der sieht so aus … Und ich sehe folgende Geschichte für sein Leben, für seine Bestimmung …« Dann kämen seitenweise exakte Angaben über unsere Zukunft und unsere Entwicklung als Mensch bis ins hohe Alter. Das wäre sicherlich ein wenig gruselig und auch zweifelhaft, aber ich wette mit Ihnen, dass unser Puls auf 180 ginge! Plötzlich ginge es nicht mehr um längst vergangene und weit zurückliegende Informationen eines lange verblichenen Verwandten – es ginge um Sie und mich. Es ginge nicht um sachliche Informationen, sondern um relevante Lebenswirklichkeit.

> Die Bibel ist ein buntes, komplexes und abenteuerliches Bild unseres Lebens, eine Realität, keine Richtigkeit.

Genau darum geht es in der Bibel. Das ist ein guter Schlüssel zum Schriftverständnis. Ja, die Bibel ist zuerst ein Liebesbrief – das müssen wir (immer wieder neu) verinnerlichen. Dann aber geht es um unsere Gegenwart und Zukunft, unser Wesen, unseren Charakter, unsere Bestimmung und weit darüber hinaus um die ganz große Geschichte dieser Welt und um unseren Weg in ihr.

Nicht wenige Christen haben eine Perspektive für die Ewigkeit, wissen um die zurückliegende Vergebung am Kreuz – dazwischen aber klafft ein garstiger Graben. Die Praxis mitten im Leben fehlt. Ein stimmiges Bild wäre also: Die Bibel handelt von erlebbarer Realität hier und jetzt. Doch gibt es auch an dieser Stelle Missverständnisse …

Manche Theologen haben wohlmeinend von der Bibel als Gebrauchsanweisung für das Leben gesprochen, wohlmeinend deshalb, weil sie damit betonen wollten, wie praktisch und lebensnah die Bibel ist. »Du hast ein Problem? Schlage nach und du hast die Antwort!« Wirklich? Dann reduzierte man die Bibel ja wieder auf ein Handbuch mit bestimmten Anleitungen. An der einen oder anderen Stelle mag sie das auch sein, aber dieses Verständnis greift viel zu kurz. Kommt uns aber sehr gelegen, weil wir gewohnt sind, Texte als Information aufzunehmen. Hüten wir uns jedoch davor, die Bibel nur so zu lesen – sie wird uns nach einiger Zeit langweilig werden und ihre Kraft verlieren, oder wir werden ein gehöriges Maß an Selbsttäuschung und Disziplin benötigen, um weiter fröhlich dabeibleiben zu können.

Die Bibel ist vielmehr ein buntes, komplexes und abenteuerliches Bild unseres Lebens, eine Realität, keine Richtigkeit. Doch der Reihe nach. Ich nehme uns stufenweise mit hinein in eine Sicht der Bibel, die meine Begegnung mit dem Wort Gottes umgewälzt hat.

1. Das Ziel eines Christen ist die Verwandlung in das Bild Christi, sprich: dass wir zunehmend das ausleben, was uns in Christus alles geschenkt wurde, und so ihm ähnlicher werden und wie er in der Welt handeln. Gott sieht uns bereits als gerecht, er rüstet uns aus, hat uns den Geist geschenkt und vieles mehr – Hunderte von Zusagen sind uns gemacht. Wir sind aber wie ein Wellensittich, der immer nur im Käfig war. Er ist dort geboren und aufgewachsen; er kennt es nicht anders und würde den Käfig auch nicht als Gefängnis beschreiben, denn das ist sein Horizont. Nun wird ihm die Tür geöffnet und aus alter Prägung bleibt er sitzen und denkt gar nicht daran, zu fliegen. Verwandlung in das Bild Christi (also Heiligung) ist in diesem Bild letztlich Auswilderung. Hin zu einem wilden, freien, von Gott bestimmten und ganz und gar unberechenbaren Leben voller ewiger Bedeutung – als aktiver Teilnehmer und Mitkämpfer im großen Abenteuer Gottes mit diesem Universum.

2. Jesus Christus ist nicht nur eine historische Person und liegt somit hinter uns. Das wäre tragisch, denn dann würden wir uns mit jedem Schritt nach vorne weiter von ihm entfernen und distanzieren. Dann wäre die Bibel vergleichbar mit jedem x-beliebigen Buch eines großen Religionsgründers, den man nun versucht, anhand der schriftlichen Aufzeichnungen nachzuahmen. Das aber wäre nach biblischer Definition Gesetz und Religion.

Jesus Christus ist aber das Ende der Religion. Schon deswegen dürfen wir die Bibel nicht zur Informationsquelle verkommen lassen. Wir bedienen damit leicht unsere religiöse Ader (die Teil des alten Menschen ist) und leben somit haarscharf, aber unvermeidlich an Christus vorbei.

Jesus Christus ist nicht nur eine historische Person, er ist genau jetzt bei uns, um mit uns zu gehen. *Siehe, ich bin bei euch alle Tage* (Matthäus 28,20; LUT). Er ist nicht nur bei uns und neben uns, er ist auch vor uns. Er ist das Bild, in das wir verwandelt werden (vgl. 2. Korinther 3,18). Diese Verwandlung ist nicht unsere Leistung, sondern reine Gnade. Wenn wir mit dieser Einstellung leben, Hingabe und Gehorsam üben und die neue Sicht auf die göttliche Realität lernen, wird die Verwandlung wie beiläufig geschehen. In Jesus Christus ist uns alles geschenkt, er wird auch dafür sorgen, dass wir verändert werden. Dieses dynamische und gnadenvolle Bild darf und soll sich in unserem Herzen zunehmend einprägen.

3. Mit diesen Grundlagen im Hinterkopf können wir sagen: Die Bibel zeigt das große Bild von dem, was wir und diese Welt werden können und sollen. Die Bergpredigt ist keine fromme Illusion, sondern ein Ziel der Verwandlung, Gottes Traum von einer anderen Welt. Je mehr wir in Christus leben, je intensiver er in uns Wirklichkeit sein darf, desto stärker werden wir diese Realität, dieses Reich Gottes ausleben.

Die Bibel zeigt das große Bild von dem, was wir und diese Welt werden können und sollen.

Die Zehn Gebote des Alten Testaments deuten das ja bereits an. Sie beginnen nicht mit einem Gebot, sondern mit der Betonung, dass Gott zuallererst eine Beziehung zu seinen Menschen sucht. »Ich bin dein Gott, der dieses alles für dich getan hat!« Das ist die Voraussetzung, auf deren Grundlage erst die anderen Gebote wirksam werden. In der Tat können die anderen Gebote aus dem Hebräischen nicht nur mit: »Du sollst nicht …«, übersetzt werden, sondern mit: »Du wirst nicht …« Das ist ein wunderbarer Vorgriff auf das Evangelium. Wie viel mehr gilt diese Verheißung für einen Christen, der den Geist in sich trägt und aus dem Geist lebt!

Wenn Sie um Ihre Identität in Christus wissen, dann werden Sie durch Hingabe immer mehr das leben, was das Neue Testament Ihnen verheißt. Die Bibel malt Ihnen diese neue Realität vor Augen und ins Herz.

4. Das Ganze ist aber nicht nur ichzentriert auf die persönliche Zukunft, Reife und Entwicklung bezogen. Das wäre die Schieflage einer individualisierten Gesellschaft. Erstens richten sich fast alle Worte des Neuen Testaments an Gruppen von Menschen. Zweitens redet das Neue Testament viel häufiger von der Königsherrschaft Gottes in seinem Reich als von der persönlichen Bekehrung. Diese ist notwendig, aber Theologie und Gemeindearbeit müssen da nachlegen, wo die Praxis bei der Bekehrung stehen bleibt oder diese zum Eigentlichen wird.

Jesus geht es um mehr. Um dieses Reich, das mit ihm gekommen und angebrochen ist und in uns, unter uns und überall auf der Welt unaufhaltsam wächst. Der Widerstand wird ebenfalls wachsen, das Spannungsfeld zwischen dem Reich des Lichts und dem Reich der Finsternis bleibt erhalten, wird sich sogar noch verstärken und dann in der Wiederkunft Christi und der Erneuerung der Welt eskalieren.

Diese Realität der Bibel ist also nicht nur Ihre Realität – es geht um die ganz große Geschichte. Sie sind eingebunden in diese universale Geschichte des neuen Volkes Gottes. Mit Ihnen wird gebaut, Sie sind ein lebendiger Stein (vgl. 1. Petrus 2,5-8) und Sie selbst sollen Ihre Gaben einsetzen für den Bau dieses Reiches.

Das Reich soll nicht unsichtbar bleiben, auch wenn es aus Gottes Gnade an weit mehr Stellen ganz unbemerkt auf dem Vormarsch ist, als wir sehen und ahnen können. Wenn wir morgens aufwachen, beginnen wir nicht, Reich Gottes zu bauen. Gott baut schon längst, rund um die Uhr, und wir kommen dazu.

Die Bibel beschreibt also keine geistliche Realität, die nur für das stille Kämmerchen und das persönliche Seelenheil gilt, sie beschreibt alltägliche Wirklichkeit. Reich Gottes wird dort gebaut, wo Sie und ich sind. Lassen wir uns mit hineinziehen in dieses große Abenteuer. Gottes Wort wird uns anweisen und uns zeigen, wie diese Realität aussehen kann. Unser Bild wird klarer werden, sodass wir deutlicher die Reiche und die Wirklichkeiten unterscheiden lernen. Aber auch die Angriffe der Gegenseite werden heftiger, je mehr wir die Explosivität der neuen

Realität des Wortes Gottes für uns entdecken und beginnen, radikal in sie hineinzuleben.

Ein ausgeprägtes bürgerliches Sicherheitsdenken und eine »Das haben wir immer schon so gemacht«-Haltung kann uns die Bibel dabei nicht bieten. Unterwegs sein mit Jesus – immer beweglich und spielerisch in den Spannungsfeldern des Glaubens –, das ist die dynamische Kraft des Wortes Gottes. So sollten wir ihm begegnen und fortan wird Bibellesen keine langweilige Pflicht mehr sein.

Ein ausgeprägtes bürgerliches Sicherheitsdenken und eine »Das haben wir immer schon so gemacht«-Haltung kann uns die Bibel nicht bieten.

Trotzdem werden wir nicht immer fröhlich lächelnd, glücklich und neugierig in der Bibel lesen. Denn der Gegner Gottes hat etwas dagegen und wird es verhindern wollen. Zudem sind »glücklich« und »neugierig« seelische Kategorien. Unsere Aufgabe dagegen ist es, uns die neue Realität immer neu und in immer neuen Bildern und Worten vor Augen zu malen und uns dann bewusst auch entgegen Gefühlen und »logischen« Gedanken jeder Art dieser Realität auszusetzen.

Das Wort wurde Fleisch (vgl. Johannes 1), und es will auch in uns Fleisch werden. Genau dazu möchte uns die Bibel das Bild der neuen Wirklichkeit schenken – damit wir es leben.

Weniger lesen, intensiver lesen – tiefer wurzeln

Noch nie gab es so viele Bibelübersetzungen. Noch nie so viele Bücher über die Bibel und zur Bibel. Des Büchermachens ist kein Ende, wie der Prediger schon richtig und richtig schön bemerkte (vgl. Prediger 12,12). Wo führt es hin? Ist das alles vielleicht, um beim Prediger zu bleiben, Haschen nach Wind?

Oft genug ja. Denn das theologische Grundwissen des einzelnen Christen hat im Schnitt trotz all der Fülle an Informationen schier unglaublich nachgelassen. Man kann in einer normalen Freikirche in einen Seniorenkreis gehen und fragen, was denn Abraham so alles gemacht hat. Da kommt dann nicht viel! Nicht, dass solches Faktenwissen eminent wichtig wäre, aber es ist ein Indiz dafür, dass wenig in der Bibel gelebt wird. Denn Wissen häuft sich quasi nebenher an, man kann sich ja gar nicht dagegen wehren, wenn man in der Bibel liest.

Ich denke an die Chroniken so mancher Freikirche aus der Zeit des 19. Jahrhunderts. Da trafen sich die einfachen Männer nach der harten körperlichen Arbeit in der Werkstatt oder der Grube, lasen zusammen in der Bibel und diskutierten sich heiß über das, was sie da lasen. Manchmal geriet man sich über theologische Fragen richtig heftig in die Haare und es gab auch Raufereien. Dann vertrug man sich wieder, nahm sich in den Arm und betete zusammen. Ganz ehrlich: Diese unkonventionell leidenschaftliche Vorgehensweise ist der Bibel sicherlich gemäßer als ein frömmelndes Vor-sich-hin-Lesen mit Früchtetee und Hirseplätzchen.

Ich denke an die Gefängnispredigten des großen Schweizer evangelisch-reformierten Theologen Karl Barth (1886–1968). Wer Barth je gelesen hat, weiß, wie kompliziert er sich ausdrücken kann. Nicht unbedingt Bettlektüre. Seine Predigten im Basler Gefängnis existieren zum Teil als Tondokument. Sie sind anspruchsvoll und voller theologischer Gedankenzüge, die heute den durchschnittlichen Hörer nach wenigen Minuten abhängen würden. Hinterher würde bei uns das Urteil lauten: »Irgendwie war die Predigt am Leben vorbei …«

Beide Beispiele zeigen: Es läuft etwas auseinander. Die Information weltweit nimmt zu – das angeeignete Wissen, die Weisheit und das Leben im Wort dagegen ab. Ein Symptom der Informationsgesellschaft, das sich aber mittelfristig fatal auf unser Glaubensleben und auf Gemeinde auswirken wird. Denn nur wer mündig im Glauben steht, kann wirklich mitreden, wenn es um geistliche Entscheidungen geht. Nur wer im Wort verwurzelt ist, wird in seinem Leben Halt finden und den vielen Stimmen etwas entgegensetzen können.

Natürlich muss der Köder dem Fisch schmecken und nicht dem Angler – das gilt auch für Predigt und Lehre in Gemeinde und Kirche. Diese Weisheit aus der Werbung hat aber einen Haken (um in der Anglermetaphorik zu bleiben): Der Köder muss zuerst Gott schmecken! Wenn wir eine tolle Botschaft haben, die aber von Gott nicht gedeckt wird, was dann? Ist erlaubt, was funktioniert und sich fromm anfühlt, oder fragen wir wirklich nach dem Willen Gottes?

Kalenderblättchen und Losungen scheinen nicht wirklich zu helfen, ja, in der Masse der täglichen Impulse, die ein Mensch heute zwangsläufig auszuhalten hat, geht der kurze biblische Impuls geradezu unter. Was haben zwei oder fünf Minuten Bibelverslektüre für eine Macht gegenüber den 25 Minuten Kaufanreizen abends in den Werbeunterbrechungen des Spielfilms? Gegenüber den 30 Minuten bedrängender Nachrichten? Gegenüber den Hunderten von Impulsen, die auch heute wieder meinen Berufsalltag gefüllt und belastet haben? So sieht unsere Lebenswirklichkeit aus, deswegen sollte man sich nicht in ein Kloster oder in eine romantische Vorstellung von Einsamkeit zurückziehen. Wir benötigen kompetente und lebensfähige Christen mitten im Getümmel.

Ist erlaubt, was funktioniert und sich fromm anfühlt, oder fragen wir wirklich nach dem Willen Gottes?

Aber auch die Gemeinde muss umdenken. Betrachten wir exemplarisch den normalen Gemeindealltag eines engagierten Christen in einer lebendigen Gemeinde. Das Zentrum des geistlichen Lebens dieses Menschen ist der Gottesdienst. Gut so. Doch zeigen ernüchternde Statistiken, dass bereits dienstags von dem Gesagten fast nichts mehr im Gedächtnis ist. Die Zuhörer setzen sich ja aber nicht absichtlich hin und nehmen sich vor, alles zu vergessen. Ich könnte auf der Bühne sogar den Hampelmann machen, es bliebe vielleicht genau diese Showeinlage in den Köpfen der Menschen hängen – aber mehr auch nicht. Woran liegt es also? Gehen wir durch die normale Gemeindewoche des engagierten Christenmenschen Albert N., ersatzweise Alberta N.

Sonntags also Gottesdienst. Pflichtprogramm. Sonntagabend ist noch Gebetstreffen. Der Leiter liest ein paar Verse aus den Losungen vor, dazu den zugehörigen Kontext, dann wird gebetet. Inhalt des Gebets: die Missionare und Anliegen der Gemeinde, etwa zwanzig verschiedene Punkte werden genannt und vor Gott gebracht. Richtig Spaß macht diese Gebetsrunde Albert schon längst nicht mehr, aber Gebet ist ja auch eine Last und eine Pflicht und kein Spaß.

Die Wochentage von Albert beginnen mit der Stillen Zeit. Die gestaltet sich manchmal etwas hektisch, weil Albert nicht gerade ein Morgenmensch ist und die Arbeit ihn ziemlich fordert. Er arbeitet sich anhand der Materialien des Bibellesebundes durch den Text des Tages und nimmt einige gute und wertvolle Gedanken mit in die alltägliche Routine. Dienstag ist Hauskreisabend – den mag Albert gerne, denn dort ist es gemütlich, man redet gleich viel praktischer über die verschiedenen Bibeltexte und geht zumeist mit einem guten Gemeinschaftsgefühl nach Hause. Zudem sind die Kekse von Roswitha einfach hervorragend und manchmal gönnen sie sich auch ein Gläschen Sekt. Heute gehen sie zusammen Psalm 50 durch und betrachten seine Relevanz für das Leben.

Albert ist es auch wichtig, gute geistliche Bücher zu lesen. Auf der Toilette liegen zwei christliche Zeitschriften, die er sehr mag, und auf dem Nachttisch meist zwei bis drei verschiedene Bücher, die Gott ihm »aufs Herz gelegt« hat, als er am Gemeindebüchertisch vorbeigeschlendert ist.

Freitag ist schön – da ist Chorprobe. Der Leiter liest ein paar Verse aus den Psalmen vor, immerhin die Chorlieder der Bibel. Dann singen und proben sie die neusten Lieder für den Gottesdienst, dazu das Monatslied, das sich die Gottesdienst-AG liebevoll ausgesucht hat und wozu der Pastor ein paar erklärende geistliche Worte geäußert hat. Sonntag werden sie wieder im Gottesdienst singen, und Albert spürt bereits dieses leichte, angenehme Kribbeln bei der Chorprobe, das ihm anzeigt, dass er sich auf den Auftritt freut.

Am Sonntag ist es dann so weit. Nach der Predigt mit drei guten Impulsen treten sie auf. Schön ist es! Die Zuhörer klatschen und sind dankbar. Am Mittagstisch will Albert mit seiner Frau ein wenig über den Gottesdienst plaudern, und da fällt ihm auf, dass er sich nur noch an einen von drei Punkten erinnern kann …

Eine ganz normale Woche, wie sie im Leben von Millionen engagierten Christen und Christinnen so ablaufen könnte. Der alltägliche Ablauf hat sich so sehr in unsere Gehirnwindungen eingefräst, dass uns eine

Sache überhaupt nicht mehr auffällt: Albert N. ist überflutet, wenn auch mit wertvollen Impulsen. Drei in der Predigt, dann die Gebetsstunde, jeden Morgen die Gedanken der Bibellese, abends und zwischendurch Bücher und Zeitschriften, im Hauskreis eine ganze Flut wertvoller Anstöße, die Chorstunde hält ebenfalls ihren Input bereit … und dann ist wieder Sonntag. Zwischendurch wird irgendwie durch den Alltag gehechelt. Umsetzung? Wann, bitte? Man fragt sich unweigerlich bei diesem Programm, wie eigentlich Christen die 1500 Jahre ohne Bibellektüre bzw. fromme Printmedien überstehen konnten. Sie konnten ja nicht lesen bzw. hatten keinen Zugang zu Büchern.

Dazu kommt, dass das ja wahrlich nicht die einzigen Impulse sind. Wir begegnen heute in einer Woche einer größeren Anzahl von Menschen, als ein Mensch im Mittelalter in seinem ganzen Leben begegnet ist. Wir zappen durch unser Leben und durch unsere verschiedenen Rollen, die wir ausfüllen müssen, und werden von den verschiedensten Anlässen, Fragen und Anforderungen in einer geschäftigen Schwebe gehalten. Die Vielzahl geistlicher Impulse passt da gut ins allgemeine Lebensbild hinein, aber sie verschwindet eben auch in diesem.

Albert N. ist überflutet, wenn auch mit wertvollen Impulsen.

Sollte christlicher Glaube nicht gerade einen heilsamen Kontrapunkt zum alltäglichen Gewusel setzen? Wie verändert das die Frohen Botschaft, wenn sie durch genau das Medium und genau die hektische und überladene Form verbreitet wird, die sonst die Menschen eher belastet und bedrängt (wenn sie es denn bemerken)? Das soll nun nicht gegen Zeitschriften, Bücher, Internet u.v.m. gerichtet sein – aber gegen deren inflationären und gedankenlosen Gebrauch. Information ändert nichts, sie muss immer zu Wissen und Weisheit werden, sonst ist sie kraftlos und leer, auch wenn sie an für sich wertvoll ist.

Hier muss nun die persönliche Disziplin ansetzen – gekoppelt mit einem gemeindlichen Umdenken, das die Anzahl der Impulse radikal reduziert, um die Herzen der Menschen zu entlasten. Denn wer kann geschätzte 25 wertvolle geistliche Impulse pro Woche überhaupt umsetzen und im Herz Wurzeln schlagen lassen? Dabei wird es durch die vielen Impulse sogar gefährlich im Glauben, weil sie uns vermitteln, wir wären eifrig auf dem Weg, dabei sind wir nur eifrig dabei, Informationen aufzunehmen – das Leben aber rennt mit hechelnder Zunge hinterher und läuft leer. Da aber in genau diesem Leben Reich Gottes gebaut wird, hängen wir uns selbst eifrig und fromm ab und verlieren den Kontakt zu Gott.

> Wir benötigen dringend eine Entziehungskur: Wir müssen weniger in der Bibel lesen, weniger Bibel aufnehmen!

Wir benötigen dringend eine Entziehungskur, die sich wahrscheinlich seltsam anhören mag: Wir müssen weniger in der Bibel lesen, weniger Bibel aufnehmen! Wie jetzt? Ich denke, es wird viel zu wenig Bibel gelesen, und das bestätigen ja auch alle Umfragen. Jetzt noch weniger? Die klare Antwort lautet: jein.

Ich bin der Überzeugung, dass so wenig Bibel gelesen wird, weil wir erstens, wie bereits beschrieben, mit geistlichen Impulsen überhäuft werden, ohne sie umzusetzen. Das aber widerspricht dem Geist des Wortes Gottes, das uns hineinziehen will in eine neue Wirklichkeit. Dadurch wird zweitens genau dieses herrliche Wort aber nicht mehr lebendig erlebt, sondern staubtrocken und vor allem als Mittel, um uns intellektuell anzuregen (was es längst nicht immer tut und immer weniger tun wird) oder uns emotional zu berühren (auch das ist nicht die primäre Absicht des Wortes).

In einem Bild gesprochen: Wenn ich mir ein Kajak kaufe und es auf die Bundesstraße vor meinem Haus setze, um damit loszufahren, dann werde ich mich eine Zeit lang daran erfreuen, dass ich in einem solchen tollen Kajak sitzen darf. Ich werde die ausgefeilte Konstruktion bewundern, die schöne Farbe, das Hightechmaterial, aber irgendwann wird das Rumsitzen langweilig und ich stelle fest: Ich komme damit überhaupt nicht voran. Das Kajak ist einfach nicht in seinem Element und es wird so für den Fahrer unattraktiv. Dies ist aber nicht das Problem des armen Kajaks, sondern des dusseligen Fahrers! Wieder auf die Bibel bezogen: Das ist auch ein Problem einer ungenügenden Aufklärung, wozu uns eigentlich die Frohe Botschaft befreien will. Nämlich zum Leben.

Es ist viel zu oft die Rede vom »Wovon« (von der Sünde, von der Welt, vom falschen Verhalten) – und viel zu wenig und umsetzbar vom »Wozu« der Befreiung. Vielleicht mag das sogar in der Predigt vorkommen – aber was hilft das, wenn dieses Wozu in einer Masse von wöchentlichen Impulsen erstickt wird und so genau diese Umsetzung verunmöglicht, die eigentlich gewünscht war?

Wenn Sie nun kaum noch in der Bibel lesen und bereits eine Phase weiter sind als Albert N., nämlich in der Phase des Verdrusses, dann seien Sie beruhigt beunruhigt. Beunruhigt, weil diese Phase der Ernüchterung und des Verdrusses an Gottes Wort nicht gesund ist. Beruhigt, weil sie die unvermeidliche Folge eines falschen Umgangs und einer irrigen Haltung gegenüber dem Wort war. Dieser Umstand aber kann mit ein wenig Einsicht und praktischer Umsetzung verändert werden. Ich habe das selbst so erlebt. Ich habe mehr als 15 Jahre lang Bibel falsch gelesen und geglaubt, dass viel auch viel bewegt. Viel Information, viel Lesen, viel Hintergrundwissen. Dabei war mein Herz längst voll und schrie nach Leerung und Umsetzung.

Weniger und intensiver lesen, und das mit einer verwandelten Haltung zum Wort Gottes.

Wie sieht also die Entziehungskur aus? Kurz und simpel gesagt: weniger und intensiver lesen, und das mit einer verwandelten Haltung zum Wort Gottes. An diesem Weniger kommen wir meines Erachtens nicht vorbei.

Dietrich Bonhoeffer hat in seinem Buch *Gemeinsames Leben* einen heilsamen Umgang mit der Heiligen Schrift beschrieben. Einen Text pro Woche, diesen täglich neu lesen und einverleiben, durchdenken, meditieren und sich selbst in der Gegenwart Gottes hinhalten. Ab dem dritten Tag mag bei dieser Methode Verdruss aufkommen: Diesen Text kenne ich doch jetzt. Genervtsein stellt sich ein. Aber dieses Genervtsein findet auf der Ebene der Seele statt. Wir wollen jedoch, dass das Wort im Geist verwurzelt ist, und von dort das Leben verändern lassen.

So hilft diese Methode, das Wort in den Geist zu holen – denn durch die tägliche Wiederholung wird dem Fleisch gezeigt, wo es bereits ist: am Kreuz (vgl. Galater 5,24). Wir verweigern der Seele den Kitzel neuer Texte, einen Kitzel, der sich bei lang gedienten Christen ohnehin recht schnell erledigen wird, da diese zumindest das Neue Testament recht gut »kennen«. Genau an dieser Stelle liegt viel Verdruss begraben. Man liest altbekannte Texte und beginnt, innerlich zu gähnen. Doch hier ist das Fleisch am Werk und muss immer neu in die Schranken gewiesen werden.

Entdecken wir nun Gottes Wort auf der Ebene des Geistes, dann wird sich ein Gesamtempfinden einstellen, das mit nichts zu vergleichen ist und Verstand und Gefühl durchdringt. Kein Wunder – befinden wir uns doch nah am Herzen Gottes und nah an dem, was uns eigentlich ausmacht.

Weniger lesen also. Intensiver lesen. Ein Sinnabschnitt pro Woche vielleicht, wenn man an einem Vers hängen bleibt und etwas aufleuchtet, dann einfach bei diesem Vers ein paar Tage verweilen und ihn wurzeln lassen. Als Leitung ins Gebet vielleicht ein Psalm. Das war es. Keine Geheimrezepte, sondern Reduktion auf das Wesentliche. Das Leben ist kompliziert genug.

Andersherum aufgezäumt: an einem Thema bleiben und diesen Gipfel von verschiedenen Seiten ersteigen. Hier kommt die Gemeinde mit ins Spiel, denn wie umgeht man die vielen Impulse, die von dort kommen? Ich träume von einer Gemeinde, die für ein paar Wochen ein Thema hat. Einen biblischen Text. Die Predigt ist der Ausgangspunkt, die verschiedenen Kreise der Gemeinde vertiefen das Gehörte und beleuchten andere Aspekte. Im Internet ist weiteres vertiefendes Material, vielleicht ein Diskussionsforum zu dem biblischen Text, verfügbar. Dazu Anregungen zur persönlichen Stille – wieder mit Bezug zum Thema oder zum Bibeltext der Woche.

Wenn sich eine solche Feinabstimmung in der Gemeinde mit dem persönlichen Willen zur Reduzierung und Vereinfachung paaren würde, dann wäre das Ergebnis die Eröffnung eines Weges zu einem sich vertiefenden Glauben.

Doch was kann man machen, wenn die Gemeinde diesen Weg nicht geht? Dann versuchen Sie doch einfach, sich auf den Text oder das Thema der Predigt einzulassen. Regen Sie in Ihrer Kleingruppe an, dass man über die Predigt konstruktiv diskutiert und diese vertieft. Ansonsten nehmen Sie den Inhalt der Kleingruppe als zusätzlichen Impuls mit auf und versuchen ihn, vielleicht entgegen der Absicht des Hauskreises, auf das Thema der Predigt zu beziehen und Querverbindungen herzustellen. Wenn Sie nicht die Predigt als Mittelpunkt wählen wollen, dann gehen Sie von der persönlichen Bibellese oder dem aktuellen Thema aus, das Sie gerade beschäftigt. Versuchen Sie, alle anderen Impulse in diesen Kontext einzuordnen. Kurz: Es geht immer um Reduktion. Wenn Sie trotzdem einen »abweichenden« Gedanken hören, der hängen bleibt und von dem Sie das Gefühl haben, er sei wichtig, dann notieren Sie ihn und machen weiter an Ihrem Thema. Sie können später auf ihn zurückkommen. Der Teufel ist ein Durcheinanderbringer (so das griechische Wort »diabolos« wörtlich übersetzt). Er liebt es, andere Themen zur Verwirrung in unser Gesichtsfeld zu schieben, wenn es gefährlich für ihn wird. Aufschreiben, erst mal abgeben, weiter im eigentlichen Thema. Wenn das neue Thema, der neue Vers wichtig war, dann wird er es auch in ein paar Tagen noch sein.

Der Teufel ist ein Durcheinanderbringer. Er liebt es, andere Themen zur Verwirrung in unser Gesichtsfeld zu schieben, wenn es gefährlich für ihn wird.

Am Ende einer Woche kann man dann neu überlegen, ob ein bestimmter Impuls dran ist. Optimal wäre es, wenn Sie Ihre Lektüre auf wenige Bücher beschränken, die auch mit dem Themenbereich zu tun haben, der Sie gerade geistlich bewegt. Auch Bücherfasten kann dran sein – wenn Sie sonst zum Viellesen neigen. Dann muss einmal ein halbes Jahr die Bibel reichen. Und sie tut es auch. Ich selbst habe mit Bücherfasten gute Erfahrungen gemacht. Wenn ich eine Woche in der Einsamkeit verbringe, habe ich meist nur ein aktuelles Buch und die Bibel dabei. Schon nach dem ersten, einsamen Abend spüre ich dann, wie mir langweilig ist, und würde nun – hätte ich die Möglichkeit – zu einem anderen Buch greifen. So kann selbst das geistlichste Buch zur Zerstreuung werden. Trickreich sind die Kniffe des Versuchers, die alte Natur jault auf, suggeriert Langeweile und flüstert: »Du tust zu wenig geistlich für dich! Du brauchst mehr Input!« Das Gegenteil ist der Fall. Die alte Natur muss lernen, sich dem Geist unterzuordnen.

Neben der Veränderung unseres Bildes von der Bibel und der Reduktion bzw. Intensivierung des Bibellesens wollen wir uns zum Abschluss dieses Themas noch verschiedenen kreativen Formen widmen, die uns helfen können, einen besseren Zugang zum Geist und zu Gottes Wort zu bekommen.

Bitte bedienen: Bibellesen ganz verschieden

Wenn der Grundsatz klar ist, dass echte Begegnung mit dem Wort Gottes auf der Ebene des Geistes stattfindet, dann kann die Frage beantwortet werden, wie dieser Geist auf vielfältige Weise erreicht werden kann. Das gelingt nur, wenn die seelischen Komponenten nicht mehr im Mittelpunkt stehen, sondern eine dienende Funktion übernehmen. Dann aber, ja, dann ist eine ganzheitliche und vielfältige Herangehensweise wirklich hilfreich. Je mehr Sinne an der Entdeckungsreise durch die neue Realität Gottes beteiligt werden, desto besser. Beginnen wir mit der Fantasie.

Bibellesen mit Fantasie

Der Friedensnobelpreisträger Dag Hammarskjöld sagte einmal: »Bete, dass deine Einsamkeit der Stachel werde, etwas zu finden, wofür du leben kannst – groß genug, um dafür zu sterben.« Martin Luther King hat sich ganz ähnlich geäußert. Beide sind ermordet worden, beide hatten eine große Vision, beide haben viel bewegt. Doch wie kommt man zu einer großen Vision – zu einer weiten Gesamtsicht des Evangeliums?

Wir werden heute von einer Bilderflut überschwemmt, die uns bedrängt und einnehmen möchte. Daneben lesen wir die Bibel aber meist eher intellektuell und arm an inneren Bildern. Das muss nachdenklich machen. Dazu: Das Böse ist oft viel leichter beschreibbar, bildhafter und daher auch reizvoller für die Menschen. Einfach weil die Fantasie des seelisch dominierten Menschen viel stärker angeregt wird, wenn er Grenzen überschreitet und etwas Verbotenes tut.

Der hellen Seite fehlen oft die kraftvollen Bilder. Wie ist denn die Ewigkeit? Auf der Wolke sitzen und gelangweilt Harfe klimpern? Das

Gute ist anscheinend schwerer zu beschreiben als das Böse und Dunkle. Aber wie fühlt sich das »richtige« Leben an? Das von Gottes Geist geführte und gefüllte Leben? Hier fehlen uns die Worte.

Ich bin der Überzeugung, dass uns Worte und Bilder fehlen, weil wir auch unseren Glauben zu arm an Bildern leben. Hier kommt nun die Fantasie ins Spiel, die uns von Gott geschenkt ist und ihm dienen soll. Schon Ignatius von Loyola hat dazu angeregt, die Bibellektüre auf die Fantasie auszudehnen und die Jesusgeschichten nicht nur intellektuell aufzunehmen, sondern sich mit allen Sinnen vor Augen zu führen.

Die Geschichten Jesu und der ganzen Bibel sollen vergegenwärtigt werden. Sie sind nicht im historischen Staub versunken.

Machen wir doch aus unserer Bibellektüre einen inneren Film. Dabei sollen wir in zentralen Aussagen nicht über das biblische Zeugnis hinausgehen. Aber warum nicht die Fantasie spielen lassen, wenn es um die Atmosphäre geht, in der Jesus auf einen Menschen trifft? Der Geruch der Straße, der Staub, die flirrende Hitze. Die Menschen, die sich drängen, der Schweiß … Je plastischer ich in diese Geschichte eintauche, desto näher kann sie mir kommen.

Was bezwecken wir damit? Die Geschichten Jesu und der ganzen Bibel sollen vergegenwärtigt werden. Sie sind nicht im historischen Staub versunken. Zu jeder Zeit der Kunstgeschichte hat man sakrale Bilder gemalt, ja, die Bibel war über fast zwei Jahrtausende das Hauptmotiv der Maler. Dabei passten die Künstler die Geschichten dem Stil der jeweiligen Zeit an: Jesus sah sehr westlich aus, trug die Mode der Zeit, seltsamerweise sahen auch die Häuser zum Beispiel mehr gotisch als israelisch aus.

Wir mögen heute darüber schmunzeln, weil es uns wichtig ist, möglichst präzise über das Leben damals Bescheid zu wissen. Aber die Menschen hatten diesen Forschungshorizont nicht und haben sich die Geschichten auf diese Weise vergegenwärtigt. Da die meisten Leute nicht in einer Bibel lesen konnten, waren sie auf diese Darstellungen an den Kirchenmauern angewiesen, und die Geschichten kamen ihnen so nahe.

Letztlich brauchen wir uns darüber nicht zu erheben – jeder sieht die Bibel durch seine kulturelle Brille. Kein Mensch liest die Bibel neutral. Weder unser Intellekt noch unsere Fantasie sind völlig objektiv. Wir müssen uns dessen nur bewusst sein. Nun ist mit der Moderne auch der Glanz der sakralen Malerei langsam verblichen und Kunst als Mittel und Zugangsweg zur spirituellen Erfahrung ist sträflich unterbelichtet. Unsere Fantasie wird nicht mehr von guten und heiligen Bildern gefüllt. Wenn das aber so ist, wird sie mit anderen Bildern gefüllt werden. Genau das ist fatal! Hier müssen wir Verantwortung übernehmen und unsere Fantasie mit guten, biblischen Bildern anregen und füllen.

Tauchen wir also ein in die biblischen Texte. Schmecken wir das Salzwasser mit Jona und riechen wir die Düfte der Hochzeit zu Kana. Stellen wir uns vor, wie das sein könnte, wenn Gott uns liebevoll von allen Seiten umgibt. Malen wir uns aus, wie Jesus unsere Kinder herzt und sie segnet. Jesus ist ja da – jetzt und hier.

Das Ziel solcher Fantasie im Dienste des Geistes ist nicht, ein warmes Bauchgefühl zu bekommen, sondern die Verwurzelung biblischer, befreiender Wahrheit im Herzen. Dazu muss unser Geist aktiviert sein, und das wird er auf besondere Weise, wenn wir ihn bewusst in den Mittelpunkt stellen und ihm auch bildhaft zuarbeiten. Das kann aber auch heißen, dass wir während des Bibellesens mit Fantasie erschrecken und erschaudern vor dem heiligen Gott, dass wir einer konkreten Schuld überführt werden, weil diese uns im gleichen Moment deutlich vor Augen gestellt wird. Das wäre ein gutes Zeichen – denn die Welt der Bibel ist dazu da, uns mit der göttlichen Wahrheit und unserer Wahrheit zu konfrontieren und uns so zu verändern, hinein in das Bild Christi.

Nutzen wir doch die Fantasie – für uns allein, aber genauso im Austausch mit einer Kleingruppe. Wie bereichernd und augenöffnend können gesunde und sinnliche Bilder sein!

Bibellesen mit sinnlicher (Selbst-) Wahrnehmung

Wer sich bewusst auf den Weg begibt, die Bibel aus dem Geist zu lesen, der wird schnell spüren: Man nimmt sinnlich wahr, was man da liest – man muss nur manchmal darauf aufmerksam gemacht werden.

> Wer sich bewusst auf den Weg begibt, die Bibel aus dem Geist zu lesen, der wird schnell spüren: Man nimmt sinnlich wahr, was man da liest.

Versuchen Sie das einmal: Setzen Sie sich bewusst einem biblischen Text aus. Nehmen wir Jesus und die Sünderin (vgl. Johannes 8,1–11). Lesen Sie den Text mit dem Verstand und denken Sie sich in ihn hinein. Lassen Sie die Fantasie spielen. Kauen sie den Text. Lassen Sie ihn sacken.

So weit, so gut. Doch was kommt nun? Biblische Texte sind ja keine Einbahnstraße. Wir sollen auf sie reagieren. Aus dem tänzerischen Spiel zwischen Text, Aufnahme, Wahrnehmung und daraus folgender Antwort entsteht geistliches Wachstum. Nur: Es hakt so oft bei der Selbstwahrnehmung. Unser Gebet mag als Antwort erfolgen, doch kommt es wirklich aus unserem Zentrum? Diese Frage werden wir nie hundertprozentig beantworten können, aber wir können der Antwort näherkommen.

Je mehr wir unseren Geist aktivieren und uns auf Jesus Christus konzentrieren, desto mehr werden wir auch fähig, Bibeltexte ganzheitlich wahrzunehmen. Einfach weil der Geist als Zentrum alle Lebensbereiche, also auch unsere Emotionen und unseren Körper, durchdringt. Lesen wir im Kopf – bleiben wir im Kopf. Lesen wir emotional – dann bleiben wir bei unseren Gefühlen stehen. Der Geist dagegen durchdringt alles. Deswegen kann unser Bibellesen unendlich farbig und dynamisch werden. Probieren Sie es auch und stellen Sie sich bei der sorgfältigen und achtsamen Bibellektüre folgende Fragen:

- Was tut sich in meinen Gefühlen, wie reagieren sie auf den Text? (gelangweilt, erregt, aggressiv, wütend, froh, traurig …)
- Wie fühlt sich mein Körper gerade an? Oft sind es kleine Hinweise in uns, kleine Regungen, die auf etwas Wichtiges hindeuten. (Verspannung, angehaltener Atem, Seufzen, flacher Atem, angespannte Muskeln, geöffnete oder geballte Faust, Gänsehaut …)
- Wie verändern sich Wille und innerer Energiepegel? (ermutigt, schwächer, gestärkt, größerer Antrieb, ermattet …)

Wenn Sie beginnen, bewusst aus dem Geist zu lesen und für diese Fragestellungen sensibel zu werden, dann läuft das Nachspüren dieser Fragen parallel zum Lesen. So wie Sie sich das normalerweise unbemerkte Atmen bewusst machen können, so kann das auch bei der Wahrnehmung dieser kleinen, aber so wichtigen Regungen geschehen. Der Raum der sinnlichen Wahrnehmung vergrößert sich.

Die Frage hinter allem ist: Gott spricht mich an – was löst das in mir aus? Die kleinen Nuancen sind oft bedeutender als große, wichtige Gedanken. Dabei ist es wichtig, die aufkommenden Eindrücke nicht zu bewerten. Es ist in Ordnung, von einem Text gelangweilt zu sein oder mit Unverständnis oder gar Wut auf Gott zu reagieren. Was hülfe es auch, diese Gefühle zu unterdrücken oder zu rationalisieren? Also sollten sie liebevoll wahrgenommen und ins Gebet, in die Antwort auf das Gelesene, gebracht werden. Dort gehören sie hin.

Wir halten uns wie Blumen dem Regen und der Sonne hin und vertrauen Gott, der sich uns liebevoll zuwendet und uns als ganzen Menschen begegnen möchte.

Das Ziel dieser Übung ist, dass der ganze Mensch zentriert im Geist dem Wort begegnen kann. Wir müssen das Handeln Gottes durch sein Wort an uns nicht bewerten – das ist seine Sache und die seelischen Regungen sind nicht der Maßstab. Wir halten uns wie Blumen dem Regen und der Sonne hin und vertrauen Gott, der sich uns liebevoll zuwendet und uns als ganzen Menschen begegnen möchte.

Das Bibellesen verlangsamen

Wenn sich vieles in der Bibel um die innere Haltung dreht, so sollte auch die geistliche Praxis diese Haltung widerspiegeln. Wenn ich flächig Bibel lese, also zügig und »Verse abarbeitend«, dann tappe ich in die Falle, die Bibel als Ort der Information zu betrachten, bei dem das Motto: »Viel hilft viel«, wirklich weiterbringt. Deswegen ist es mir wichtig geworden, das Bibellesen bewusst und methodisch zu verlangsamen. Dazu nutze ich vier Techniken, die meine innere Ungeduld und Rastlosigkeit ausbremsen und manchmal auch austricksen.

Da ist zuerst das laute Lesen. Das stumme, leise Lesen ist in der Antike nicht weit verbreitet gewesen. Man murmelte vielmehr vor sich hin, lauschte dem Klang der Worte, und noch heute kann man orthodoxe Juden beobachten, wie sie halblaut lesen und dabei mit einem kleinen, silbernen Zeigestock (einer Jad) die Worte der Thora entlanggleiten. Lautes Lesen hat zahlreiche Vorteile. Es werden zum einen mehr Sinne beteiligt. Das Lesen ist kein rein intellektueller Vorgang mehr, sondern wird durch die Beteiligung von Mund und Ohren zu einem umfassenderen Erlebnis. Dann verlangsamt lautes Lesen zusätzlich die Lesegeschwindigkeit. Damit lässt sich dem Wunsch, im Text schnell weiterzukommen, ein Schnippchen schlagen. Zuletzt fokussiert das laute Lesen mehr auf den Text. Beim leisen Lesen schweifen die Gedanken leichter ab, und man liest, während man eigentlich bereits in andere Denkwelten abdriftet. Lautes Lesen verhindert das bis zu einem gewissen Maße. Probieren Sie es einmal aus – mir hilft es ungemein.

> Es geht darum, Formen zu finden, die der neuen und dynamischen Haltung gegenüber dem Wort Gottes entsprechen und diese Haltung gleichzeitig fördern und verstärken.

Die zweite Technik nimmt den Körper in die Bibellese mit hinein. Ich lese nicht mehr im Sitzen oder auf dem Sofa lümmelnd, sondern im Raum auf und ab gehend, Kreise ziehend, dabei den Körper einsetzend durch Gesten, Bewegungen, Betonungen. Ausdruckstanz wäre eine maßlose Übertreibung für diese Form, aber es geht in diese Richtung (gut, dass dabei keiner zuschaut – bis auf Gott und der freut sich). Ich versuche, meiner inneren Wahrnehmung des Texts auch körperlich Ausdruck zu verleihen. Dazu kann auch das Knien und Liegen gehören – ganz nach den Empfindungen, die vorher ganz bewusst in den Dienst des Geistes gestellt werden. Was hindert es mich, wenn ich die Geschichte vom blinden Bartimäus aus Jericho lese, mich selbst hinzuknien und die Augen zu schließen und mich hineinzufühlen in diesen armen Mann?

Eine dritte Technik zur Verlangsamung geht einen analytischen Weg, der wirklich faszinierend ist. Ich schreibe Bibeltexte ab. Mehr

Verlangsamung geht nicht. Wenn ich es besonders edel möchte, dann tu ich dies mit der Hand in eine schöne Kladde. Ansonsten hilft der Computer, und dann kommt eine zweite schöne Variante des Abschreibens dazu. Der Computer erlaubt mir nämlich, Texte zu gliedern. Gerade bei Brieftexten des Neuen Testaments beginne ich mit jedem Einschub, mit jedem Nebensatz eine neue Zeile und rücke diese ein wenig weiter ein. Dadurch entsteht eine Struktur, bei der ich bei jedem neuen Vers überlegen muss, auf welcher Ebene dieser angesiedelt ist. Schließlich habe ich einen Sinnabschnitt aufgeschlüsselt nach seinen Bedeutungsebenen, und übergeordnet bleiben zwei oder drei zentrale Aussagen stehen, die dann verschachtelt erläutert werden. So verliere ich mich nicht in den vielen Worten, sondern behalte das Wesentliche im Blick und lerne, zentrale von dienenden Aussagen zu unterscheiden.

Dieser analytische Vorgang hilft mir, dem Text gerechter zu werden, und nicht selten fängt er in einem solchen Prozess an zu leuchten! Kein Wunder, kommt man doch dem ursprünglichen Sinn näher. Ich sehe vor dem inneren Auge Paulus vor mir, der eine großartige Aussage rüberbringen will und dann beginnt, diese Aussage zu belegen, und sich so in seinen Gedanken verschachtelt. Diesen Vorgang ahmt die Strukturierung nach – nur rückwärts. Probieren Sie es doch einfach mal aus. Gerade, wenn Sie sonst nicht so verkopft an die Bibel herangehen, kann das ein echter Quantensprung sein, weil ein neuer Zugang gewonnen wird!

Die vierte und letzte Methode beinhaltet das Auswendiglernen. Zentrale Aussagen ohne Leistungsdruck auswendig zu lernen, weil diese mir etwas bedeuten, heißt, sie im Herzen tief zu verankern und so dem Geist Gelegenheit zu geben, sie zur richtigen Gelegenheit wie eine Waffe oder einen wärmenden Mantel herauszuholen und mir zu schenken.

Alles in allem: Es geht darum, Formen zu finden, die der neuen und dynamischen Haltung gegenüber dem Wort Gottes entsprechen und diese Haltung gleichzeitig fördern und verstärken. Werden Sie doch selbst kreativ und finden Sie weitere Formen und Möglichkeiten – ich freue mich über Ihre Rückmeldung!

Konkret gefragt – zum Weiterdenken

- *Wie haben Sie bisher die Bibel gesehen? Mit welchen Worten würden Sie diese Haltung beschreiben?*
- *Strukturieren Sie einmal an einem ruhigen Sonntag Ihre vergangene Woche: Wie viele Impulse haben Sie im geistlichen Bereich aufgenommen? Wissen Sie noch, welche Impulse die Woche davor »dran« waren?*
- *Probieren Sie die vielen verschiedenen, praktischen Tipps und Ideen aus. Aber übernehmen Sie sich nicht, solche Gewohnheiten müssen sich einschleifen. Eine neue Übung für einen Monat – das dürfte eine gute Sache sein. Danach können Sie entscheiden, ob die Übung zu Ihnen passt und Sie verstärkt in den Geist holt.*

Kapitel 13

Leidensweg oder Leidenschaft? Anders beten lernen

Wenn Sie in mein Büro kämen, würden Sie in den Regalen eines schwedischen Möbelhauses viele Bücher finden. Schnell würden Sie als Zweites merken, was meine geistliche Passion ist: das Thema Gebet. Es fasziniert mich, seit ich als Christ unterwegs bin. Mit Gott reden zu dürfen. Das geht so leicht über die Lippen – aber das ist eigentlich ein Wahnsinn!

Götter sind weit entfernt: Sie sorgen für Naturkatastrophen und dirigieren die Welt nach ihrem unerreichbaren Willen. Aber mit Gott reden wie mit einem Freund, einem Vater? Vielleicht ist genau das der Grund, warum es manchen Menschen schwerfällt, zu glauben, dass Gott allmächtig und allgegenwärtig ist – und gleichzeitig ganz persönlich, ganz nah. Das wirkt wie ein Schaufelradbagger in einer Braunkohlengrube, der die Aufgabe bewältigen soll, mit seinen Schaufeln einen Topflappen zu häkeln. Absurd. Doch Gott geht hinein in diese Absurdität und begegnet uns gerade dort in unserer Absurdität, in der wir manchmal versinken. Deswegen passt das persönliche, das intime Gebet so gut zum Evangelium – weil die Absurdität und das Exzentrische des Weges Gottes hervorragend zu einer absurden Welt passen und uns genau an der richtigen Stelle abholen.

Gebet ist aber auch meine Passion im zweiten Wortsinn. Passion ist ja nicht nur die Leidenschaft, sondern auch der Leidensweg. Wir reden von der Passion Christi. Denn Beten war für mich nie leicht und selbstverständlich. So viele Bücher ich über das Gebet gelesen habe, so oft war ich auch verzweifelt über einen schweigenden Gott, über leere Rituale, in deren Falle ich getappt war, über Gebetszeiten ohne Freude. Erst in den letzten beiden Jahren hat sich das Bild verändert, und Gott hat Schicht um Schicht den Weg zu meinem Herzen gefunden und mir dabei offenbart, was vorher schiefgelaufen war und nun wie selbstverständlich die Beziehung zu Gott prägte. Diese Veränderung ist bei mir auf mehreren Ebenen abgelaufen: Zuerst kam meine innere Haltung dran, mein Bild vom Gebet. Hier war ich viel zu schematisch geprägt. Als Zweites setzte Gott bei meinen Blockaden an. Unvergebenes, falsche Gottesbilder, Verwundungen und Sünde blockierten Gebet in meinem Leben. Drittens schenkte mir Gott Erkenntnis, sprich Einsicht über das Wesen des Gebets. Das klingt intellektuell und ist es vielleicht auch erst einmal. Doch wir wollen Gebet wie ein neues Land entdecken und einnehmen – was hilft es dabei, wenn wir auf die falsche Karte schauen? Erkenntnis ist ein wichtiger Bestandteil geistlicher Reife. Zwanzig Jahre habe ich für diesen Weg gebraucht und Gott hat mich wie einen Felsbrocken bearbeitet – mit einem winzigen Meißel, hier und da, nicht systematisch, sondern dynamisch, kreativ und erschreckend geduldig. So ist Gott eben. Doch werfen wir einen Blick auf das Gebet, wie ich es bei mir erlebt habe und wie Mitchristen es mir schildern.

Wir praktizieren ein oder zwei Formen des Gebets, benutzen freie oder formulierte Gebete, vielleicht noch die Psalmen – und da verließen sie ihn. Eintönig wirkt das. Im Rahmen der Stillen Zeit entwickelt sich das Gebet langsam zum Gespräch nach Schema F. Es mag Menschen geben, die diese Form des Gebets auf lange Sicht fruchtbar finden – ich kenne wenige. Manche wissen auch einfach nicht, was sie anders machen könnten, und halten deswegen daran fest.

Im Rahmen der Stillen Zeit entwickelt sich das Gebet langsam zum Gespräch nach Schema F.

Ich sprach mit einer Frau auf einer Seelsorgetagung von Team.F, die mir von ihrer Entwicklung erzählte. Sie hatte zwanzig Jahre lang an der typischen Stillen Zeit mit Gebet festgehalten. Natürlich schön strukturiert: zuerst Danksagung, dann Bitte um Vergebung, Fürbitte, Bitte für das eigene Leben, schließlich Lobpreis. Oder andersherum? Keine Ahnung – diese Reihenfolgen zeigen schon an: Wenn man sich Gedanken zu machen beginnt über den richtigen Ablauf des Gebets, verfehlt man schnell den eigentlichen Sinn: die tiefe und persönliche Intimität mit Gott, die gleichzeitig das Reich Gottes baut und die Welt verändert.

Diese Frau realisierte ihre Gebetsfalle nach zwanzig Jahren und wagte den Sprung – ins Nichts. Sie fragte Gott: Wie soll ich anders beten? Was soll ich machen, damit das Gebet wieder Freude macht, ja, damit es Spaß macht, dir zu begegnen? Nach und nach fand sie Antworten auf ihre Fragen und die Frau änderte sich (denn Gebet verändert den Beter), und mit dieser Veränderung veränderte sich auch ihre Umwelt (denn Gebet baut das Reich Gottes im Namen Jesu). Ihre Antworten waren denen, die ich gefunden habe, durchaus ähnlich und haben mich bestärkt. Ich werde versuchen, Sie im folgenden Kapitel an meinen Erkenntnissen ein wenig teilhaben zu lassen. Alles beginnt jedoch mit einer ehrlichen Bestandsaufnahme:

Wo stehen wir im Gebet? Wir geben uns viel zu früh und zu schnell mit zu wenig zufrieden. Heilige Unzufriedenheit ist aber keine ichbezogene Nörgelei, sondern freut Gott. Er will, dass wir alles von ihm erwarten. Tauchen wir also ein in die Welt des Gebets und lassen uns mitreißen vom einmaligen Strom der tiefen Beziehung zwischen Mensch und Gott. Mittendrin: Jesus und das Kreuz.

Wozu beten wir eigentlich?

Die Frage, warum und wozu Menschen eigentlich beten, wird längst nicht nur von Atheisten gestellt. Auch immer mehr Christen stehen vor der Ungewissheit: Bewirkt mein Gebet etwas? Kann es wirklich den Arm Gottes bewegen? Zweifel kommen hoch. Gebete, wirklich gute Gebete, die mit den Zielen des Reiches Gottes übereinstimmen, werden nicht erhört. Das Gebet macht keine richtige Freude mehr, scheint ein Monolog zu werden. Die Frage im Hintergrund ist oft: Braucht Gott überhaupt unsere Gebete? Nicht: Sind sie nett für ihn, freut er sich darüber, sondern: Braucht er sie?

Gebet verändert nicht Gott – es verändert uns. Diesen Satz habe ich so oder in Abwandlungen immer wieder gehört und er hört sich gut an. Gebet scheint demnach etwas Therapeutisches zu haben. Es geht gar nicht mehr darum, Einfluss im Gebet zu nehmen, sondern zuallererst das eigene Herz auszuschütten und so von Gott her Veränderung und

Entlastung zu erfahren. Das Problem an dieser Aussage ist: Sie ist wahr und gleichzeitig auf fatale Weise täuschend.

Zuerst der wahre Kern: Gebet verändert uns, und wir dürfen zu Gott kommen, wie wir sind, und nicht, wie wir sein wollen oder angeblich sein sollen. Gott will uns begegnen – und nicht unserem Abzieh- oder Idealbild. Grundlage des Gebets ist immer die liebevolle Beziehung zum Vater-Gott und niemals ein geschäftsmäßiges Verhandeln zwischen Bittsteller und herablassendem und manchmal auch willkürlich erscheinendem Herrscher.

Grundlage des Gebets ist immer die liebevolle Beziehung zum Vater-Gott und niemals ein geschäftsmäßiges Verhandeln zwischen Bittsteller und herablassendem und manchmal auch willkürlich erscheinendem Herrscher.

Wenn wir Gott unser Herz hinhalten, dann wird uns das verändern. Aber wir dürfen an dieser Stelle im wahrsten Sinne des Wortes um Gottes willen nicht stehen bleiben. Denn ab hier beginnt dieser Satz in die Irre zu führen. Gebet ist kein Selbstzweck und schon gar kein therapeutischer Trick. Die Veränderung durch die Spiritualität des Alltags ist ein angenehmes Nebenprodukt. Rückt sie in den Fokus, nähern wir uns einem egoistischen Selbstverbesserungsversuch, aber nicht dem Kern des Gebets.

Abraham hat mit Gott um die Zahl der Überlebenden in Sodom und Gomorra gerungen. Fast unverschämt scheint sein Ansinnen, in die Geschichte und die Urteile Gottes einzugreifen. Gott aber liebt das. Schauen wir weiter hinein ins Alte Testament, stoßen wir auf das Herz Gottes, der es zu lieben scheint, mit seinen auserwählten Menschen zusammenzuarbeiten.

Werfen wir einen Blick auf den Propheten Daniel. Im neunten Kapitel der großartigen Erzählung über diesen Mann Gottes begegnet uns Erstaunliches. Er liest im Propheten Jeremia von den 70 Jahren, während derer Jerusalem nach Gottes Willen in Schutt und Asche liegen soll.

Schnitt. Was würden wir nun machen? Wir würden diese Zahl und das Urteil Gottes wie eine Information aufnehmen und akzeptieren.

Wir würden vielleicht seufzen, traurig werden und uns dem unvermeidlichen Schicksal ergeben. Daniel geht anders vor. Er bekleidet sich mit einem alten Sack, setzt sich zur Buße in die Asche und fastet und betet und bittet Gott stellvertretend für sein Volk um Vergebung. Daniel beginnt zu arbeiten im Gebet. Er wird aktiv.

Begreifen wir eigentlich die Dreistigkeit des Gebets in der Bibel? Ein kleiner Mensch, einer von Milliarden, spricht zum Schöpfer des Universums und will diesen dazu bewegen, seinen Weg zu verändern. Eine Ameise beschließt, einen Elefanten zur Seite zu schieben. Ein Glaube, der eine solche Idee vermittelt – gepaart mit der Vorstellung des Gebets als Resultat und Quelle der Intimität zwischen Gott und ebendiesem Menschen –, ein solcher Glaube ist entweder größenwahnsinnig oder: wahr. Diese Brisanz des Gebets müssen wir mehr und mehr in unserem Herz verankern, denn hier befindet sich – neben der tiefen Liebe Gottes zu uns und unserer Erwiderung – der zweite, geradezu energiegeladene Grund für Gebet: dass Gott uns ganz bewusst einbindet in seinen großen Plan mit dieser Welt und uns dabei: braucht. Doch zurück zu Daniel.

Als Antwort auf Daniels Bußgebet erscheint der Engel Gabriel und erklärt ihm das vorher gelesene Gotteswort. Er weiht ihn in das Geheimnis Gottes ein. Gott offenbart ihm dabei tief gehende Informationen, die über die Schrift hinausgehen:

> *Der Mann sagte zu mir: »Gott liebt dich, Daniel! Steh auf und gib Acht auf das, was ich dir zu sagen habe. Gott hat mich zu dir gesandt.« Zitternd stand ich auf und er sagte zu mir: »Hab keine Angst, Daniel! Du hast dich vor deinem Gott gebeugt, um Einsicht in seinen verborgenen Plan zu erlangen; und schon am ersten Tag, als du damit begannst, hat er dein Gebet erhört. So lange bin ich schon unterwegs; aber der Engelfürst des Perserreiches trat mir in den Weg und hat mich 21 Tage lang aufgehalten. Dann kam Michael, einer der höchsten Engelfürsten, mir zu Hilfe, sodass ich mich dort losmachen konnte. Nun bin ich hier, um dir zu sagen, wie es deinem Volk am Ende der Zeit ergehen wird. Denn auch diese Vision handelt von einer fernen Zukunft«* (Daniel 10,11-14; GNB).

Was geschieht durch Daniels Gebet?

- Sein Gebet wird bereits am ersten Tag von Gott erhört.
- Sein Gebet bringt kriegerische Unruhe in die unsichtbare Welt.
- Sein Gebet rückt Engel auf den Plan.
- Sein Gebet ermöglicht ihm letztlich einen überwältigenden Einblick in den Willen Gottes für das Volk.

Beter bauen auf dem auf, was Gott bereithält – sie schaffen durch das Gebet nichts Neues.

Gott scheint fast mit seiner Offenbarung gewartet zu haben, bis sich eine Person bereit erklärt, zwischen dem störrischen Volk und Gott in die Bresche zu springen und zu beten. Was ein Gebet doch alles in Bewegung setzen kann …

Dabei wird an dieser Stelle auch eins deutlich – und im Neuen Testament noch deutlicher –: Beter bauen auf dem auf, was Gott bereithält – sie schaffen durch das Gebet nichts Neues. Beter wenden an, verteilen, üben im Namen Jesu Autorität aus, nehmen Verheißungen in Anspruch. Aber Gott ist der, der heilt, bewirkt, verändert, vorantreibt, offenbart. Wer sich selbst im Gebet diese Kraft anmaßt, der wird sie verlieren. Wer im Namen Jesu betet – also in der Autorität des Sohnes –, der wird machtvoll beten können.

Die Geschichte um Daniel macht deutlich: Gott will Gebet, er wartet auf Gebet, ja, er macht sich von Gebet abhängig. Wir empfangen nicht, weil wir nicht bitten. So formuliert es Jakobus (vgl. Jakobus 4,3). Wir begeben uns im Gebet in ein riesiges Spannungsfeld hinein. Ein Spannungsfeld zwischen dem allmächtigen Gott, der seine Menschen theoretisch nicht im Geringsten benötigt, und dem Gott, der sich hineingibt in die Menschheit, Fleisch wird, seine Gemeinde als Leib bezeichnet und mit diesen störrischen Menschen als Leib zusammenarbeiten will. Doch genau dieses Spannungsfeld entspricht seiner Natur, die er uns in Jesus Christus offenbart hat:

Er, der Gott in allem gleich war und auf einer Stufe mit ihm stand, nutzte seine Macht nicht zu seinem eigenen Vorteil aus. Im Gegenteil: Er verzichte-

te auf alle seine Vorrechte und stellte sich auf dieselbe Stufe wie ein Diener. Er wurde einer von uns – ein Mensch wie andere Menschen. Aber er erniedrigte sich noch mehr: Im Gehorsam gegenüber Gott nahm er sogar den Tod auf sich; er starb am Kreuz wie ein Verbrecher. Deshalb hat Gott ihn auch so unvergleichlich hoch erhöht und hat ihm als Ehrentitel den Namen gegeben, der bedeutender ist als jeder andere Name (Philipper 2,6-9; NGÜ).

In diesen Versen ist dieses unvergleichliche Spannungsfeld exakt beschrieben, das unserem Gebet eine unglaubliche Würde und Kraft verleihen kann. Jesus: der Name, der höher ist als alle Namen. Gleichzeitig: Er stellte sich auf dieselbe Stufe wie ein Sklave. Einer von uns. Gott hätte es viel einfacher haben können. Aber er ist diesen schmerzlichen und mühevollen Weg 33 Jahre durch die ganz normale Menschheit eines kleinen und (im Weltmaßstab) recht unbedeutenden Volkes gegangen. Gott macht sich vom Weg der Menschen abhängig und geht so manche Umleitung mit. Er wird trotzdem die Welt zu seinem Ziel bringen – aber genau das ist kein Widerspruch, sondern das Spannungsfeld, in dem wir beten.

Mit Auferstehung und Himmelfahrt endet nun die Menschwerdung Gottes nicht. Nun will Gott in uns Fleisch werden. Wir sind laut seiner Zusage Priester und Könige (vgl. Offenbarung 1,6), dürfen also eintreten für andere Menschen, in die Bresche springen. Wir sind nun Teil seines Leibes – er lenkt, aber wir sollen leben und mitbauen. Die Geschichte der Fleischwerdung geht weiter: Gott wurde Mensch – wir sollten es ihm nachmachen und der Welt zeigen, was es heißt, abhängig von ihm und befreit Mensch zu sein und somit Gottes Reich zu leben und zu bauen. Jesus hat es mit einem kurzen Satz zusammengefasst, der an Explosivität für unser Gebet nicht zu übertreffen ist:

Wir sind nun Teil seines Leibes – er lenkt, aber wir sollen leben und mitbauen. Die Geschichte der Fleischwerdung geht weiter.

Wie der Vater mich gesandt hat, so sende ich jetzt euch (Johannes 20,21; NGÜ).

Der Stab wird weitergegeben und wir sollen das tun, was Jesus uns vorgelebt hat, ja, wir sollen Größeres tun. Dafür stattet uns Jesus mit dem Heiligen Geist aus (vgl. Johannes 20,22). Im Griechischen steht für »senden« das schöne Wort »apostello« – da klingt der Apostel an. Auch wenn wir niemals »die« Apostel erreichen werden und müssen – wir sind Gesandte Gottes in diese Welt hinein und Gott macht sich von seinen Kindern und deren Weg abhängig, ohne seine Allmacht und Souveränität aufzugeben.

Im Jahr 2009 hatten wir in unserer Gemeinde, der FeG Eschweiler, drei Tage lang eine Themenevangelisation, davor ein Sommerfest. Das Ganze war flankiert von 24/7-Gebet. Viele, ungewöhnlich viele Gäste waren während der drei Abende anwesend. Viel gute Saat wurde ausgestreut und ich weiß, dass Gott sie aufgehen lassen wird. Ein Mann erzählte mir, dass seine Frau eine Patientin eingeladen hatte – eine Rollstuhlfahrerin. Diese Frau wollte mit dem Bus zur Gemeinde fahren, doch ihr Rollstuhl hatte plötzlich und kurz vorher einen Defekt und der Wunsch wurde vereitelt. Die Frage des Mannes war nun: »Wenn Gott allmächtig ist, warum lässt er das zu, warum verhindert er das nicht?« Diese Frage ist mehr als berechtigt, sie könnte meine gewesen sein, und ich bin weit davon entfernt, sie stellvertretend für Gott beantworten zu wollen und zu dürfen …

> Dabei läuft unser geistlicher Kampf im Gebet auf eine sehr geerdete und unspektakuläre Weise ab.

Aber in aller Vorsicht kann man doch dieses sagen: Gott möchte, dass Menschen ihn finden und eine Beziehung zu ihm aufbauen – das bezeugt die Bibel. Was schließen wir nun aus dem Nichtgelingen in einem konkreten Fall? Ist Gott nicht allmächtig? Doch, ist er. Aber er respektiert erstens den freien Willen der Menschen. Dieser war ja aber in diesem Beispiel auf der eindeutigen Spur in seine Richtung. Zweitens wäre da noch die Ebene des geistlichen Kampfes und die Einsicht, dass Gott sich durchaus auch von unseren Gebeten, von unserem Einsatz abhängig macht. Hier ist die unfassbare Würde des Gebets der Kinder Gottes verankert. Ähnlich wie Daniels Gebet massive Auswirkungen auf die unsichtbare Welt hatte, ähnlich wie Jesu

Gebete feindliche Mächte aufwimmern ließen – ähnlich sollen auch wir in die Bresche springen und kämpfen. Auch wenn wir so die Geschehnisse um den kaputten Rollstuhl nicht ganz erfassen können, die Ebene des geistlichen Kampfes spielt immer da eine deutliche Rolle, wo Menschen sich dem lebendigen Gott nähern.

Dabei läuft unser geistlicher Kampf im Gebet auf eine sehr geerdete und unspektakuläre Weise ab. Ein kämpferisches Herumgeschreie haben ein Mann oder eine Frau Gottes überhaupt nicht nötig. Aber wir sollten endlich unsere Verantwortung wahrnehmen und beten und im Gebet den Sieg Gottes ausrufen über Situationen und bedrohte Menschen und auf Grundlage der Schrift Wahrheit aussprechen. Wahrheit, die frei macht und feindliche Festungen niederreißt (vgl. 2. Korinther 10,3-5).

Das Gebet der Vergebung und Heilung

Nachdem wir ausführlich und notwendigerweise über die Kraft und die Würde des Gebets gesprochen haben, geht es nun in die Praxis. Eventuell kann es jetzt auch unangenehm werden, dann aber ungemein entlastend. Es geht um Vergebung. Ich habe fast zwanzig Jahre meines Christseins ohne richtig praktizierte Vergebung hinter mich gebracht. Ich war Hauskreisleiter, Informatiker in der Industrie, Student der Theologie und schließlich Pastor – ohne praktizierte Vergebung. Verletzungen hatten mich in meinem Leben gelehrt, bei Angriffen die Schutzmauern hochzuziehen und zuzumachen. Dazu steckte ich den Angreifer in eine abwertende Schublade nach der Masche: »Ach, der hat mir doch gar nichts zu sagen in seiner blöden Art, dieser Mistkerl!«, und so schützte ich mich vor weiteren Verletzungen. In den letzten Jahren zu erkennen, wie hoch und stark meine Mauer geworden war und wie sehr ich den Groll auf meine Verletzer pflegte, das war ein bitterer Prozess. Befreiung zu erfahren – das war umso schöner und hat mich wieder tanzen gelehrt. Und weinen vor Freude.

Wenn wir nicht wissen, was Gottes Wille für uns in Bezug auf umfassende Vergebung ist, dann ist jedes weitere Gebet, ja, jede Gottesbeziehung auf Dauer zum Scheitern verurteilt. Vergebung ist ein kritischer

Faktor. Ich finde immer wieder Christen, die Vergebung dogmatisch im Griff haben, die Praxis allerdings spricht leider oft eine andere Sprache. Schlimmer noch: Diese Christen haben noch gar nicht erlebt, wie sehr das Gebet der Vergebung befreit, ausrüstet, sensibel macht, beschwingt durch das Leben gehen lässt. Sie spüren vielleicht Ballast, sündige Gewohnheiten, schmerzende seelische Wunden in sich – ahnen aber nicht, was es für eine Alternative gibt. Deshalb verharren diese Geschwister dann auf dem toten Pferd ihrer alten Gewohnheit, anstatt von diesem zu steigen und einen neuen Weg zu gehen.

Bleiben wir auf einem toten Pferd sitzen, dann verlieren wir zunehmend an geistlicher Lebensqualität, denn wir nehmen eine statische Position ein, die dem »Weg« in Person, Jesus Christus, grundlegend zuwiderläuft. Wagen wir es also, von diesem toten Pferd abzusteigen und uns hineinzubegeben in den neuen Raum, der sich eröffnet, den Raum der Freiheit durch Vergebung!

Doch diese Mauern blockieren uns auch. Sie halten nicht nur das Böse, sondern auch das Gute von uns fern.

Jeder Mensch wird verletzt. Das Leben in einer sündigen Welt ist verletzend. Das ist Tatsache in einer gefallenen Welt. Der Hebräerbrief betont zum Beispiel die eigenwillige Bestrafung der leiblichen Väter gegenüber der gerechten und liebevollen Zurechtweisung des einen Vaters, Gott (vgl. Hebräer 12,10). Jeder, der mit offenen Augen und Herzen durch diese Welt geht, wird es bemerken: Wir werden angegriffen, wir werden verletzt und wir lassen uns auch verletzen. Wenn wir diese Verletzungen nicht mehr ertragen, bauen wir Mauern, die uns vor weiteren Angriffen schützen sollen und diese Aufgabe auch durchaus effektiv erledigen. Doch diese Mauern blockieren uns auch. Sie halten nicht nur das Böse, sondern auch das Gute von uns fern. Verschließen wir unser Herz zum Beispiel vor intensiven negativen Gefühlen, die durch enttäuschte Liebe ausgelöst werden, dann werden wir auch die positive Seite, die überwältigende Liebe Gottes oder auch »nur« die intensive Liebe und Freundschaft eines Menschen, nicht mehr im umfassenden Maße wahrnehmen können.

Andersherum bauen wir Mauern zum Schutz für andere Menschen, die uns umgeben. Ich spüre zum Beispiel manchmal einen starken Zorn, verbunden mit einem ausgeprägten Gerechtigkeitssinn, in mir. Nichts Schlechtes, will man meinen. Doch wütende Ausbrüche können eben durchaus unangemessen sein (zum Beispiel in der Schule, bei einer Prüfung oder einem Geschäftsessen). Die Worte, die dabei ausgesprochen werden, können Konventionen des vernünftigen Umgangs miteinander durchbrechen und so ihrerseits Wunden reißen.

Da die Gefühle aber nicht einfach verschwinden, nur weil ich das so beschließe, baue ich eine Schutzmauer um mein Herz und diszipliniere mich selbst, so gut das geht. Diese Mauer verhindert jedoch auch, dass das wirklich Böse mich in Richtung Gott verlassen darf, um dort durch die Vergebung beseitigt zu werden. Ich werde vielleicht generell kontrollierter in meinen Äußerungen (was in Deutschland ja kulturell als Tugend gilt), leider verhindert aber genau diese Disziplinierung auch die Weitergabe von Anerkennung, Lob, überschwänglicher Freude, Zuneigung und anderen positiven Ausflüssen meines Herzens.

Kurz: Mauern schützen, aber sie blockieren auch echtes Leben. Weil wir das spüren, aber nicht wissen, wie die Mauern verschwinden können, ohne dass wir neu verletzt werden, verbittern wir gegen die Menschen, die uns sozusagen gezwungen haben, eine Mauer hochzuziehen. Die Eltern, Lehrer, die Gesellschaft – alles kann dazu dienen, an Mauern festzuhalten und wütend bzw. hart zu werden gegenüber den entsprechenden Personen oder Institutionen. Die unsichtbaren Mauern fixieren uns in einer Opferrolle, und die passt nicht zu einem befreiten und mit der Auferstehungskraft Christi begabten Christen (vgl. Philipper 3,10; Epheser 1,19-20). Bitterkeit vernichtet schleichend unseren Glauben, indem wir uns selbst den Zugang zu Gottes Gnade verstellen:

> *Achtet darauf, dass niemand sich selbst von Gottes Gnade ausschließt! Lasst nicht zu, dass aus einer bitteren Wurzel eine Giftpflanze hervorwächst, die Unheil anrichtet; sonst wird am Ende noch die ganze Gemeinde in Mitleidenschaft gezogen* (Hebräer 12,15; NGÜ).

Zusätzlich bahnt sich diese bittere Wurzel – Mauer hin oder Mauer her – brutal den Weg an die Oberfläche und verletzt Menschen, ja, sie verseucht den Leib Christi. Bitterkeit mündet in Zynismus, sarkastischen Bemerkungen und einem harten, verschlossenen Herzen. Diese Krankheit des Herzens ist der Tod des Glaubens – wenn nicht Gott in seiner Gnade eingreift. Was er ja bereits im Alten Testament zugesagt und prophezeit hat (vgl. Hesekiel 36,26).

Ich meine hier nicht ein kontrolliertes und eingefrorenes Dauergrinsen mit Halleluja-Attitüde, sondern ein echtes Strahlen von innen.

Ich befürchte, Mauern in Verbindung mit Bitterkeit sind eine zentrale geistliche Krankheit der westlichen Christenheit. Oder warum sehen so wenige Christen wirklich froh und befreit aus? Ich meine hier nicht ein kontrolliertes und eingefrorenes Dauergrinsen mit Halleluja-Attitüde, sondern ein echtes Strahlen von innen.

Ich bin diesen Weg gegangen und nach einem Abstieg hinein in den Zynismus nach vielen Jahren aufgetaucht zu einem veränderten, froheren Leben in guten wie in schweren Zeiten. Ich mag immer noch Harald Schmidt und eine gute, bissige Satire – aber die Härte verschwindet zunehmend und die Mauern haben kräftige Lücken bekommen. Ich muss immer wieder neu darauf achten, dass sie nicht wieder wachsen, aber nun kenne ich den Weg. Wer hat das bewirkt? Gott selbst in seiner Gnade. Was war der Weg gegen Mauern und aus der Bitterkeit? Nur eins: das Gebet der Vergebung.

Als ich es bei einem Seminar von Team.F. erlernte und begann, für mich anzuwenden und weiterzuentwickeln, da bemerkte ich, wie mein Leben Stück für Stück leichter und spielerischer wurde. Plötzlich begann Gott meinen Geist besser zu erreichen und mein Geist konnte leichter die Seele durchdringen und so mein Leben prägen. Ich weiß noch, wie ich am Anfang müde und innerlich abwehrend in der Lobpreiszeit des Eröffnungsabends stand und die Lieder nicht mitsingen konnte. Am Ende des Seminars war das komplett anders, nach vielen Jahren war mein musikalisches Lob Gottes wieder innerlich gedeckt und ich konnte jubeln! Steigen wir also ein in ein schweres und doch so entscheidendes Thema: Vergebung.

Millionen von Christen beten im Gottesdienst das Vaterunser – übersehen dabei aber eine wichtige Nuance. »Vergib uns unsere Schuld« – das können wir beten, ist ja auch die Grundlage unseres Glaubens. Dann aber folgt ein warnender Nachsatz: »wie auch wir vergeben denen, die an uns schuldig geworden sind«. Wörtlich kann man auch übersetzen, und viele Übersetzungen tun dies auch (z.B. Neue Genfer Übersetzung, Gute Nachricht Bibel, Elberfelder, Einheitsübersetzung, Neues-Leben-Bibel): »wie auch wir vergeben haben denen, die an uns schuldig geworden sind«. Jesus ist diese Betonung wichtig – denn er wiederholt diese Aussage sofort nach dem Gebet.

> *Wenn ihr den Menschen ihre Verfehlungen vergebt, wird euer Vater im Himmel euch auch vergeben. Wenn ihr aber den Menschen nicht vergebt, wird euer Vater im Himmel euch eure Verfehlungen auch nicht vergeben* (Matthäus 6,14-15; NGÜ).

An dieser doppelten Aussage Jesu ist nichts unverständlich. Uns ist grundlegend am Kreuz vergeben worden, Jesus hat allen Zorn Gottes auf sich gezogen. Wenn wir das nun nicht weitergeben, treten wir dieses Werk mit Füßen. Wir weigern uns, anderen Menschen das zukommen zu lassen, was wir selbst erfahren haben. Wir weigern uns außerdem, Gesandte Gottes zu sein, die Christi Vergebung weiterführen. Wer so handelt, sagt Jesus, hat eigentlich nicht begriffen, worum es geht. Genau das ist aber der Grund für scheinbar unverrückbare Mauern und die bittere Wurzel. Wer systematisch beginnt, denen zu vergeben, die ihn verletzt haben, der rottet diese Wurzel Stück für Stück aus und holt den jahrelang angestauten Ballast aus dem Lebensrucksack.

> Sie flehen Gott an, er möge etwas ändern? Dann kann es gut sein, dass Gott sich Ihnen verweigert, weil Sie nicht bereit sind, zu vergeben.

Schon einmal versucht, mit 30 Kilo Gepäck auf dem Rücken zu tanzen? Genauso absurd ist es, Menschen die Vergebung zu verweigern und den Wunsch zu haben, einen erfüllten Glauben zu leben. Gebete werden nicht erhört, die Beziehung zu ihm scheint zu stagnieren? Sie flehen Gott an, er möge etwas ändern? Dann kann es gut sein, dass Gott sich Ihnen verweigert, weil Sie nicht bereit sind, zu vergeben. Ich war es jahrelang nicht. Gott hat mein Handeln trotzdem gesegnet, denn er ist ein gnädiger Vater – aber ich habe viel verpasst durch meine Bitterkeit.

Dahinter steht ein Prinzip der Spiritualität: Es geht im Glaubenswachstum viel mehr um Blockaden, die beseitigt werden müssen, als um Dinge, die wir mehr tun müssen.

Unsere Frage muss lauten: Was blockiert unsere Seele dermaßen, dass das Heil nicht in die Heiligung fließen kann? Mangelnde Vergebungsbereitschaft gegenüber denen, die uns verletzt haben, ist einer der Hauptgründe, und deswegen stelle ich dieses Gebet an die erste Stelle.

So logisch und verständlich das Hochziehen von Mauern für ein Kleinkind oder einen Jugendlichen noch, spätestens ab dem 30. Lebensjahr ist jeder für sein Gesicht selbst zuständig. Wir stehen für unser äußeres und inneres Leben vor Gott in der Verantwortung, er ist für uns Opfer geworden, damit wir nicht Opfer bleiben müssen. An Wunden, Mauern und der damit verbundenen Bitterkeit festzuhalten, ist nichts anderes als Stolz, der sich selbst – so schwach man sein mag – in den Mittelpunkt stellt und Gerechtigkeit im Leben fordert. Diese wird es aber nie geben, wenn wir nicht das aussäen, was uns geschenkt worden ist: Vergebung. Unabhängig davon, ob die Menschen, die uns verletzt haben, das einsehen oder nicht. In den meisten Fällen ist mit Einsicht nicht zu rechnen oder die Person ist gar verstorben. Unsere Verpflichtung und unsere Befreiung ist trotzdem die Vergebung.

Konkret: Laden Sie Jesus ein, Ihnen Menschen zu zeigen, die Sie verletzt haben. Gehen Sie im Gebet hinein in eine Situation, die er Ihnen aufzeigt, und nehmen Sie wahr, was dort passiert, welche Gefühle aufsteigen. Zorn, Hass, Angst, Panik, alles ist erlaubt – denn das war die damalige Wirklichkeit. Wenn Sie nichts empfinden können, lassen Sie sich Zeit, vielleicht ist die Aufarbeitung noch nicht dran. Trotzdem dürfen Sie natürlich im Namen Jesu Vergebung aussprechen – dann aber neigt sie dazu, zu einer spirituellen Abkürzung zu werden, an den Wunden vorbei. Die Vergebung wird vielleicht in dieser noch distanzierten Sache wiederholt werden müssen, nicht wegen Gott, sondern wegen Ihnen, damit Ihr ganzes Sein von diesem Prozess angerührt und geheilt werden kann. Es geht ja darum, alte Blockaden zu beseitigen. Sind die Gefühle in einer Sache so gar nicht beteiligt, dann scheint die Blockade noch gut zu funktionieren …

Vielleicht fließen aber auch Tränen, vielleicht ballen Sie im Gebet die Fäuste oder treten gegen die Wand. Es ist in Ordnung. Bleiben Sie in Kontakt mit dem Vater, dessen sehnsüchtiger Wunsch es ist, Sie zu segnen und zu befreien.

Geht es um extreme Verletzungen wie emotionalen oder sexuellen Missbrauch, aber auch um tief sitzenden Groll, sollten Sie nicht allein in die Situation hineingehen, sondern einen Seelsorger oder guten Freund bei sich haben. Äußern Sie Ihre Gefühle vor Gott. Äußern Sie, was Sie sich gewünscht hätten und was Sie stattdessen bekommen haben.

Natürlich reagiert ein Kleinkind nicht bewusst sündhaft, wenn es sich durch eine Mauer schützt. Trotzdem bleibt diese Mauer ein geistliches Problem, das zwischen Ihnen und Gott steht.

Schließlich – wenn alles gesagt ist – sprechen Sie der verletzenden Person im Namen Jesu, in der Kraft seines Blutes, Vergebung zu. Sie selbst können das vielleicht in diesem Moment gar nicht. Es geht dabei jedoch nicht um Zuneigung oder andere emotionale Regungen gegenüber der zu vergebenden Person. Sie handeln im Gehorsam gegenüber Gottes Wort. Sie handeln im Namen Jesu.

In einem nächsten Schritt bitten Sie Gott um Vergebung für die sündigen Folgen, die als Reaktion auf die Verletzung entstanden sind. Natürlich reagiert ein Kleinkind nicht bewusst sündhaft, wenn es sich durch eine Mauer schützt. Trotzdem bleibt diese Mauer ein geistliches Problem, das zwischen Ihnen und Gott steht, und die Bitte um Vergebung unterbricht diesen Teufelskreis aus Saat und Ernte, aus Bitterkeit, die weitere Bitterkeit hervorbringt, aus mangelnder Vergebungsbereitschaft, die in der Weigerung Gottes resultiert, uns zu vergeben. Wir haben uns – so nachvollziehbar das war – auf eine Weise geschützt, die nicht dem Willen Gottes entsprach und die uns für seine Kraft und seinen Segen blockiert hat. Nur darum geht es. Deswegen ist es wichtig, negative Folgen einer seelischen Verwundung auf unserer Seite unter das Kreuz zu bringen und echte Befreiung zu erfahren.

Als Letztes könnten Sie noch im Gebet aussprechen, dass Sie den erfahrenen Mangel (an Liebe, Gerechtigkeit, Geborgenheit, Kraft, was auch immer) in Zukunft nur bei Gott und bei ihm allein füllen wollen. Diese Dinge von Menschen und nicht von Gott zu erwarten ist verständlich, überfordert die Menschen, die uns umgeben, aber maßlos. Kein Ehepartner ist zum Beispiel dazu in der Lage, den halb leeren Liebestank eines verletzten Menschen zu füllen. Das ist Gottes Aufgabe.

Zum krönenden Abschluss können und sollten Sie den Menschen, der sie verletzt hat, im Namen Jesu segnen. Denn so hat es Jesus uns sogar für unsere Feinde angeordnet. Auch hier gibt es kein Ausweichen. Jedes Ausweichen ist letztlich falscher Stolz. Wichtig ist nur, dass Gott Ihnen zeigt, dass die Sache wirklich dran ist. Nach einem erlebten Missbrauch von einem Menschen sofort zu verlangen, er oder sie solle vergeben und den Feind segnen – das wäre in der Tat nicht nur grausam, sondern falsch! Erst wenn die Gefühle, wenn die Verletzungen Raum und Ausdruck gefunden haben – und das kann dauern –, erst dann ist der Abschluss durch ein solches Gebet notwendig und heilsam. Vorschnell den Mantel der Vergebung auszubreiten, kann genauso eine fromme Flucht bedeuten, weil Gott uns vielmehr in die aktive Aufarbeitung hineinziehen möchte, die wir aber fürchten. Wenn diese aber stattgefunden hat, dann schließt die Vergebung die Akten und heilt das Herz, zerbricht die Mauern und zieht die bittere Wurzel.

Letztlich ist das Gebet der Vergebung und der daraus folgenden Heilung ein Lebensstil. Er ermöglicht vielleicht zum ersten Mal den heiligen Tanz der befreiten Kinder Gottes.

Ich mache Ihnen Mut, Gott die Seiten Ihrer Lebensgeschichte aufschlagen zu lassen, an denen er Dinge heilen möchte. Vergeben Sie. Auch in der kleinsten Kleinigkeit. Lassen Sie sich von Gott die Situationen ins Gedächtnis rufen.

Es tut gut, sich diesen Ablauf des Gebets der Vergebung und der inneren Heilung zu einer täglichen Routine zu machen, indem man auch die aktuellen Dinge so vor Gott bringt und die Macht des Kreuzes wirken lässt. Zwei banale Situationen aus meinem Leben: Schneidet mich ein Autofahrer und ich spüre in mir Groll (typisches Männerproblem, aber nicht nur ...)? Dann durchlaufe ich den Prozess der Vergebung und Heilung. Er dauert nur eine knappe Minute in solch einfachen Fällen und kann leicht im nächsten Stau erledigt werden. Kommt vom Ehepartner eine spitze Bemerkung, auf die ich nicht sofort reagiert habe? Dann gehe ich vor dem Schlafen ins Gebet und vergebe meinem Partner, segne ihn, bitte um Vergebung dafür, dass ich nicht direkt auf gute Weise nachgefragt und die Sache geklärt habe. Zorn ist keine Sünde – aber Zorn zu pflegen und über ihm die Sonne untergehen zu lassen, das widerspricht dem Willen Gottes (vgl. Epheser 4,26).

Letztlich ist das Gebet der Vergebung und der daraus folgenden Heilung ein Lebensstil. Er ermöglicht vielleicht zum ersten Mal den heiligen Tanz der befreiten Kinder Gottes, weil der schwere Rucksack mit den Backsteinen des Grolls abgeladen und ausgeleert worden ist. Lassen Sie Ihre Gefangenen frei. Empfangen Sie Vergebung. Sie werden tanzen.

Die vergessene Disziplin: die Beichte

Manchmal aber sind die Mauern dick geworden und versperren den Zugang zu unseren Gefühlen. Und damit erst recht zu der Erfahrung der Vergebung – auch von Gott.

Die Vergebung hängt natürlich einzig und allein an Jesus Christus und nicht an unseren Gefühlen. Trotzdem gilt im gleichen Maße der Satz von Dietrich Bonhoeffer, dass manchmal der Christus im Bruder stärker ist als der Christus in meinem Herzen. Gott ist uns in Jesus gleichbleibend nah, auch wenn wir das völlig anders wahrnehmen. Gott war seinem Sohn auch am Kreuz unendlich nah, obwohl dieser schrie: *Mein Gott, warum hast du mich verlassen!* (Matthäus 27,46; Jesus zitiert hier Psalm 22). Sein Vater war immer noch mit ihm, er litt in und mit seinem Sohn an dieser grausamen Trennung durch die Sünde der Welt. Aber Jesus erlebte diese Nähe nicht mehr. Er trug die Sünde, er fuhr die Ernte ein für eine Saat, die er als einziger Mensch nie ausgesät hatte. Er lud den Zorn Gottes auf sich – nicht weil Gott vor sich hin geschnaubt und seinen Sohn gehasst hätte, das wäre ein verzerrtes Gottesbild. Gott kann keine Gemeinschaft haben mit der Sünde, er hasst sie von ganzem Herzen für ihre zerstörerische Kraft. So war er seinem Sohn damals und ist auch uns heute vor unserer Hinwendung zu ihm nah und dennoch gleichzeitig so fern, denn die Beziehung ist von unserer Seite her durchtrennt.

Folgen wir aber seinem Sohn, nehmen wir seinen Tod in Anspruch und lassen uns durch sein Blut reinigen – dann ist für unser Heil, dann ist für unsere grundlegende Position zum Vater alles geregelt. Dennoch kann Verbitterung tief verwurzelt sein. Da sie sich im seelischen Bereich festgesetzt hat, kann es sogar sein, dass wir selbst nicht mehr gegen sie ankommen. Die Vergebung, die wir als Christen erbitten und empfangen, ist ein Akt der Heiligung, nicht des Heils. Diesen Unterschied müssen wir immer wieder machen – hier steht nicht unsere Gotteskindschaft zur Disposition. Es geht um unsere Freude, unser Wachsen und Reifen, unser Verwandelt werden in Christus hinein.

Eine der machtvollsten Waffen gegen den Feind der Heiligung ist die Beichte.

Eine der machtvollsten Waffen gegen den Feind der Heiligung ist die Beichte. Sie greift gerade dort, wo Mauern zu dick und unüberwindbar scheinen, besonders machtvoll. Wenn wir tief sitzenden Groll und stark verwurzelte Bitterkeit in uns tragen, wenn wir uns in der Vergangenheit oder Gegenwart der Gegenseite geöffnet haben (durch Okkultismus oder Aberglauben) oder wenn wir schlicht nicht mehr weiterkommen bei einer geistlichen Blockade – spätestens dann benötigen wir einen Vertrauten, der schweigen kann und der geistliche Autorität besitzt. Die Freiheit und Möglichkeit, Vergebung im Namen Jesu zuzusprechen, hat dabei jeder reife Christ. Der Jakobusbrief betont die schier unglaublichen Chancen der Beichte: *Bekennt nun einander die Sünden und betet füreinander, damit ihr geheilt werdet! Viel vermag eines Gerechten Gebet in seiner Wirkung* (Jakobus 5,16; ELB).

Doch findet die Beichte im evangelischen Kontext kaum noch statt! Warum haben wir diese wertvolle Praxis verloren? Drei Gründe liegen auf der Hand und blockieren nicht nur Heilung, sondern auch Erweckung in der Christenheit und darüber hinaus in der Welt. Denn echte Erweckung ist kirchengeschichtlich immer eine Folge der Umkehr und der erfahrenen Vergebung gewesen. So weitreichend und relevant ist das Thema Buße.

Der erste Grund für den Beichtverdruss ist kirchengeschichtlich gewachsen. Als Gegenreaktion auf eine als rigoros und verfehlt empfundene Beichtpraxis in der katholischen Kirche ist diese von evangelischer Seite gleichsam wie das Kind mit dem Bade ausgeschüttet worden und vertrocknet. Doch damit nimmt man die Aufforderung des Jakobus nicht ernst und enthält den nach Vergebung Suchenden eine der schönsten Erfahrungen vor: Vergebung im Namen Jesu zugesprochen zu bekommen. Das mag in einem individualistischen Zeitalter, in dem jeder Christ alles schön mit »seinem« Jesus ausmacht, gut ankommen – es ist jedoch eine seelsorgerische Tragödie und verhindert Heilung und Heiligung.

Ein zweiter Grund sind die wenigen Christen, die selbst die befreiende Kraft der Vergebung erlebt haben und diese nun weitergeben können. Hier schließt sich der Kreis zum vorherigen Kapitel, dem Gebet der Vergebung und inneren Heilung. Wo sind die Männer und Frauen, die die Kraft des Kreuzes heilsam im eigenen Leben erfahren haben und darauf brennen, diese weiterzugeben? Die Menschen in innerer Not zuhören, ihre Umkehr begleiten und ihnen dann unter Handauflegung die Vergebung Jesu Christi machtvoll zusprechen können?

Menschen, die das an sich erleben durften, dürfen und können nicht länger schweigen, sondern müssen ermutigen und ermahnen, wo sie Bitterkeit wahrnehmen. Deswegen: Lassen Sie uns einen Flächenbrand der Vergebung auslösen! Wenn Sie die Kraft der Vergebung bisher noch nicht erlebt haben – dann bleiben Sie an diesem Punkt stehen, gehen zurück zum vorigen Abschnitt und beißen sich genau dort fest, bis Sie durchgedrungen sind zur Kraft des Kreuzes.

Lassen Sie uns einen Flächenbrand der Vergebung auslösen!

Noch einen dritten schwerwiegenden Grund sehe ich als Blockade einer heilsamen Beichtpraxis. Dieser Grund lautet schlicht und einfach:

Stolz. Es scheint paradoxerweise leichter zu sein, Gott sehr allgemein um Vergebung zu bitten, als konkret zum Bruder oder zur Schwester im Glauben zu gehen und Sünde offenzulegen. Dabei tut es so gut, wenn Licht an eine Sache darf. Aber auf seltsame Weise hat sich in uns eine nachlaufende Werkgerechtigkeit eingeschlichen. Wir sind zwar aus Gnade erlöst, nun aber müssen wir perfekt sein. Sünde eingestehen heißt in einem solchen Glaubensbild nichts anderes als: einen mangelhaften Glauben vorzuweisen. Eine fatale Kopplung, die jedes Eingeständnis des Versagens im Glauben schlechtweg verhindert.

Ich erlebe ausgerechnet in engagierten christlichen Kreisen ein sehr allgemeines, abgehobenes und distanziertes Verständnis von Sünde.

Die Bibel sieht es genau andersherum: Der reife Christ wird sich seiner Sünde immer mehr bewusst. Wir sollen uns bloß nicht vormachen, wir könnten ohne alltägliche Schuld bleiben. Ich rede nicht mehr von Sünden, die uns von Gott trennen und die unsere Rettung verhindern. Sünde als Blockade in der Heiligung bleibt jedoch ein Fakt im Leben des Christen. Wenn wir sie aber bekennen und ans Licht bringen, kann die Blockade durchbrochen werden, und ein frohes und befreites Leben ist jederzeit möglich.

Eng damit in Verbindung steht ein zweites, äußeres Merkmal eines falschen Verständnisses von Sünde und Vergebung. Nicht selten bleiben wir in unserem Sündenbekenntnis sehr allgemein und unverbindlich. Wie wichtig wäre es in diesem Zusammenhang, probeweise einen sogenannten Gewissens- oder Beichtspiegel zu verwenden, wie er in der alten Kirche und bis heute in den großen Kirchen existiert. Er ist eine Hilfestellung, mit der man anhand von Fragen – meist entlang der 10 Gebote – entstandene Blockaden entlarven und konkret vor Gott bringen kann.

Ich erlebe ausgerechnet in engagierten christlichen Kreisen ein sehr allgemeines, abgehobenes und distanziertes Verständnis von Sünde. In dem Maße, wie ich allerdings Sünde nicht konkret fasse und genau so vor Gott bringe, in dem Maße erlebe ich eben auch keine konkrete Vergebung und Befreiung. Der konkrete, entlastende Zuspruch der

Vergebung wird ersetzt durch eine allgemeine Dogmatik der Vergebung (»Der Herr vergibt mir!«), die mir paradoxerweise die Erfahrung echter Vergebung vom Leib bzw. der Seele hält.

Der Hintergrund ist die inflationäre und allgemeine Verwendung der Begrifflichkeit der Vergebung ohne konkrete Umkehr, sprich: Buße. Jesus ist am Kreuz verblutet, nicht um nette, anständige Menschen noch netter zu machen, sondern um echte Sünder zu retten, zu heilen, aus dem verkommenen System dieser Welt herauszuholen und zu einem neuen Leben im Spannungsfeld zwischen Welt und Reich Gottes zu befähigen.

Wie oft habe ich den Satz gehört: »Ach, ich habe doch eigentlich alles im Griff, bin doch ganz gut drauf, kein übler Typ.« Diese Form von Ichzentrierung führt aber in die Irre.

Ja, wir sind gar nicht so übel – weil wir Gottes Kinder sind, weil wir angenommen sind, weil wir ausgerüstet sind, weil wir geheiligt sind. Darüber dürfen und sollen wir uns freuen. Abgesehen von Christus wohnt jedoch nichts Gutes in uns, nichts, was für unser Heil und unsere Heiligung vor Gott Verwendung fände. Das ist der Ausgangspunkt. Nur wenn wir von dort aus starten, können und dürfen wir durchbrechen zu einer echten Freiheit, einer echten Freude auch über den eigenen Stand, das eigene Wesen, die eigene Veränderung, die Gott an uns wirkt. Ansonsten trägt jede andere Form des Jubels und der Freiheit den schalen Geruch der Selbstverbesserung und der Religion.

Es geht nun nicht darum, Menschen erst auf den Boden zu schubsen, um sie dann mit der Frohen Botschaft wieder aufzurichten. Sie sind bereits dort, ob sie es wissen oder nicht. Dort begegnet ihnen jedoch die Liebe Gottes, die die Hand zur Rettung und zum ewigen Fest reicht, und wir sollten es Gott nachmachen. Im Licht dieser Liebe und Annahme erkennen Menschen oft erst, wie dunkel es in ihnen war. Wir benötigen die strahlend helle Liebe Gottes in Jesus Christus, in der alles Dunkle ganz von selbst offenbar wird – wer diese Liebe in sich trägt, der kann auch angemessen von der Hölle als Realität reden, ohne die Frohe Botschaft zu verkehren.

Die Dunkelheit im Licht erkennen – dies gilt aber auch für Christen, wie auch ich immer wieder bei mir persönlich erleben kann. Gott stellt eine neue Schicht der Seele in sein helles Licht und ich erkenne, wo ich Vergebung zusprechen muss, wo ich Vergebung dringend benötige und wo Heilung geschehen darf und soll. Gerade letzte Nacht ist mir bewusst geworden, dass ich eine Sünde begehe, die so harmlos aussieht und dennoch verheerend sein kann. Ich habe Bequemlichkeit als zu wichtigen Maßstab in meinem Leben erhoben. Wenn ich gestresst bin und viel Arbeit hinter mir habe, dann nerven mich die lauten Kinder, dann reagiere ich aggressiv und fühle mich ungerecht behandelt, wenn man mir nicht zuvorkommend begegnet und mir eine Insel der Ruhe und Entspannung bereitet. Entspannung ist wichtig und von Gott gewollt. Immerhin ruhte er selbst und hat uns so einen heilsamen Rhythmus vorgegeben. Aber immer wenn Objekte der Schöpfung zum Zentrum werden, entwickelt sich Götzendienst, der von Gott wegbewegt und gleichzeitig Beziehungen zu Menschen belastet. Beim Gebet fiel mir dann auf, dass mein Vater genauso reagiert hat und dass ich ihn dafür immer verurteilt habe. Ich ernte also das, was ich selbst verurteilt habe. Ich erlebe das geistliche Prinzip von Saat und Ernte, das nur durch eins gebrochen wird: durch das Kreuz. Ich sprach meinem Vater im Herzen Vergebung zu, weil er durch sein Verhalten auch uns Kindern gegenüber schuldig geworden war. Ich bat um Vergebung dafür, dass ich meinen Vater in diesem konkreten Punkt verurteilt und als Reaktion Bitterkeit gegen ihn entwickelt hatte. Ich bat ebenfalls um Vergebung dafür, dass ich Bequemlichkeit zu einem zu hohen Maßstab erhoben hatte. Damit ist in diesem konkreten Punkt die Heilung angestoßen worden – davon bin ich überzeugt.

Immer wenn Objekte der Schöpfung zum Zentrum werden, entwickelt sich Götzendienst, der von Gott wegbewegt und gleichzeitig Beziehungen zu Menschen belastet.

Dieser Prozess der Heiligung geschieht aber nicht von selbst. Wir benötigen zum Beispiel Gewissensspiegel, die uns reflektieren, wir benötigen Geschwister, die es endlich ernst meinen mit der Ermahnung und Ermutigung und uns sagen, wo sie Dunkel wahrnehmen. Wir benötigen die Beichte, wo wir auf sensible Weise hineingeführt werden in die Liebe Gottes und Vergebung zugesprochen bekommen. Erst wenn dieses Thema wieder offensiv und liebevoll in den Gemeinden Raum findet, kann das Dunkel hell werden und echte Freude durchbrechen. Eine Idee wäre eine sehr persönliche Gestaltung des Buß- und Bettags. Auch andere Angebote wären denkbar, zum Beispiel die Möglichkeit zum Beichtgespräch nach dem Gottesdienst mit seelsorgerisch begabten Männern und Frauen.

An dieser Echtheit voreinander hängt viel mehr, als wir denken. Gott stirbt echt am Kreuz für echte Sünder. Haben wir den Mut, das auch echt und konkret vor Menschen zu benennen? Dann werden wir auch echte Befreiung erfahren. Andere Menschen, die auf der Suche sind, werden das mitbekommen und das Leuchten spüren, das von uns nach der Befreiung ausgeht – und sie werden es auch haben wollen. Befreiung weckt bei anderen Sehnsucht nach Befreiung.

Das Gebet der Stille und des Schweigens

»Alles in uns schweige …«, so dichtete Gerhardt Tersteegen vor langer Zeit. Er beschreibt wohl eine Erfahrung, die heute noch seltener geworden ist als damals. Alles in uns und um uns herum ist laut geworden, wir werden zugeballert mit Eindrücken, Informationen und Impulsen. Als ich in Berlin Gemeinden besucht habe, berichteten mir die Menschen dort, wie unglaublich kräftezehrend das Leben in dieser großen Stadt sei. Die überbordende Komplexität, die Hektik, der Lärm, die geografischen Ausmaße. Die Leute in diesen Gemeinden sind erschöpfter und haben weniger Kraft für das Engagement im Reich Gottes.

Diese Entwicklung ist aber nicht auf Großstädte beschränkt, sondern hat im Kleinen längst auch dörfliche Regionen erreicht. An dieser Stelle nun ein »Mehr« von irgendetwas zu verlangen und große Forderungen nach zeit- und kräfteraubenden geistlichen Übungen zu stellen – das wäre unmenschlich und entbehrte der Gnade. Doch das Problem der Stille oder eben der fehlenden Stille gab es schon in alten biblischen Zeiten, wie uns die schon einmal betrachtete Bibelstelle in Jesaja 30 zeigt. Hier noch einmal ein Auszug:

Denn so spricht der allmächtige Herr, der Heilige Israels: »Durch Umkehr und Ruhe könntet ihr gerettet werden. Durch Stillsein und Vertrauen könntet ihr stark sein. Aber das wollt ihr nicht. Ihr sagt: ›Wir wollen auf Pferden dahinfliegen.‹ Deshalb werdet ihr fliehen« (Verse 15-17; NLB).

Stille, Ruhe, Innehalten – und prompt wüssten die Israeliten, was Gott will, und hätten eine weise Sicht auf die brenzlige Situation. Doch nein, sie wollen selber machen und auf schnellen Pferden reiten, ruckzuck alles erreichen und schaffen und erobern. Könnte es eine bessere Beschreibung für unsere hektische Welt geben? Wie paradox – gerade in der Hektik und im aktiven Selber-machen-Wollen entstehen letztlich als Ergebnis nur Einsamkeit und Hilflosigkeit.

Gleichzeitig aber gibt es unübersehbar eine tiefe Sehnsucht nach der Stille, nach dem Schweigen. Menschen halten Einkehr in Klöstern, begeben sich auf mühevolle Märsche auf dem Jakobsweg, wo sie schweigend vor sich hin wandern, Tag für Tag, Woche um Woche … Still sein und schweigen. Still sein und schweigen?

Haben Sie schon einmal gefastet? Dabei kommt man nach circa zwei Tagen in eine Phase, in der sich der Körper beginnt, umzustellen, in der der Hunger aufhört und die nun plötzlich zur Verfügung stehende Energie (die vorher für die Verdauung benötigt wurde) die seelischen und körperlichen Antennen hochsensibel macht. Plötzlich riecht man intensiver, wird geräuschempfindlich, nimmt aber eben auch geistliche Eindrücke deutlicher wahr. Durch das Zurückfahren des Leibes und im besten Fall auch der Gesprächigkeit der Seele kann der Geist besser durchdringen und wir erfahren einen leichteren Zugang zu Gott.

Wie paradox – gerade in der Hektik und im aktiven Selber-machen-Wollen entstehen letztlich als Ergebnis nur Einsamkeit und Hilflosigkeit.

Fasten ist Schweigen des Körpers. Dieses Schweigen führt hinein in die Stille. Nicht umsonst sind Schweigeretraiten häufig verbunden mit Fasten. Es scheint mir ein Widerspruch zu sein, körperlich zu fasten, gleichzeitig aber mit den eigenen Worten zu schlemmen und sich der geschwätzigen Völlerei zu ergeben. Oder andersherum: bewusst still zu werden und zu schweigen und parallel ein Sixpack kühles Blondes zu leeren und sich die Chips reinzustopfen.

Nun können wir wahrlich nicht immer fasten. Wir stehen mitten im Leben. Das körperliche Fasten bleibt eine heilsame Übung, ein-, vielleicht zweimal im Jahr. »Wortefasten« können wir dagegen in unseren Alltag integrieren. Schnell zum Hören und langsam zum Reden zu sein (vgl. Jakobus 1,19). Die eigenen Worte abzuwägen – das ist das Mindeste und biblisch geraten. Wie gut tut es, einfach mal ruhig zu werden und nichts mehr zu sagen. Ohne äußeres Schweigen ist Stillewerden kaum möglich.

Das Faszinierende dabei ist: Wenn ich eingeübt habe, wie ich wirklich innerlich still werden kann, dann kann das auch mitten in einem Geschäftstreffen oder im Chaos der Kindererziehung geschehen. Ich versuche, in Worten zu beschreiben, was kaum beschreibbar ist. Während unsere Seele, vielleicht auch unser Körper hochengagiert, kann trotzdem parallel der Geist wunderbar Gott gegenüber geöffnet, still und sensibel sein.

Die wichtigste Tür zu dieser inneren Stille ist das Schweigen. Erst wenn ich durch das Schweigen hindurch still geworden bin, kann ich auch immer öfter ohne Schweigen innerlich still werden. Dann habe ich – bildhaft gesprochen – einen Fuß im Geist, den anderen mitten im Leben. Standbein und Spielbein – so funktionieren Tanz und Bewegung generell, und genau das wollen wir leben.

Ich will nicht so tun, als sei ich der große Meister der Kontemplation, so nennt man im christlichen Kontext das zweckfreie Schweigen vor Gott. Aber ich mache intensive Erfahrungen damit und betrachte das Gebet der Stille und des Schweigens als zentralen Aspekt der Spiritualität.

- Weil sie unser Leben entstresst und erdet – auch wenn das nur ein angenehmer Nebeneffekt ist.
- Weil sie den Zutritt zum inneren Raum erleichtert.
- Weil sie Komplexität und Leistungsdruck herausnimmt.
- Weil sie uns auf schöne Weise öffnet für das hörende Gebet: Wir werden Gottes Stimme erst wahrnehmen können, wenn wir einen gewissen Grad an innerer Stille erreicht haben.

Diese Stille war zu Zeiten Jesu selbstverständlicher. Keine Medien, keine Massenverkehrsmittel, kein großer Lärm, lange, zwangsläufig einsame Wege durch karge Landschaften. Aber auch damals schon konnte man sich mit Verpflichtungen und Stress vom Wesentlichen ablenken. Das scheint mir auch der Grund gewesen zu sein, warum sich Jesus immer wieder in die äußere Stille zurückgezogen hat. Er wollte neu innerlich still werden, in den inneren Raum des Geistes gelangen und so das Reden seines Vaters vernehmen, sich beschenken lassen und danach handeln.

Damit »alles in uns schweige«, muss das Schweigen erst einmal gelernt werden – innerlich und äußerlich. Reden wir also vom äußeren Schweigen. Tasten wir uns von außen nach innen vor …

Äußeres Schweigen – äußere Stille

Ich werde innerlich nicht still werden können, wenn ich mir keine Zeit nehme, auch äußerlich zur Ruhe zu kommen. Zu Beginn reichen bewusste Minuten der Stille aus, vielleicht vor dem Schlafengehen, auf der Toilette (auf der in Familien manchmal das einzige stille Örtchen ist) oder wenn das Baby schläft oder gerade gestillt wird.

Wenn ich in meinem früheren Beruf als Informatiker einfach nicht mehr in Gott zentriert war, dann habe ich mich für fünf oder zehn Minuten auf die Toilette zurückgezogen, habe ein paar Verse gelesen und dann geschwiegen. Mich Gott ausgesetzt. Empfangen. Solche Orte der Stille sind lebensnotwendig, um in diesem Bereich zu wachsen. Ich will Ihnen also wahrlich keine Instantlösung anbieten, die an echter Hingabe vorbeifunktioniert. Wir werden uns Zeit nehmen müssen. Aber es muss keine Stunde sein. Was geschieht an einem solchen Ort der Stille?

Unsere Augen schweifen umher. Versuchen Sie einmal, am Schreibtisch Stille und Schweigen zu erleben. Das geht meistens nicht – denn der Schreibtisch ist wie eine stille Aufforderung, aktiv zu werden, zu arbeiten. Deswegen benötigen wir einen eigenen Ort. Draußen in der Natur, drinnen in der Wohnung, egal wo. An diesem Ort sollte möglichst wenig ablenken. Nicht umsonst sind Klosterkirchen überwiegend schlicht und ohne viele ablenkende Elemente gestaltet. Außerdem sollte er ruhig sein. Kein Telefon, kein Brummen von irgendetwas, keine Dauerberieselung von Straßenlärm. Wenn das nicht geht? Ohropax. Was auch hilft: ein Zimmerspringbrunnen, der eventuellen Lärm liebevoll mit einem sanften Plätschern übertönt. Meine Erfahrung jedoch ist: Irgendwann ist selbst dieses Plätschern zu laut. Es drängt sich zu sehr auf.

> Diese Stille war zu Zeiten Jesu selbstverständlicher. Keine Medien, keine Massenverkehrsmittel, kein großer Lärm, lange, zwangsläufig einsame Wege durch karge Landschaften.

Finden Sie Ihren persönlichen kreativen Weg – es lohnt sich, an dieser Stelle sorgsam und geduldig vorzugehen. Wenn Sie den Ort der Stille dekorieren wollen (falls Sie nicht unterwegs in der Natur sind), dann nehmen Sie Gegenstände, die Sie innerlich berühren und inspirieren. Dinge, die Sie nicht ablenken und unruhig machen (z.B. ein Foto vom Chef), sondern Sie fokussieren auf das, was nun wesentlich ist. Gott selbst. Ihn schauen, vor ihm still werden. Sich von ihm anschauen lassen.

Was ist noch wichtig? Eine bequeme Haltung, die Sitzen ermöglicht. Ein Kniebänkchen, das man sich unter den Po schiebt, ist oft erst zu unbequem, doch wenn man sich daran gewöhnt hat, hält es wach und konzentriert und ermöglicht ermüdungsfreies Sitzen. Ein dickes Kissen, ein Knieschemel, ein gemütlicher Sessel, treffen Sie Ihre Wahl. Spüren Sie nach, wie die körperlichen Haltungen Ihre innere Haltung gegenüber Gott und Ihr Gebet beeinflussen und verändern. Zu empfehlen ist auch bequeme Kleidung – ein gemütlicher Hausanzug, Joggingklamotten, was auch immer angenehm ist und nicht stört.

Man kann solche Zeiten der Stille auch zu zweit machen. Wenn beide Beteiligten ein eingespieltes Team sind, kann das sogar äußerst bereichernd sein. Ich sprach kürzlich mit einem Pfarrer im Ruhestand, der mir von seiner Verlobungszeit erzählte. Seine zukünftige Frau wohnte weit entfernt und sie telefonierten miteinander. Jedes Telefonat – so berichtete mir der Pfarrer – wurde mit einem gemeinsamen Schweigen von einigen Minuten beendet, auch wenn parallel die Münzen durchratterten (so war das damals). Dann haben sich die beiden kurz über das Schweigen ausgetauscht und das Gespräch mit einem Gebet beendet.

Sie dürfen also ganz kreativ und voller Fantasie darangehen, sich einen Ort der äußeren Konzentration zu schaffen.

Nun beginnt das äußere Schweigen. Es ist wichtig, aus dieser Form kein Dogma zu machen. Es gibt einfach Dinge, die müssen ins gesprochene Gebet, damit sie losgelassen werden können. Diese zu unterdrücken, wäre gesetzlich und würde dem Schweigen und der Stille nicht gerade dienen. Deswegen beginne ich meist die Stille damit, dass ich vor Gott ablade, was mich gerade bewegt. In einem ganz normalen, ruhigen Plauderton. Wie man einem Freund begegnet, der sich für das Geschick des anderen interessiert.

Es geht in der Stille nie darum, die Realitäten des Lebens zu verschweigen oder gar zu verdrängen.

Sind da Sorgen? Sie dürfen losgelassen werden im Gebet, denn dann kann uns auch der göttliche Schalom, dieser zarte göttliche Friede, berühren und erfüllen (vgl. Philipper 4,7). Es geht in der Stille nie darum, die Realitäten des Lebens zu verschweigen oder gar zu verdrängen. Dann buddelten wir wieder einen Graben zwischen dem alltäglichen Leben und der Zeit mit Gott. Was uns auf dem Herzen liegt und nach Frieden sucht, ist immer wichtiger als ein krampfhaftes Schweigen, das wir oder andere uns verordnet haben.

Auch das Gebet der Vergebung kann helfen. In wenigen Minuten können wir Gott einladen, dunkle Stellen zu offenbaren, diese zum Kreuz bringen und eventuell anderen Menschen Vergebung zusprechen. Mit belastenden Backsteinen im Lebensrucksack ist schlecht in der Gegenwart Gottes entspannen. Bevor es still werden kann, darf Ballast abgeworfen und Komplexität verringert werden.

Dann beginnt irgendwann das Schweigen. In diesem Zusammenhang trifft das zu, was der Kabarettist Dieter Nuhr einmal so unnachahmlich in ganz anderem Kontext gesagt hat: »Wenn man keine Ahnung hat, einfach mal die Fresse halten!«

Schweigen beinhaltet mehrere bedeutungsvolle Aspekte. Zum Ersten das Eingeständnis: Gott weiß alles, ich dagegen kann ihm nur leere Hände hinhalten, die bereit sind zu empfangen. So ist Schweigen das Gebet: »Herr, ich habe keine Ahnung, bin schwach und bedürftig – fülle du mich!« Zum Zweiten ist das Schweigen aber auch die logische und zu Ende gedachte Konsequenz aus dem Satz Jesu:

> *Beim Beten sollt ihr nicht leere Worte aneinanderreihen wie die Heiden, die Gott nicht kennen. Sie meinen, sie werden erhört, wenn sie viele Worte machen. Macht es nicht wie sie, denn euer Vater weiß, was ihr braucht, und zwar schon bevor ihr ihn darum bittet* (Matthäus 6,7-8; NGÜ).

Viele Worte beeindrucken Gott nicht, er freut sich über bedachte Gebete, und noch mehr freut er sich darüber, wenn man mit ihm zusammen ist um der Beziehung willen und nicht, um irgendetwas zu erreichen. Gott suchen um seiner selbst willen, das wird erst in der Vaterbeziehung richtig möglich, das ist das Geschenk des Neuen Testaments, denn Gott kennt uns und hat uns bereits alles geschenkt. So darf die Begegnung mit ihm, das Gebet, zweckfrei werden und sein. Zwei Liebende begegnen sich und schauen sich einfach nur in die Augen und dann wieder in die gleiche Richtung hinaus in das Leben, dann wieder in die Augen … Und beide wissen, was der andere denkt.

Gott will uns entlasten. Wir dürfen beten mit Worten, aber sie müssen nicht mehr das Zentrum sein. Wenn es das Ziel ist, dass Gottes Geist in unserem Geist regiert und unser ganzes Leben bestimmt, dann ist das Gebet zunehmend ein natürliches Zusammensein, ein Miteinander-Zeit-Verbringen mitten im Alltag. Dann werden Worte unwichtiger – das Sein rückt in den Vordergrund. Viele ältere Menschen haben mir berichtet, dass sie viel beten, aber wenige Worte machen. Schließlich ist es in der Ehe auch nicht anders: der Genuss des Zusammenseins muss nicht dauernd mit Worten bestätigt werden (auch wenn das immer wieder dran ist). Schließlich aber wird Ehe gelebt – und nicht durch Worte definiert.

Inneres Schweigen – innere Stille

»Schweige – damit du beginnst, auch innerlich still zu werden.« Wenn das so einfach wäre! Denn wer das äußere Schweigen zulässt, trifft auf die innere Geschwätzigkeit. Gedanken spielen Pingpong zwischen den Gehirnwindungen und wickeln dabei zarte, aber straffe Fäden um den Kopf, sodass man sich gefangen fühlt in einem Kokon aus inneren Impulsen. Stille? Undenkbar! Doch Abhilfe ist möglich …

Dieser Weg benötigt Zeit. Sich mal eben hinsetzen und glauben, nun könne ganz schnell innere Stille einkehren, das ist unmöglich. Es ist daher vollkommen in Ordnung, dieses innere Chaos Gott hinzuhalten. Kommentarlos. Ohne den Zwang: Ich muss das jetzt unterdrücken. Was ich mit Gewalt loswerden und besiegen möchte, mache ich nur stärker – das gilt nicht nur für Sünde, sondern für jeden inneren Impuls. Was ich annehme und sanft, aber direkt mit der Wahrheit konfrontiere und dann gegebenenfalls abweise, das wird zur Ruhe kommen. Gott will mir ja so begegnen, wie ich bin, und nicht irgendeinem hochgradig kontrollierten Disziplinwesen, das sich selbst in den Griff bekommen hat.

> Was kann uns also in die Stille führen? Die willentliche, liebevolle und sanfte Ausrichtung auf Gott selbst.

Zudem: Auf bestimmte Erfahrungen zu warten, bestimmte Gefühle erreichen zu wollen im Gebet der Stille, ist der sicherste Weg, genau dies zu verhindern.

Das heißt nun nicht, dass ich erwartungslos in eine solche Zeit des Gebets gehen sollte. Was wäre das für eine komische Liebesbeziehung, in der der eine vom anderen bei einem Treffen nichts erwartet? Das wäre geradezu lieblos. Denn man freut sich doch aufeinander, man möchte einander begegnen, Nähe spüren, sich küssen … Vielleicht läuft das Treffen mit dem Geliebten schließlich anders ab als erhofft, aber ist es deswegen weniger wert? Wenn das das Resümee wäre, dann stimmte etwas nicht in der Beziehung. Echte Liebe erwartet durchaus etwas, ist aber auch dankbar und zufrieden, wenn es anders kommt. Weil es um den Geliebten geht und nicht um das, was man mit ihm erleben und machen kann. Liebe ist im Tiefsten zweckfrei und voller blindem Vertrauen. Beziehungen müssen nicht dauernd bewertet werden. Deswegen dürfen wir Gott unser Chaos hinhalten. Aber es gibt weitere Hilfestellungen auf dem Weg des inneren Schweigens …

Die Psalmen lehren uns einen großartigen Umgang mit der Seele: zu ihr zu sprechen.

> *Was bist du so aufgelöst, meine Seele, und was stöhnst du in mir? Harre auf Gott, denn ich werde ihn noch preisen, das Heil meines Angesichts und meinen Gott* (Psalm 43,5; ELB).

Die Seele will nicht ruhig werden, sie ist unruhig gefangen im Alltagsgeschehen, in den inneren wie äußeren Angriffen des Lebens. Der Beter spricht zu seiner Seele: »Sei still und harre auf Gott.« Harren ist aktives Warten. Wir benötigen die tiefe alltägliche Bedeutung dieses herrlichen Wortes für unser geistliches Leben dringend wieder. Sich Gott hinhalten. Aber nicht passiv ergeben, sondern mit freudiger Erwartung, von Gott begnadet, gefüllt und berufen zu werden für ein Leben in seinem Namen und in seiner Autorität und Kraft.

> *Nur auf Gott vertraut still meine Seele, von ihm kommt meine Hilfe* (Psalm 62,2; ELB).

Das müssen wir unserer Seele, das müssen wir uns selbst sagen, denn es richtet unseren Blick auf Gott. Nur von ihm kommt die Hilfe. Was kann uns also in die Stille führen? Die willentliche, liebevolle und sanfte Ausrichtung auf Gott selbst.

> *Kehre zurück, meine Seele, zu deiner Ruhe! Denn der HERR hat dir Gutes erwiesen* (Psalm 116,7; ELB).

Die Seele will zur Ruhe kommen bei Gott, das ist ihr Ziel. Still werden in Gott. Vom Geist durchtränkt werden und endlich zu dem werden, wozu Gott sie gedacht hat, zum Diener des Geistes, zur Bereicherung unseres Lebens in aller Buntheit der klugen Gedanken, intensiven Gefühle und eines starken, geheiligten Willens. Es ist unsere Verantwortung als Beter, unsere Seele zart hinzuführen zu dieser göttlichen Stille. Durch eine willentliche Ausrichtung auf Gott selbst.

In der Tradition der Kontemplation, aber auch in der neueren Literatur zu diesem Thema[7], findet sich immer wieder ein Weg, der scheinbar paradoxerweise in die Stille führt: die Einführung eines Gebetswortes.

Ein Gebetswort als Hilfe

Der Weg in das Schweigen führt über das fokussierte Reden. Nun mögen sensible Christen aufmerken und Religionsvermischung befürchten, denn auch die östliche Meditation kennt sogenannte Mantras, also Worte, die helfen, in die Stille zu kommen. Es gibt durchaus Berührungspunkte in den verschiedenen Techniken der Religionen. Auch Moslems beten, auch Buddhisten meditieren – aber die Frage geht doch über die Technik weit hinaus zu den Inhalten. Hier liegen die deutlichen Unterschiede. Es geht beim inneren Stillwerden nicht um ein Abstreifen von sündigen Begierden wie im Buddhismus. Dort ist das Leerwerden das höchste Ziel – ein Gegenüber gibt es nicht, auch keinen Gott. Das höchste Ziel des Gebets der Stille ist aber das Gefülltwerden mit Gottes Gegenwart und seinem Willen. Es geht nicht um eine Methode, um sich selbst loszuwerden, sondern um sich selbst zu finden: als Kind in den Armen des Vater-Gottes. Jede andere Form der Selbstfindung ist letztlich Egoismus.

Es geht bei der christlichen Kontemplation auch nicht um einen Rückzug ins Private, ins »Ich-und-mein-Gott«. Das Gebet der Stille und des Schweigens befähigt uns zum Leben und zieht uns nicht aus dem Leben. Es geht um Inhalte. Deswegen ist das Gebetswort auch kein Kunstwort wie »Om« oder Ähnliches, sondern: »Vater«, »Jesus Christus« oder »Retter«. Ich spreche ein Gegenüber an und bleibe eben nicht bei mir und benutze keine Tricks, um mich selbst zu überlisten.

Dieses Aussprechen hat zwei Vorteile: Es fokussiert mich auf Gott und stellt mich unter seinen Schutz. Denn wenn ich die Kontrolle ab-

---

7 Zum Beispiel: Thomas Keating: *Das Gebet der Sammlung* (Vier Türme); Peter Dyckhoff: *Ruhegebet* (Don Bosco).

gebe und mich hineingleiten lasse in das Gebet des Schweigens, dann öffne ich mich weit und mache mich verletzlich. Auch für die Gegenseite. Die eindeutige Ausrichtung und ein kurzes Gebet um Schutz zu Beginn des Gebets verhindern genau das. Denn Gott wünscht sich ja nichts sehnlicher als intime und geschützte Gemeinschaft mit seinem Kind.

Gott wünscht sich ja nichts sehnlicher als intime und geschützte Gemeinschaft mit seinem Kind.

Der zweite Vorteil ist eher pragmatischer Art. Wenn ich mich auf eine Aufgabe konzentriere, wenn ich in dieser aufgehe und von ihr weder unter- noch überfordert werde, dann gerate ich in einen sehr konzentrierten Zustand, den die Forschung »Flow« nennt (so benannt vom Entdecker Mihaly Csikszentmihalyi). Mir geht das beim Arbeiten an Predigten so – aber auch beim Schreiben dieser Zeilen. Schaffensrausch, so könnte man dieses Erlebnis übersetzen, und Kinder erleben diesen täglich, wenn sie ganz versunken sind in eine Tätigkeit oder ein Spiel.

Gott hat diese Funktionsweise in uns angelegt; warum sollten wir sie nicht nutzen, um zum inneren Schweigen zu gelangen? Das Wort »Jesus Christus« zum Beispiel hilft mir, mich wieder neu auf ihn auszurichten, wenn ich innerlich abdrifte. Thomas Keating beschreibt störende Gedanken in einem hilfreichen Bild als Boote, die vor meinem inneren Auge auf einem Fluss an mir vorbeidriften. Es ist wichtig, diese Boote nicht zu ignorieren – es geht nicht um Wirklichkeitsverdrängung –, es ist aber auch wichtig, sie nicht zu ernst zu nehmen, sprich: nicht in die Boote einzusteigen und mitzufahren. Dabei hilft das Gebetswort. Da ich rein physiologisch immer nur einen Gedanken gleichzeitig denken kann, ersetze ich sanft den störenden Gedanken durch das leise Sprechen oder auch nur Denken: »Jesus Christus.«

Manchen hilft es, dieses Wort mit dem Atem zu kombinieren. Der Atem ist ein herrliches Geschenk Gottes, der unser Leben rhythmisch durchzieht. Wenn man bedenkt, wie oft wir atmen, wie oft unser Herz schlägt – ein echtes Wunderwerk der Schöpfung.

Die Bibel nimmt den Atem ernst, indem das Wort für Heiliger Geist eben auch Atem ist. Ruach HaQodesh (wörtlich: der heilige Atem) ist eine – übrigens weibliche – hebräische Bezeichnung für den Heiligen Geist. Oder: Ruach JHWH (wörtlich: der Atem des Herrn).

Ohne Gott, das ist der wichtige Gedanke dahinter, ist kein Atemzug möglich. Jeder Atemzug ist ein Geschenk, und Gott ist kein Schöpfer, der sein Werk allein gelassen hätte, sondern der es Tag für Tag, Minute für Minute erhält. Es tut gut, sich das zu vergegenwärtigen und sich bewusst in diese Abhängigkeit hineinzubegeben. So atme ich ein und aus und spreche leise, wann immer andere Gedanken kommen: »Jesus« (dabei ruhig einatmen) – »Christus« (dabei ruhig ausatmen).

> Man soll sich verlieren. Verlieren in Gottes Gegenwart. Eine eigenartige Zeitlosigkeit stellt sich ein. Das Gefühl von Geborgenheit. Ein Sein im Strom der Ewigkeit.

Bei diesen Worten richte ich bewusst mein Herz auf den Herrn aus. Sehne mich ihm entgegen. Das Ganze ist ein äußerst sanfter Prozess. Bleibt ein störender Gedanke hartnäckig hängen, dann soll ich ihn vielleicht in ein Gebet packen und bei Gott abgeben. Eine Sorge, eine Not, eine Fürbitte. So kann langsam Stille einkehren, und alles in mir beginnt zu schweigen.

Irgendwann wird auch das Sprechen des Gebetswortes seltener, weil seltener nötig. Vielleicht spreche ich es nur noch aus, weil ich mich so sehr nach Jesus sehne. Wie schön! Es wird ruhig. Es geht nur noch um *ihn* – nicht mehr um mich, um irgendwelche Leistung und Zweckmäßigkeiten.

Sie spüren vielleicht schon beim Lesen: Diese Art des Gebets ist ein Exorzismus von jeder Form von Leistungsdenken. Das Gebet des Schweigens und der Stille drückt gleichzeitig völlige Hingabe aus. Ich werfe mich in die Arme des Vaters und zeige ihm meine Sehnsucht, von ihm gefüllt zu werden.

Und was passiert dann?

Thomas Keating bleibt weiter beim Bild des Flusses und den Booten. Er fordert den Beter auf, nicht in die Boote einzusteigen, sondern in den Strom abzutauchen, auf dem die Boote unterwegs sind. Man soll sich verlieren. Verlieren in Gottes Gegenwart. Eine eigenartige Zeitlosigkeit stellt sich ein. Das Gefühl von Geborgenheit. Ein Sein im Strom der Ewigkeit, die ja nicht vor uns liegt, sondern längst in Jesus Christus begonnen hat, so bezeugt es vor allem das Johannesevangelium.

Sowie man versucht, dieses Gefühl zu verlängern oder gar verstärkt zu erzeugen, geht es verloren. Denn dann stehen wieder mehr das Ergebnis und ich im Mittelpunkt als die Begegnung mit dem Herrn selbst. Deshalb möchte ich hier gar nicht mehr viel erzählen – denn Gott wird jedem in der inneren Stille schenken, was gerade dran ist. Das innere Schweigen ist im besten Sinne des Wortes zwecklos und dennoch höchst sinnvoll. So zwecklos wie das Betrachten eines Sonnenuntergangs oder der lange Blick auf die sanft wogenden Wellen des Meeres. Trotzdem haben wir Freude daran. Lassen Sie sich einfach überraschen und lassen Sie alles los, was blockiert, jede Erwartung, jeden Wunsch. Nur das eine zählt: Gott begegnen.

Auf dem Weg der Stille

Auch gemeinschaftliche Formen des Gebets der Hingabe, des Schweigens und der inneren Stille werden entwickelt. Aus der Vineyard-Gemeinde in Toronto kommt das sogenannte »soaking prayer« (auf Deutsch etwa: »aufsaugendes Schwammgebet«). In dieser Gebetsform lassen sich Menschen in einem Raum zusammen mit anderen gemütlich auf dem Boden nieder und tauchen ein in die Gegenwart Gottes, unterstützt von ruhiger, oft improvisierter Anbetungsmusik. Auf Wunsch kommt durch einen kleinen Fingerzeig ein Beter dazu, der die Hände auflegt und für die Gegenwart Gottes betet. »Soaking prayer« bietet nicht viel Überraschendes, ist aber eine moderne Adaption alter kontemplativer Gebetsformen. Ob die Musik dabei hilfreich ist – das muss jeder selbst entscheiden, mich lenkt sie manchmal ab, gerade dann, wenn sie mir nicht gefällt.

Generell stellt sich die Frage: Wo findet sich im Gemeindezusammenhang, auch im Gottesdienst, Zeit für Stille, für Hingabe, für eine Haltung des leistungslosen Empfangens? Christen engagieren sich, sie bringen sich mit ihren geistlichen Gaben ein – gut so. Aber nicht selten brennen sie aus, weil sie nicht zuvor und immer wieder zwischendurch empfangen haben. Hier besteht, wie ich finde, echter Handlungsbedarf bei vielen Gemeinden und Kirchen. Raum zu schaffen für das Gefülltwerden. Dabei ist selbst eine Zeit des Lobpreises, so wohltuend diese sein kann, meines Erachtens kein echter Ersatz für die Erfahrung der Stille des Geistes in der Gegenwart Gottes.

Manche Gemeinden richten einen Raum der Stille ein. Das 24/7-Gebet bietet einen wohltuenden Rahmen, um Zeit mit Gott zu verbringen, auch wenn hier eher die Aktivität im Vordergrund steht. Wir haben in unserem 24/7-Raum immer auch eine gemütliche, warme Lounge-Ecke, in der man in der Gegenwart vieler schöner Gottesnamen einfach ruhen darf. Viele erzählen mir, dass sie genau dort aufgeladen haben.

Folgen wir doch nicht dem Trend dieser Gesellschaft, nur im geschäftigen Treiben das Heil zu suchen. Bieten wir einen heilsamen Gegenentwurf an.

Folgen wir doch nicht dem Trend dieser Gesellschaft, nur im geschäftigen Treiben das Heil zu suchen. Bieten wir einen heilsamen Gegenentwurf an und schenken wir den Menschen, die Sehnsucht nach diesem Weg haben, fundierte christliche Antworten und Wege, damit diese nicht auf die östlichen Religionen oder gar esoterische bzw. okkulte Praktiken angewiesen sind.

Was hilft noch auf dem Weg der Stille? Alles, was persönlich entdeckt und als hilfreich mit auf den Weg genommen wird und dabei nicht dem Wort und Willen Gottes widerspricht. Warum nicht zuerst den Körper zur Ruhe kommen lassen, indem man die progressiven Muskelentspannungstechniken nach Jacobson anwendet? Diese sind ideologisch gänzlich unbedenklich und bauen nachweislich verspannenden Stress ab. Manchen hilft es, wenn sie sich an Orte zurückdenken, die für sie heilsam und wohltuend still waren. Auf einen Berggipfel, an den Strand der Nordsee … Dorthin in der Fantasie zurückreisen, mit allen Sinnen den Eindruck nachempfinden. Die salzige Luft, den Wind, die ruhigen Farben … All das kann helfen, ruhig zu werden.

Das Gebet der Stille und des Schweigens macht allerdings nicht müde, auch wenn es entspannt. Im Gegenteil, wer sich selbst nach einer Zeit des Schweigens in Gottes Gegenwart sanft zurückholt und die kommenden Stunden des Alltags wieder aus Gottes Händen entgegennimmt, der wird merken, wie ungewöhnlich wach und aufmerksam man sich bereits nach wenigen Minuten fühlt. Wie nach einem Fasten sind alle Sinne geschärft, man nimmt intensiver wahr. Deswegen ist Kontemplation im Normalfall nicht für die direkte Zeit vor dem Einschlafen geeignet.

Ich mache Ihnen Mut zum Gebet des Schweigens und der Stille. Richard Foster hat in einem leider auf Deutsch vergriffenen Buch[8] über die Kontemplation angemerkt, dass diese Form des Gebets nichts für Anfänger ist. Das ist wahr. Wer aber andere Formen des Gebets kennt und praktiziert, der kann sich mit Gewinn herantasten.

Wenn man das Gebet der Stille einige Zeit für vielleicht 15 Minuten pro Tag einübt, wird man spüren, dass sich diese Erfahrung auf zarte Weise auch in den Alltag fortpflanzt und so den Frieden Gottes in das geschäftige Treiben transportiert. Dieser innere Raum der Stille, der Geist in uns, der wird leichter zugänglich werden, wird sich zunehmend schneller öffnen und der handfeste Alltag wird transparenter gegenüber der Gegenwart Gottes.

Hinein in die Stille heißt: hinein in die Arme Gottes, der uns Halt gibt, der uns beschenkt, der uns befähigen will für das ganz normale Leben. So ist die Stille vor Gott keine Voraussetzung, aber der beste Anfang, um zu erfahren, was es bedeutet, Gottes Reden zu hören und das hörende Gebet zu praktizieren und zu erlernen.

Hinein in die Stille heißt: hinein in die Arme Gottes, der uns Halt gibt, der uns beschenkt, der uns befähigen will für das ganz normale Leben.

Das hörende Gebet

»Als mein Gebet immer andächtiger und innerlicher wurde, da hatte ich immer weniger zu sagen. Zuletzt wurde ich ganz still. Ich wurde, was

8 Richard Foster, *Prayer. Finding the Heart's True Home*, HarperOne.

womöglich noch ein größerer Gegensatz zum Reden ist, ich wurde ein Hörer. Ich meinte erst, Beten sei Reden. Ich lernte aber, dass Beten nicht bloß Schweigen ist, sondern Hören. So ist es: Beten heißt nicht, sich selbst reden hören. Beten heißt, still werden und still sein und warten, bis der Betende Gott hört.« (Sören Kierkegaard)

Kierkegaard macht deutlich, was die logische Folge des Schweigens ist: das Hören Gottes. Auch diese Erfahrung nimmt Komplexität aus unserem Leben und unserer Spiritualität heraus. Zuerst mag es kompliziert erscheinen, anstrengend, aufwendig. Schließlich wird es aber immer leichter und selbstverständlicher. Man hat diese Form des Gebets wie eine fremde Sprache gelernt – mit einem Unterschied: Das Reden Gottes wird uns in Gnade geschenkt. Unsere Aufgabe ist es, damit zu rechnen, dafür sensibel zu werden und uns selbst zurückzunehmen.

Zugleich ist auch diese Erfahrung wieder Teil des Prozesses, demütig vor Gott zu werden. Ich brauche Weisheit und Weisung, ich brauche die wohltuenden, ermahnenden, immer aber aufbauenden, liebevollen Worte Gottes in meinem Leben, ich kann sie mir nicht selbst geben. Ich kann mir Bibelworte sagen und sozusagen einverleiben. Aber selbst diese müssen auf ein offenes Herz zum rechten Zeitpunkt treffen – Gott hat eine herrliche und überraschende Art, genau das in uns zu erreichen.

Gottes Reden zu hören ist kein Teil eines Selbstverbesserungsplans, ist auch kein verkappter Gottesbeweis, sondern die schlichte Aussage: »Hier bin ich, Herr, sende mich und lehre mich, was ich tun soll! Sprich zu meinem Herzen, damit ich mehr der sein kann, den du in mir schon siehst!«

Hörendes Gebet ist Ausdruck der Hingabe an Gott und an die Nachfolge Jesu. Wer nicht bereit ist, gehorsam zu sein, der wird Gott nicht hören. Meines Erachtens ist mangelnder Gehorsam der häufigste Grund dafür, wenn Gott nicht zu einem spricht. Ich habe das immer wieder so erlebt. Da weigerte ich mich, konkret zu vergeben, verharrte in der Verbitterung gegenüber einem Menschen (»Der kann mich mal!«), und schleichend entfernte sich auch das Reden Gottes aus meinem Leben. Nicht weil dieser enttäuscht oder sauer gewesen wäre – sondern vielmehr als logische Folge eines eigenen Lebens aus der alten Natur, das zwangsläufig das Leben aus dem Geist schwächt. Schwächen muss – denn wir ernten immer noch, was wir säen (vgl. Galater 5,16-6,10), sofern wir damit nicht zum Kreuz kommen. Oft sind es gar nicht die üblichen und offensichtlichen Sünden, die dem Reden Gottes im Wege stehen, sondern Stolz, Eitelkeit, Neid, mangelnde Vergebung.

Benutzen wir den Glauben als Ruhekissen, um unser Leben angenehmer zu gestalten und die spirituelle Ebene des Daseins abzudecken? Für ein solches Zerrbild des Evangeliums ist Jesus Christus nicht gestorben.

Halten wir an Sünde fest und zwar so, dass selbst die Sehnsucht, sie loszuwerden, langsam erlischt? Benutzen wir den Glauben als Ruhekissen, um unser Leben angenehmer zu gestalten und die spirituelle Ebene des Daseins abzudecken? Für ein solches Zerrbild des Evangeliums ist Jesus Christus nicht gestorben. *Wie der Vater mich gesandt hat, so sende ich euch!* (Johannes 20,21; NLB). So sagt es Jesus selbst und meint damit nicht nur die Apostel.

Gottes Reden hören lernen – das ist gefährlich! Denn es wird unser Leben komplett auf den Kopf stellen. Wenn wir dazu bereit sind und die eigenen Ambitionen loslassen. Aber selbst die hingegebensten Christen tragen Mischmotivationen in sich. Wir sind nicht rein in unserem Denken – würde ich das von mir annehmen, würde ich ganz schnell in meinen Arm kneifen, um zu schauen, ob ich nicht schon auf einer Wolke sitze. Wir sollten sie Gott hingeben, ihm gegenüber unserer Sehnsucht danach Ausdruck verleihen, das zu tun, was gut ist, was vollkommen ist und woran Gott Freude hat (vgl. Römer 12,2). Gott liebt diese Sehnsucht in uns. Denn Sehnsucht ist immer der Treibstoff hinter dem Feuer der Leidenschaft. Haben wir keine Sehnsucht mehr, erlischt auch das Feuer …

Wie oft höre ich den Satz: »Wenn mir Gott doch zeigen würde, was ich tun soll …« Warum offenbart sich Gott nicht offensichtlicher? Weil es nicht seine Art ist. Weil wir eine Verantwortung für unser Innenleben haben. Weil wir uns nicht mit Müll vollstopfen und dabei immer noch den Anspruch haben können, mit Leichtigkeit die Perlen in all dem Durcheinander zu finden.

Doch Gott will leiten, das zeigt er immer wieder überdeutlich. Man lese einmal die Apostelgeschichte und achte auf die Stellen, in denen Gott konkret redet und führt. Man staune über einen Paulus, der so lange geduldig durch die Gegend marschiert, bis Gott zu ihm gesprochen und konkret Weisung gegeben hat.

Gott möchte uns in allen wichtigen Fragen leiten und auf manchmal überraschende Weise durch das Leben führen. Dort, wo er sich nicht konkret äußert, dürfen wir verantwortlich selbst aktiv werden und mutig handeln. Entsprechende Anweisungen finden wir zuhauf in Gottes Wort – wir brauchen nur zuzulangen und zu gehorchen. Doch dabei sollen wir nicht stehen bleiben. Gottes Reden hat nicht mit der Verschriftung der mündlichen Überlieferung der Bibel geendet.

Es geht allerdings längst nicht nur um Weisung für unser Tun. Gott möchte auch zu unserem Herzen sprechen, möchte gute Worte des Trostes und der Ermutigung schenken. Ich habe das selbst so erlebt, als ich in Anwesenheit eines Seelsorgers Jesus die Erlaubnis gegeben habe, mir an meinen wundesten Punkten zu begegnen. Was dann passierte, damit konnte ich nicht rechnen … Gott führte mich im Gebet zurück in den Kindergarten, in eine Situation, in der ich mich zutiefst gedemütigt gefühlt hatte und die mir immer noch nachging. Doch plötzlich änderte sich die Szenerie. Ich war nicht allein in meiner Scham als kleiner Junge – Jesus tauchte auf und setzte sich zu mir an den Sandkastenrand, legte seinen Arm um mich und sprach sanfte Worte, die heilten und ausdrückten, dass er schon damals bei mir gewesen war und mich nie aus den Augen gelassen hatte. Er nahm mich an der Hand und führte mich durch den Sandkasten und spielte mit mir. Mir liefen die Tränen über die Wangen, als ich diese Situation nacherlebte.

> Gottes Reden beauftragt nicht nur, das wäre ein sehr funktional gedachter Gott. Er redet zu unserem Herzen genau das, was wir benötigen, um ihm ähnlicher zu werden und seinen Frieden zu erfahren.

Gott spricht – und er hat sogar die Macht, heilsam hineinzusprechen in tiefe und verkrustete Schichten unseres Herzens. Gottes Reden beauftragt nicht nur, das wäre ein sehr funktional gedachter Gott. Er redet zu unserem Herzen genau das, was wir benötigen, um ihm ähnlicher zu werden und seinen Frieden zu erfahren.

Alles aber beginnt mit dem Schweigen. Dabei muss man nicht bis in die Kontemplation (siehe voriger Abschnitt) hineingehen. Ohne eine Zeit der Stille wird es aber nicht gehen. Denn nur so werde ich lernen, meine inneren Impulse auseinanderzudividieren. Und genau das muss ich tun, damit ich ein Gespür bekomme für die Stimme Gottes, die sich sonst so leicht im Gewimmel der inneren Stimmen verliert. Denn Gott drängt sich nicht auf, er nähert sich uns zart und liebevoll.

Als ich in meinem Blog ansprach, dass die Stille eine wichtige Vorbereitung auf das Hören ist, gab es folgenden aufschlussreichen Kommentar von einem Leser:

»Ich kann mich noch gut an ein Ereignis in unserem Gebetskreis erinnern. Spontan betete immer wieder jemand. Doch dann trat Stille ein. Für mich war es wunderbar. Es war alles gesagt, und nun herrschten Ruhe und Frieden. Das ging eine Zeit so. Plötzlich sprang aber einer von uns ganz erbost auf und verließ türknallend den Raum.«

Stille ist schwer auszuhalten, weil man unweigerlich den innersten Regungen begegnet, die man sonst unter Geschäftigkeit zu begraben versucht. Ja, ich würde sogar so weit gehen, zu sagen, dass der Teufel die Stille hasst und uns deswegen in einen dreckigen Mantel der akustischen Verschmutzung kleidet, der uns keine Chance geben soll, Gott im Alltag hörend zu begegnen. Es ist unsere Verantwortung, diesen Mantel bewusst auszuziehen und unser Inneres auszuhalten. Ein echtes Hören, aber auch echte innere Heilung und Veränderung geschehen nur durch unsere Dunkelheit hindurch – nicht indem wir sie leugnen oder umgehen.

Schweigen und Stille sind der Anfang – aber auch die innere Bereitschaft zum Hören. Rechnen wir überhaupt damit, dass Gott redet? Mir scheint, Gebet ist lange Zeit fast als eine Art Monolog betrachtet worden. Ein frommer Mensch erzählt Gott etwas, bringt ihm seine Anliegen in Bezug auf sich und andere, betet vorformulierte Gebete –

und ein recht entfernter Gott hört sich dieses Reden an wie ein König, dem man sich mit einem Gnadengesuch nähert.

Auf das Gemeindeleben bezogen: Welche Gemeindeleitung geht wirklich noch ins Gebet, schweigt und hört? Um zu empfangen? Wie oft handeln wir hektisch und pragmatisch und fühlen uns hinterher gut, weil wir so viel »geschafft« haben. Keine Frage, Gott kann all das benutzen und wird sich auch in dieser Vorgehensweise verherrlichen, wir brauchen uns nun keinen frommen Druck zu machen, aber … Wie viele Irrwege und Sackgassen hätte man sich auch im Gemeindeleben sparen können, wenn man nicht nur um Weisung und Leitung gebetet, sondern auch mal den Mund gehalten und zugehört hätte? Vielleicht ein paar Wochen lang, vielleicht in ganz wichtigen Fragen sogar von Fasten begleitet?

Wie viele Irrwege und Sackgassen hätte man sich auch im Gemeindeleben sparen können, wenn man nicht nur um Weisung und Leitung gebetet, sondern auch mal den Mund gehalten und zugehört hätte?

Um nun eine fundierte Grundlage für diese Gebetsform zu gewinnen, werfen wir einen kurzen, vielleicht überraschenden Blick in die Bibel.

Schon im Alten Testament unterscheidet sich Jahwe gerade dadurch deutlich von den Götzen der umliegenden Völker, dass er ein redender Gott ist. Ein Gott, der aktiv wird, auf seine Menschen zugeht, sie ruft und mit ihnen persönlich spricht. Er redet mit Abraham, Mose, Gideon und vielen großen und doch so normalen Gestalten des Alten Testaments. Dieses sehr kommunikative Verhältnis zwischen Gott und Mensch ist ja wesenhaft angelegt: Gott redet mit Adam und Eva – er gibt ihnen Aufträge, zeigt ihnen die Welt, er sucht sie und fragt sie. Der Mensch geht nicht schweigend im Garten Eden mit Gott spazieren …

Im Neuen Testament fasst der Schreiber des Hebräerbriefs dieses Phänomen eines redenden Gottes wie folgt zusammen:

Viele Male und auf verschiedenste Weise sprach Gott in der Vergangenheit durch die Propheten zu unseren Vorfahren. Jetzt aber, am Ende der Zeit, hat er durch seinen eigenen Sohn zu uns gesprochen. Der Sohn ist der von Gott bestimmte Erbe aller Dinge. Durch ihn hat Gott die ganze Welt erschaffen. Er ist das vollkommene Abbild von Gottes Herrlichkeit, der unverfälschte Ausdruck seines Wesens (Hebräer 1,1-3a; NGÜ).

Gott hat gesprochen und er hat bestimmte, mit dem Geist erfüllte Menschen dazu auserwählt, Empfänger zu sein und damit auch Sprachrohr Gottes für das Volk. Der Sohn – Jesus – erbt alles von seinem Vater und ist das vollkommene Abbild seiner Herrlichkeit und seines Wesens. So wie der Heilige Geist in den Tagen des Neuen Bundes auf alle Menschen ausgegossen wird, die sich zum Sohn halten[9], so werden alle zu Empfängern des gesprochenen Wortes Gottes. Der Urzustand der Gemeinschaft zwischen Gott und Mensch wird durch den Sohn wiederhergestellt für die, die glauben. Ja, es ist sogar unmöglich, dass es anders sein kann. Denn Gottes Geist wohnt in unserem Geist und betet ununterbrochen, vertritt uns mit Seufzen (vgl. Römer 8,26). Gottes Reden ist also ständig in uns. Er liebt die Gemeinschaft mit uns und er sehnt sich nach dem Austausch mit seinen Kindern.

Am eindringlichsten beschreibt es Jesus in Johannes 10, Verse 3 und 27, wo er zweifach betont, dass seine Kinder seine Stimme erkennen, sie hören und ihr folgen. Er sprach ja auch mit den Menschen und ließ sich auf sie ein – wenn Jesus nun das Wesen und die Taten seines Vaters exakt repräsentiert, dann dürfen wir damit auch in unserem Leben rechnen. Gott spricht, er spricht in das Leben, in das Herz, in die konkreten Situationen hinein.

Gott spricht, er spricht in das Leben, in das Herz, in die konkreten Situationen hinein.

Es war im Ostseeurlaub 2007 in Rerik. Ich war mit vielen Fragen losgefahren, Fragen an Gott, und irgendwie war bis zum vorletzten Tag nicht viel dabei herausgekommen. Ich hatte Gottes Reden in meinem Inneren schon oft vernommen, zum Beispiel wenn er mich bewegte, bestimmte Themen in der Gemeinde anzupacken, Predigten zu for-

---

9 Joel 3,1a: *Es kommt die Zeit, da werde ich meinen Geist ausgießen über alle Menschen. Eure Männer und Frauen werden dann zu Propheten* (GNB).

mulieren. Das war für mich aber – eine »Krankheit« von Hauptamtlichen – quasi das Reden meines Chefs. Ich habe diese Weisungen immer sehr genossen, aber ich brauchte mehr.

In jener Nacht konnte ich nicht einschlafen, obwohl ich todmüde war. Irgendwann vernahm ich in mir die leise Stimme: »Steh auf und geh eine Runde spazieren.« So machte ich es auch. Es kostete mich keine Überwindung, denn es war zwar schon nach Mitternacht, aber eine herrliche laue Nacht, die Mücken tanzten um die Straßenlaternen und die Straßen in diesem beschaulichen und hübschen Familienort waren leer und wie ausgestorben. Hier und da das Flackern eines Fernsehers hinter vorgezogenen Gardinen. Im Gehen begann ein Gespräch. Mit Gott. Ganz liebevoll und persönlich. Ich stellte Fragen, und Antworten strömten in mir hoch. Antworten, die ich mir nicht hätte ausdenken können, so überraschend und weitab von meiner inneren Prägung waren sie. Nach über einer Stunde dieses Dialogs war ich äußerst müde und fragte nur: »Darf ich nun ins Bett?« Die Antwort war ebenso deutlich »Nein, es ist noch Zeit zu reden!« So ging ich weiter und wir redeten. Bis es gut war und eine sanfte Stille eintrat, in der ich das Empfinden hatte, wie mit einem geliebten Menschen schweigend und dennoch tief verbunden spazieren zu gehen.

Gott spricht in Ihrem Geist zu Ihrem Geist, und dieser wird sich einen Weg suchen, wie er Ihnen bestimmte Dinge deutlich macht.

Von diesem Abend an war ich praktisch und dann auch bald theologisch überzeugt: Gott spricht auch heute noch – nicht nur durch sein Wort.

Ganz ehrlich: Kann ein Vater, dessen Kind gerade traurig und zerbrochen in seine Arme rennt, kalt schweigen und darauf verweisen, dass er ja vor einiger Zeit mal ein Buch geschrieben habe, und da könne das Kind nun nachlesen, was trostvoll sei? Gott sehnt sich stattdessen danach, dass wir ihn Tag für Tag zum Gespräch einladen und mit ganzem Herzen danach streben, uns zu öffnen und sein Reden zu verstehen. Doch wie kann das konkret gelingen?

Erst einmal: Gottes Reden ist nicht an die Gedanken gebunden. Gott spricht in Ihrem Geist zu Ihrem Geist, und dieser wird sich einen

Weg suchen, wie er Ihnen bestimmte Dinge deutlich macht. Manchmal kann ein ungewöhnliches Gefühl, ein Körperphänomen, genauso deutlich sprechen.

Ich erlebe das in der Seelsorge. Jemand erzählt mir sehr gelassen und wie selbstverständlich von sich und seiner aktuellen Situation, ich versuche dabei offen im Geist zu sein und bin in einer empfangenden Erwartungshaltung gegenüber Gott. Es geht eben nicht nur um kluge Analyse – es geht um Gottes machtvolles Handeln.

Plötzlich, ohne einen rational erkennbaren Grund, verspanne ich mich und spüre Schmerzen im Brustkorb. Ich reagiere auf mein Gegenüber. Körperlich. In diesem Moment stoppe ich den Redefluss des anderen und lausche nach innen. Spule wie bei einem alten Kassettenrekorder das Gesagte innerlich zurück und bitte Gott, dass er mir den kritischen Punkt zeigt. Zumeist gelingt dieses Vorgehen und ich kann hilfreich in die Situation hineinsprechen.

Gott spricht nicht nur durch Worte in Gedankenform – er benutzt auch andere Wege dazu und nicht selten kombiniert er die Wege miteinander. Nicht zuletzt redet Gott durch die Umstände. Durch Menschen, die uns begegnen, durch Erfahrungen, die wir machen – nichts ist einfach Zufall, oder nur insofern Zufall, dass Gott einem etwas zufallen lässt.

Die erste Frage von Menschen, die am hörenden Gebet interessiert sind, ist stets: »Wie kann ich denn Gottes Stimme von meinen inneren Stimmen unterscheiden?« Zuerst: Je tiefer ich in Gottes Wort lebe (nicht: je mehr ich weiß!), desto leichter wird mir das Erkennen seiner Stimme fallen.

Der zweite Hinweis ist dieser: Lerne deine inneren Stimmen kennen und unterscheiden (siehe auch Kapitel 9). Gib den Stimmen Namen. Je besser und genauer wir die inneren Stimmen kennenlernen, desto leichter können wir sie sanft beiseiteschieben, um Gottes Reden wahrzunehmen.

Der dritte Hinweis stammt nicht von mir selbst, sondern von John Ortberg aus seinem lesenswerten Buch *Abenteuer Alltag*. Ich empfinde seine Unterscheidungshilfe als überraschend und effektiv. Ich formuliere sie so, wie ich sie für mich umgesetzt habe. Gottes Reden passt zu seinem Charakter. Ein paar Beispiele zur Verdeutlichung:

- Gott wird niemals zu Ihnen sagen: »Wie kannst du nur das tun, du enttäuschst mich!« Denn Gott kann nicht enttäuscht werden.
- Gott wird nie zu Ihnen sagen: »Wie kannst du nur, du Wurm, du hast schon wieder versagt!« Denn Gott liebt seine Kinder und sieht sie durch Christus hindurch als rein und fleckenlos – selbst, wenn sie sündigen.
- Gott macht Ihnen keine unwirschen Vorhaltungen wegen Ihrer Schuld. Er überführt Sie sanft, aber bestimmt – so wie es seinem Charakter (Liebe und Wahrheit) entspricht.
- Gott wird Sie nicht beschimpfen, er wird nicht ängstlich sein (denn in der Liebe ist keine Angst), er wird nicht sorgenvoll klingen, er holt keine alten Sünden hervor, die längst vergeben sind, er verurteilt Sie nicht wegen Ihrer Schwäche.
- Gottes Stimme klingt nicht zornig, ungeduldig, genervt (»Was machst du denn schon wieder hier?«). So ist er nicht.

Solche Äußerungen kommen allesamt aus der eigenen Prägung der Seele oder sogar von gegnerischer Seite und können abgewiesen werden. Hier müssen wir im Gebet wie im alltäglichen Leben deutlich Gottes Wahrheit aussprechen und diese destruktiven Gedankengebäude, die uns an der Erkenntnis Gottes hindern, zum Einsturz bringen (vgl. 2. Korinther 10,3-5).

Gott macht Ihnen keine unwirschen Vorhaltungen wegen Ihrer Schuld.

Das heißt nun nicht, dass diese inneren Stimmen unwichtig oder minderwertig sind, sie sollen nur für den Zweck des Hörens Gottes zurückgestellt werden – in der Seelsorge können sie dagegen wichtige Informationen liefern.

Ein vierter Hinweis. Gottes Rede widerspricht nicht seiner Offenbarung in seinem Wort, der Bibel. Das versteht sich eigentlich von selbst. Wenn mir ein Mensch sagt: »Gott hat mir zweifelsfrei gesagt: ›Verlass deinen Partner und zieh zu einem anderen!‹« – dann ist dieses Reden leicht als Wunschdenken oder gar Ärgeres zu entlarven.

Auch sonst: Wenn Gottes Reden in meinem Leben gar eine prophetische Komponente beinhaltet, sprich: meinem Leben eine neue Richtung geben will bzw. meinem konkreten Gemeindeleib etwas zu sagen hat, dann muss dieses Reden geprüft werden (vgl. 1. Korinther 14,29; 1. Thessalonicher 5,20-21, aber auch 1. Johannes 4,1), bevor es herausposaunt wird. Gott möchte in solch wichtigen Weichenstellungen die geistliche Schwarmintelligenz des Leibes Christi nutzen.

Ein fünfter Hinweis: Gottes Reden muss nicht analysiert werden.[10] Gottes Reden im Inneren ist deutlich und für die meisten Menschen, die das erleben, auch sofort als sein Reden erkennbar und unterscheidbar. Gott redet anders. Er wirkt wie ein positiver Fremdkörper im Inneren. Er ist oft überraschend, spricht nicht in Rätseln und man merkt schnell: Das bin nicht ich, sondern er redet in mir, in meinem Geist.

Wir pflegen hier keine Esoterik. Esoterik ist ja wörtlich eine nur für einen »inneren« und sehr begrenzten Personenkreis zugängliche Lehre und Philosophie. Das wäre aber nicht Evangelium, das für den eher einfach strukturierten Menschen genauso gilt und gelten muss wie für den Universitätsprofessor mit einer Promotion summa cum laude. Jede Speziallehre, die nicht so weit heruntergebrochen werden kann, dass sie jeder Christ umsetzen kann, widerspricht letztlich dem Evangelium für alle Menschen.

Jede Speziallehre, die nicht so weit heruntergebrochen werden kann, dass sie jeder Christ umsetzen kann, widerspricht letztlich dem Evangelium für alle Menschen.

Die Kirchengeschichte zeigt, dass gerade einfache Menschen mit leeren Händen und offenen Herzen am leichtesten Gottes Reden in ihrem Leben vernehmen können. Bedenken wir an dieser Stelle noch einmal, wie selbstverständlich Jesus davon spricht, dass seine Schafe seine Stimme kennen und erkennen und ihr dann folgen. Schafe müssen sich vorher keine theologischen Wälzer oder Abhandlungen über Hirtenkunde einverleiben, bevor sie ihrem Schäfer folgen (wenn sie denn folgen …). Gottes Reden ist deutlich und nicht verklausuliert – er will ja verstanden werden, und das alltäglich neu.

---

10 Eine Ausnahme bildet die Traumdeutung, die eine eigene Kategorie des Redens Gottes darstellt und hier nicht behandelt werden soll.

Sechster und letzter Hinweis, den ich, wie manche Anregung, dem hilfreichen Buch *Hörendes Gebet* von Ursula und Manfred Schmidt entnommen und für mich weiterentwickelt habe. Wenn nach eingehender Prüfung immer noch Unklarheit herrscht, so helfen im Nachhinein ein paar konkrete Testfragen:

1. Ist das Gesagte originell, ungewöhnlich oder weiterführend? Gott ist meist inhaltlich konkret, überraschend, oft auch witzig und vor allem: auf den Punkt. Er möchte mich ja entwickeln und für den Dienst an der Welt ausrüsten und nicht bereits Vorhandenes permanent bestätigen. Allerdings kann es auch sein, dass nicht der Inhalt überraschend und ungewohnt ist, sondern der Zeitpunkt, sprich: Gott erinnert mich zur ungewohnten Zeit an eine alte Erkenntnis, die ich verdrängt oder vergessen habe. Wenn ich tief in einer Depression festhänge und mir auf überraschende Weise ganz neu die Liebe Gottes zugesprochen wird, dann ist nicht diese Botschaft neu, sondern die Situation – denn ich hatte es vergessen und war in meinem seelischen Sumpf versunken. So habe ich es eben erst erlebt: Ich machte mir Gedanken, wie ich all die Arbeit schaffen sollte, und dann sagte mir ein Jugendlicher in einem ganz anderen Zusammenhang, dass ihn Sprüche 16,1 gerade beschäftige *(Wir können unsere Gedanken sammeln, die rechte Antwort aber schenkt der Herr;* NLB). Das bewegte meinen Geist intensiv und ich wusste: Das ist jetzt für dich! Bekannte Inhalte – überraschende Situation.

> Lassen wir uns ein auf diesen Weg des Gesprächs und unsere Leidenschaft im Glauben wird angefacht werden und ihn gleichzeitig massiv in den Alltag holen.

2. Wollte ich das schon immer mal sagen oder hören? Dann kann das durchaus auch meinem Wunschdenken entspringen. Deswegen muss das Gehörte nicht falsch sein – aber es könnte einen anderen Ursprung haben und wäre dann anders zu bewerten.
3. Entspricht das Gesagte meinen geheimen Ängsten oder Wünschen? Es ist immer riskant, Gott ablehnend oder zustimmend wahrzunehmen, wenn man selbst gerade in der entsprechenden Grundhaltung gegenüber einer bestimmten Frage ist. Meine Erfahrung ist: Gott spricht

anders und pustet nicht in dasselbe Horn. Er hat andere Wege, mir seinen Willen deutlich zu machen.

Über allem aber gilt beim Hören von Gottes Stimme: Fehler machen ist erlaubt. Wichtig ist, dass wir anfangen.

Gott sehnt sich nach einem empfangenden und empfangsbereiten, sehnsüchtigen Herzen. Das ist der Anfang. Der nächste Schritt geht in die Stille – gleichzeitig nach innen und zu Gott selbst, der uns nah sein will. Der dritte Schritt lernt zu unterscheiden und hindurchzutauchen zu der einen Stimme Gottes, die deutlich und dennoch immer liebevoll und warm zu uns spricht. Lassen wir uns ein auf diesen Weg des Gesprächs und unsere Leidenschaft im Glauben wird angefacht werden und ihn gleichzeitig massiv in den Alltag holen. Ganz nebenbei werden wir feststellen, dass sich der Glaube auf gute Weise zentriert und reduziert hat – auf das Wesentliche: mit Gott zu leben und mit ihm zu reden. Manchmal auch mit Worten.

Bitte bedienen: Gebet ganz verschieden!

Gebet beim Sport

Zeit ist begrenzt. Nach einem langen Arbeitstag mit den Kindern herumtoben, dann vielleicht noch etwas für die Gesundheit tun, sagen wir: eine Runde joggen. Eine halbe Stunde. Dann ist es Abend, man plumpst aufs Sofa und entspannt sich. Wann ist Zeit für Stille? Für Ausrichtung auf Gott?

Warum nicht beim Sport beten? Ich habe die Erfahrung gemacht, dass der »Flow«, der gerade bei den Ausdauersportarten entstehen kann (vor allem beim Laufen, Schwimmen und Radfahren), durchaus das Gebet unterstützt – paradoxerweise vor allem das Gebet der Stille.

Wie kann das gelingen? Durch eine Kombination aus Atemrhythmik und Gebetswort. Beim Joggen zum Beispiel ergibt sich ein guter Trainingseffekt, wenn man in einem gleichmäßigen Rhythmus läuft und jeweils während drei Schritten einatmet und während drei aus. Kommen Sie bei diesem Rhythmus in Sauerstoffnot, dann laufen Sie zu schnell oder haben eben andere Trainingsziele. Die hier vorgestellte Methode lässt sich aber leicht anpassen. Wenn ich nach ein paar Minuten warmgelaufen bin und sich dieser Rhythmus entspannt eingestellt hat, dann beginne ich, beim Atmen zu beten:

»Du – in – mir« (einatmen), »ich – in – dir« (ausatmen).

Oder:

»Du – stärkst – mich« (einatmen), »ich – lasse – los« (ausatmen).

Man findet also biblisch gut begründete Aussagen, die sich mit dem 3/3-Rhythmus des Laufens einfach verknüpfen lassen. Zwei Vorteile hat das: Der Laufrhythmus wird verstärkt und stabilisiert, und zudem wird der Fluss der Gedanken fokussiert auf den, der mir diesen Körper geschenkt hat, den ich gerade trainiere. Vielleicht ist es auch hier vorher nötig, Sorgen, Gedanken, Alltagsmüll einfach leise vor sich hin betend abzuladen, bevor mehr Ruhe einkehren kann.

Bald schon, nach wenigen Minuten, wechsele ich zu einer stillen Anbetung des Namens Jesus, den ich beim Ausatmen mitspreche. Ruhe kehrt ein. Mitten im Lauf. Es vereinen sich Körper, Geist, Seele, Schöpfung auf schönste Weise (auf einem Laufband habe ich das zumindest noch nicht in diesem Maße erleben können).

Gebet als Spaziergang mit einem Freund

Die einfachste und zugleich grundlegendste Form des Gebets ist das einfache Gespräch. Beim Spazierengehen lässt sich das wunderbar praktizieren. Ich erzähle Jesus einfach das, was mich gerade beschäftigt. Mit ganz normalen Worten, ohne frommes Vokabular. Dabei – das hat sich für mich als hilfreich erwiesen – spüre ich ab und an nach, wie Jesus mich an meiner Hand hält. Wir gehen Hand in Hand. Zu romantisch? Vielleicht. Aber voller Symbolik, denn in der Tat ist es ja er, der uns führen soll und will. Die Hand, die mich hält, wird mich auch ausstatten mit Waffen des Kampfes, wenn es so weit ist!

Die einfachste und zugleich grundlegendste Form des Gebets ist das einfache Gespräch. Beim Spazierengehen lässt sich das wunderbar praktizieren.

Ich lasse mich wie ein Blinder führen. Manchmal – auf sicherem Terrain – schließe ich für eine halbe Minute die Augen, gehe langsam weiter und bete dabei. Ich bin blind, er aber führt mich. Das Gebet folgt dabei nur einer Regel: Ich bin wie eine Gießkanne, die man bei sich trägt und schief hält. Dabei entleert sie sich langsam, bis sie ganz leicht geworden ist. Hinter mir liegt eine Spur des Gebets, in mir ist es ruhig geworden, weil ich alles losgeworden bin.

Dieses schlichte, freundschaftliche Gebet ist eigentlich die Grundlage einer gelassenen Spiritualität. Es kann selbstredend auch an anderen Orten praktiziert werden, ich habe das Spazierengehen aber immer als angenehm empfunden und habe es selbst mitten in der Stadt praktiziert (dann natürlich, ohne die Augen zu schließen).

Psalmen beten

Es gibt viele Gründe, warum unser freies Gebet verstummen kann. Wenn ich irre am Glauben werde, wenn Schmerz, der Tod eines geliebten Menschen oder andere widrige Lebensumstände mich innerlich gegen Gott aufbringen, dann wird manchmal vielleicht sogar das Gebet zur Unmöglichkeit.

> Schweigen in der Not ist Gebet auch ohne Worte.

Manche Christen erheben sich über diesen Umstand und verurteilen solche Geschwister. Wie fatal. Hiobs Freunde, so viel Unsinn sie geredet haben mögen, haben dennoch eines richtig gemacht: Sie haben erst einmal eine lange Zeit bei Hiob im Dreck gesessen und mit ihm getrauert und geschwiegen.

Gott tut genau das. Er will unser gebeuteltes Herz liebkosen und kann sehr gut damit umgehen, dass wir ihn vielleicht anklagen, bestimmt aber still werden und im Leid seufzen. Schweigen in der Not ist Gebet auch ohne Worte. Der Heilige Geist vertritt uns. Gott schaut in unser Herz und unsere Gedanken – wir müssen also mit unserem Gebet niemandem etwas beweisen, Gott schon gar nicht.

Wenn dann die Stille irgendwann zur Einsamkeit wird, dann helfen uns die Gebete der Bibel. Die Psalmen drücken alle wichtigen Themen des Lebens auf unnachahmliche Weise aus. Trauer, Schmerz, Lust,

Angst, Schuld – alles darf vorkommen und wir finden auf diese Weise unsere Sprache wieder. Gleichzeitig können uns die Psalmen die bunte Bandbreite des Gebets zeigen und uns vor Einseitigkeiten in unserer Gebetspraxis bewahren. Deswegen ist es ein lohnendes Unterfangen, jeden Tag einen Psalm laut zu lesen. Doch zwei Fragen ergeben sich hier: Kann man denn heute noch alle Psalmen lesen? Und zweitens: Ist denn das richtiges Gebet?

Zur ersten Frage: Nicht wenige Christen haben Schwierigkeiten mit Rachepsalmen, in denen Feinde zermalmt und vernichtet werden. Dazu kommen noch weitere Psalmen nach dem Muster: Bin ich fromm und gehorsam, wirst du mich segnen. Schon im Alten Testament wird mit dieser Sichtweise durch Hiob gebrochen, spätestens im Neuen Testament zeigt uns Jesus, dass der Sieg durch die Niederlage hindurchgehen kann und weltliches Wohlergehen nicht automatisch eine Folge gottgefälligen Lebens ist.

Wie können wir also solche Psalmen beten? Wir beten sie durch Jesus Christus hindurch. Alle Schrift muss von ihm her ausgelegt werden. Die Verse, die seiner Lehre widersprechen, gerade aus dem Alten Testament, müssen in seinem Sinne korrigiert werden. Christus ist der Mittelpunkt der Schrift. Zweifelsohne wird er eines Tages die Feinde richten und so können wir einen Rachepsalm lesen und ganz bewusst ihm die Rache überlassen. Denn die Rache ist sein, wir sollen und dürfen nicht richten und rächen (vgl. Römer 12,19).

Insofern ist auch das Lesen von fertigen Gebeten dann Gebet, wenn ich mich in ihnen versenke, mich mit ihnen identifiziere und nicht nur in einem rationalen Vorgang des Lesens verharre.

Eine andere Variante, diese Psalmen zu beten, ist auch, die Feinde auf die Feinde meines Glaubens zu beziehen, die dunklen Mächte des Bösen, die mich schwächen und verführen wollen und sich mit den dunklen Seiten in meinem Herzen verbünden. Auf solche dürfen wir getrost die kämpferischen Psalmen münzen, die von Sieg und Vergeltung sprechen, denn ihnen gilt noch immer der Kampf.

Zur zweiten Frage: Ist denn das Lesen von vorgefertigten Gebeten – und zu diesen gehören ja die Psalmen – richtiges Gebet? Die Frage ist schon verquer, denn es gibt kein richtiges und falsches Gebet im engeren Sinne, denn wir können überhaupt nicht richtig beten. Diese biblische Einsicht (vgl. Römer 8,26) erleichtert ungemein. Insofern ist auch das Lesen von fertigen Gebeten dann Gebet, wenn ich mich in ihnen versenke, mich mit ihnen identifiziere und nicht nur in einem rationalen Vorgang des Lesens verharre. Noch besser ist es, wenn ich Psalmen auswendig kann. Ich kann mich dann in sie hineinbegeben wie in einen Raum des Gebets. In diesem Moment wird das fertige Gebet zum neuen Gebet in meinem Herzen.

Wir dürfen also ganz gelassen Gebete sprechen, die andere vor uns gebetet haben. Unsere Aufmerksamkeit soll aber darauf gerichtet sein, nicht nur Worte zu sprechen oder zu lesen, sondern diese Worte zu verkörpern. Damit das Gebet zu unserem Gebet wird. Dazu passt die nächste Idee …

Körpergebet und Gebetsgesten

Haben Sie schon einmal Juden beobachtet, die zum Beispiel an der Klagemauer stehen und beten? Oder die alten Texte in der Synagoge rezitieren? Oder junge Gläubige in der Ausbildung? Da ist der Körper beteiligt. Da wird im Rhythmus der hebräischen Sprache der Körper bewegt …

Auch in der Bibel finden wir zahlreiche Gebetsgesten: knien, beugen, hinfallen, auf den Boden legen, tanzen, ja hüpfen, die Hände heben und vieles mehr. Was haben wir in diesem Bereich doch alles verloren. Dabei kann jedes Gebet auf intensive Weise durch einen passenden Ausdruck des Körpers gefördert und unterstützt werden.

Machen Sie doch einmal einen Selbstversuch und versuchen Sie, mit gebeugtem Kopf Gott zu loben. Fast unmöglich! Nun zur Abwechslung stehend und die Hände nach oben gereckt. Besser. Alternativ: Sie treten demütig vor Gott und wollen um Vergebung bitten. Versuchen Sie dies einmal tanzend oder eben auf den Knien. Der Unterschied ist spürbar und macht deutlich: Es existiert eine enge Kopplung zwischen Körper, Seele und Geist.

In Amerika hat ein kleines Büchlein von Doug Pagitt[11] viel bewegt, in der Kirchengeschichte kennt man zum Beispiel die neun Gebetsgesten

---

11 *BodyPrayer: The Posture of Intimicy with God.*

des Dominikus. Hier gilt es, Schätze zu heben. Dem christlichen Glauben, gerade in der protestantischen Spielart, wird ja auch immer wieder Leibfeindlichkeit und mangelnde Ganzheitlichkeit vorgeworfen: Der postmoderne Mensch wünscht sich eine Vereinigung der Bestandteile seiner Identität – und er hat recht damit. Wenn unser Leib der Tempel des Heiligen Geistes ist (vgl. 1. Korinther 6,19), dann sollten wir beim Gebet nicht so tun, als existiere er nicht, oder schlimmer: als sei er beim Gebet hinderlich oder gar störend.

Korinth ist aktueller denn je. Denn genau diese Leibfeindlichkeit finden wir in unserer Zeit unter dem Deckmäntelchen der geschlechtlichen Lockerheit, der Promiskuität, des Missbrauchs des Körpers.

Paulus geht ja sogar noch weiter, indem er die Korinther davor warnt, den Leib als quasi abgespalten vom Rest zu betrachten, nach der korinthischen Maxime: Ich kann zu Huren gehen, das hat mit meiner Seele und dem Geist absolut nichts zu tun. Korinth ist aktueller denn je. Denn genau diese Leibfeindlichkeit finden wir in unserer Zeit unter dem Deckmäntelchen der geschlechtlichen Lockerheit, der Promiskuität, des Missbrauchs des Körpers als funktionierende Maschine im Sport, durch falsche Ernährung und eine Vernachlässigung durch den Beruf. Dass der Körper nicht im Mittelpunkt steht – das ist deutlich. Aber er soll eine dienende Funktion haben. Wir sollten den Körper mehr und mehr hineinholen in die Gottesdienste und in die spirituelle Praxis. Mit großer Kreativität und innerer Freiheit.

Alles als Gebet betrachten

Wir sitzen zusammen im Hauskreis und eine Frau fragt mich etwas verzweifelt: »Ja, wo soll ich denn Gebet unterbringen? Ich bin von morgens bis abends unterwegs!« Abgesehen davon, dass man durchaus kreative Freiräume schaffen kann (zum Beispiel beim Autofahren oder auf der Toilette), ist das tatsächlich eine brennende Frage. Bruder Lorenz hat sie in seinem Klassiker *Praxis der Gegenwart Gottes* indirekt beantwortet. Da entdeckt ein einfacher Küchenmönch des Mittelalters, wie selbst seine eher stupide und harte Arbeit zu einer geistlichen Erfahrung werden kann.

Wir sind immer in der Gegenwart Gottes. Immer. Egal, wo wir hinkommen, er ist schon da. Egal, was wir vorhaben, er kann es, und sogar besser als Sie und ich. Egal, welches Gespräch wir führen müssen, er kennt die Person und deren Herz genauer als jeder andere Mensch dieser Welt.

Warum beschränken wir unsere Zeit des Gebets auf ein bestimmtes Zeitintervall? Wir benötigen Phasen der Einsamkeit und Stille und wir werden sie auch finden. Zum Beispiel, indem wir auf 15 Minuten unseres Fernsehprogramms verzichten. Aber diese Stille, so entscheidend sie für unser Wachstum im Glauben ist, ist nicht das Wesentliche, sondern der Ausrüstungsort für das Wesentliche – den Alltag in der Gegenwart Gottes zu leben.

Gebet ist nicht nur Gebet in der Stille – sondern alles, was ich zur Ehre Gottes tue und ihm widme. Franz von Sales wird die Aussage zugeschrieben: »Gebet ist viel mehr (als Morgen-, Mittags- und Abendgebet; Anmerkung des Autors). Mein ganzes Leben, alles, was ich denke, rede und tue, soll zum Gebet werden.« Um zu diesem Ziel zu kommen, benötigen wir neben der intellektuellen Einsicht, dass Gebete nicht nur Worte sein sollen, vor allem ein Leben aus dem Geist und eine stetige leise und zarte Hinwendung des Herzens zu Gott.

Ich mache mir immer wieder im Laufe des Alltags klar, bis es zur Gewohnheit geworden ist: »Gott ist da. Er ist jetzt hier und ich schenke ihm diese nächste Stunde als gelebtes Gebet und zur Ehre seiner Herrlichkeit.« Immer neu sein Herz zu Gott zu heben – das empfiehlt auch Franz von Sales. Diese Wendung geschieht so, wie sich ein Verliebter der Geliebten zuwendet. Stört die Liebe zwischen zwei Verliebten den Alltag? Mag sein, dass es zu Träumereien kommt, aber oft wird die Arbeit und das Alltagsgeschäft leichter, heller und fröhlicher.

Warum sollte also die Liebe zu Gott unseren Alltag schwächen? Alles soll zum Gebet werden. Kleben Sie sich ein post-it ins Auto, auf dem diese Erinnerung steht. Oder an den Spiegelschrank. Auf den Schreibtisch. Richten Sie sie sich als Bildschirmschoner ein. Hauptsache, das Herz wendet sich ab von der Zerstreuung durch die vielen äußeren Impulse und fokussiert sich neu auf den, der unseren Tag zu etwas Besonderem macht, auf Gott selbst.

Sprachengebet

Ich werde die Frage des Sprachengebets an dieser Stelle nicht ausschweifend theologisch behandeln können. Darf es das Sprachengebet geben? Ich denke Ja – denn es existiert, es ist biblisch belegt (vgl. z.B. 1. Korinther 14,14 -15) und ich sehe viel persönliche Frucht und eben keinen »Geist von unten« bei denen, die es verantwortungsvoll praktizieren.

Diese Gabe ist nicht nur der ersten Christenheit vorbehalten, sondern dient der persönlichen Auferbauung und – falls Ausleger vorhanden sind – der ganzen Gemeinde. Ich habe um das Sprachengebet in einer Zeit der inneren Sprachlosigkeit auf einer Geschäftsreise in meinem früheren Beruf als Informatiker gebeten und es empfangen. Gänzlich unspektakulär. Ohne wildes Herumgehüpfe. Einfach wie eine neue Sprache, in der man beten kann. Ich lag auf dem Bett in meinem Hotelzimmer, bat um diese Gabe und hatte die geistliche Empfindung, dass ich einfach anfangen sollte, den Mund zu öffnen und zu sprechen. So entwickelte sich eine mir ungewohnte Sprache, die gleichzeitig sehr schön klang und mein Herz springen ließ. Heute bete ich immer wieder einmal in dieser Sprache, gerade wenn ich angefochten bin oder Gott lobe, gehe damit aber sehr dezent und vorsichtig um.

Wenn man sich nach dieser Gabe sehnt und sie nicht als verkappten Gottesbeweis betrachtet (so wie nicht selten bei den eher »spektakulären« Gaben), dann gilt es, ganz kindlich darum zu bitten und auf Gottes Antwort zu hören. Er wird sie schenken – oder auch nicht. Egal, wie er entscheidet, es ist gut.

Es gibt auch eine Form der sogenannten Glossolalie in fremden Religionen und Kulten – diese ist dann aber verbunden mit Ekstase und Kontrollverlust. Genau an dieser Stelle muss beim Sprachengebet auch in christlichen Kreisen die Vorsicht walten. Denn sonst kann sich – und damit will ich keine Angst machen, sondern ernsthaft warnen – unter dem Deckmäntelchen der Sprachenrede etwas Dämonisches einschleichen. Christliche Sprachenrede ist kontrollierbar, umgeht nicht den Verstand (auch wenn sie nicht in diesem entsteht), kann ein- und wieder ausgeschaltet werden und ist nicht ein Erweis besonderer Frömmigkeit.

Sie aber wegen der möglichen Gefährdungen unter Generalverdacht zu stellen, ist genauso wenig angemessen.

Wer diese Gabe hat, sollte sie praktizieren – denn dazu sind Gaben da. Wer aufgrund der verstärkten Praxis eine tiefere Hinwendung zu Gott erfährt und eine Vertiefung der eigenen Spiritualität – der hat einen wertvollen Zugang zu Gott für sich entdeckt und kann so tiefe und fröhliche Gemeinschaft mit ihm erfahren. Doch bitte ohne dogmatischen Anspruch an alle Christen, jederzeit kontrollierbar und in einer angemessenen Haltung gegenüber Gott und den Menschen um mich herum. Vor Menschen in Sprachen zu beten, die damit nichts anfangen können oder davon eher abgestoßen werden, das ist schlicht Lieblosigkeit und sollte unterbleiben. Die Liebe zu den Menschen steht über der persönlichen Eigenart – so sollte es auch hier sein!

Anbetung

> *Aber die Zeit kommt, ja sie ist schon da, in der die wahren Anbeter den Vater im Geist und in der Wahrheit anbeten. Der Vater sucht Menschen, die ihn so anbeten* (Johannes 4,23; NLB).

Jesus spricht sich dagegen aus, dass Anbetung an einem bestimmten Ort oder zu einer bestimmten Zeit stattzufinden hat – denn das war die Gewohnheit der Samaritaner. Entscheidend ist für ihn, dass wir im Geist anbeten. Also in unserem Geist und geleitet vom Heiligen Geist. Das hat nicht primär etwas mit Gefühlen zu tun, sondern mit einer Haltung, die das Herz bewusst Gott zuwendet und ihm begegnet. Und die Wahrheit muss dazukommen. Das ist erstens Christus selbst, das ist aber auch zweitens die Wahrheit über mich. Es geht bei Anbetung nicht um eine fromme Tagflucht. Immer wieder habe ich Menschen erlebt, die verzückt in Anbetungszeiten Lobpreislieder sangen – hinterher aber wirklich mürrische und unzufriedene oder schlimmer: fassadenhaft selig lächelnde Zeit-

Jesus spricht sich dagegen aus, dass Anbetung an einem bestimmten Ort oder zu einer bestimmten Zeit stattzufinden hat – denn das war die Gewohnheit der Samaritaner.

genossen waren und sind. Da begegnen einem innerhalb kurzer Zeit zwei verschiedene Persönlichkeiten.

Wenn ich anbete, darf ich so kommen, wie ich bin, und ich muss gleichzeitig nicht so bleiben, wie ich bin – so sagt es ein wunderbares Lied von Manfred Siebald. Wenn ich meine augenblickliche Lage, meine innere Wahrheit in der Anbetung ausblenden muss, dann stimmt etwas nicht. Wenn meine Person und ihre Außenwirkung im Lobpreis dauerhaft eine andere ist als außerhalb, dann benutze ich den Glauben als Betäubung, Täuschung oder gar als Droge – aber meine damit viel weniger Gott als mich selbst.

Es ist bezeichnend, dass Anbetung in den Evangelien oft als Folge des Entsetzens, des Staunens, des Erschrockenseins über diesen Jesus stattfindet. Petrus erkennt sich selber im Lichte Jesu – er erkennt Jesus als Wahrheit und die Wahrheit über sich selbst als Sünder, fällt zu Boden und ruft Jesus entgegen: »Weiche von mir, ich bin ein sündiger Mensch!« (vgl. Lukas 5,1-11). Das ist wahre Anbetung. In Geist und Wahrheit.

Echte Anbetung ist eine Herzenshaltung. Eine Haltung, die sich aus dem Geist heraus Gott öffnet. Eine Haltung, die sich die Wahrheit sagen lässt – von Gottes Wort, von Gott selbst, von Geschwistern. So geerdet und von allen falschen Fassaden befreit, findet echte Anbetung statt.

Hier sind einige Fragen, die Sie sich in Bezug auf die Anbetung in Ihrer Gemeinde (aber auch für Ihre persönlichen Zeiten) stellen können:

- Eignen sich die Lieder und die Gebete dazu, Menschen in allen Situationen abzuholen und vorkommen zu lassen, oder werden Personen durch Texte ausgegrenzt?
- Folgen zumindest manche Lieder dem biblischen Motiv der Verwandlung, das sich in vielen Psalmen zeigt – von der Klage und dem Kommen, wie man ist, hin zu einem Blick auf Gott und dem damit verbundenen Lob?
- Werden das Leben und der Gottesdienst in Gänze als Teil der Anbetung verstanden oder dient die Lobpreiszeit eventuell der emotionalen Flucht?
- Wird darüber reflektiert, wie die Menschen im Geist anzusprechen sind – und nicht primär über Gefühle?

- Haben Erschrecken, Erstaunen und Umkehr thematisch Raum in der Anbetung?
- Nehmen Außenstehende die Anbetung positiv wahr?

Nur wenige Fragen – aber sie scheinen mir wichtig für die persönliche und die gemeindliche Praxis der Anbetung und des Lobpreises zu sein. Letztlich ist Anbetung immer eine Reaktion auf die Begegnung mit dem Gott der Wahrheit. Auch der Wahrheit über mich. So kann selbst der Schmerz über uns selbst, das Erschrecken über die eigenen seelischen Untiefen, zu einer Anbetung werden, die Gott mehr gefällt als jeder gefühlige Höhenflug. Das Faszinierende ist: Wenn wir unser Leben mehr und mehr zur Anbetung werden lassen – dann werden uns auch Gedanken und Gefühle geschenkt werden, die uns zutiefst berühren und bewegen können.

Letztlich ist Anbetung immer eine Reaktion auf die Begegnung mit dem Gott der Wahrheit. Auch der Wahrheit über mich.

Doch wie finde ich in die Anbetung hinein? Durch das Betrachten von Jesus Christus und seinem Werk. Durch die Schöpfung und der dahinter stehenden Größe Gottes. Durch die zahlreichen Gottesnamen der Bibel. Generell entzündet sich Anbetung am Gegenüber. Wenn der zündende Funke auf ein empfangsbereites Herz trifft (das sich seiner Wahrheit stellt), dann entsteht Anbetung. Wie diese aussieht? So unterschiedlich, wie die Menschen sind. Der eine schreibt ein Gedicht, die andere malt etwas zur Ehre Gottes. Einer schreibt aus der Haltung der Anbetung ein theologisches Kapitel, wieder ein anderer verharrt in staunendem Schweigen. Immer aber soll die Anbetung aus dem Leben kommen und wieder ins Leben hineinführen.

Kennen Sie diese Autorennbahnen mit Looping für Kinder? Es gibt in der Mitte eine Schleuse mit zwei rotierenden Gummiwalzen, in der der Wagen wieder Energie für die nächste Runde erhält. So stelle ich mir Lobpreis vor: als Energiespender für die nächste Runde. Aus dem Leben – in das Leben … bis das Leben selbst mehr und mehr zum Lobpreis wird.

Beten mit alltäglicher Symbolik

Staubsaugen – ahhhhh! Nervig. Doch plötzlich kommt mir der Gedanke. So wie ich hier Krümel vom Korkfußboden unseres Wohnzimmers wegsauge, so beseitigt Gott Krümel oder Brocken der Verbitterung, der Trauer in mir. Blockaden räumt er aus dem Weg, damit ich besser und erfüllter mit ihm leben kann.

Meine Gedanken schwenken weiter zu einem Bild aus dem Buch *Die Hütte* von William P. Young. Dort zeigt der Heilige Geist (in Gestalt einer zarten mysteriösen Asiatin) einem tief verletzten Mann einen Garten, der chaotisch und durcheinander wirkt und dennoch in sich harmonisch und durchaus stimmig ist. Der Heilige Geist beginnt an einer kleinen Stelle zu roden und zu pflanzen – und plötzlich begreift dieser Mann: Dieser Garten ist sein Herz. Sein Seelengarten. Und Gott ist wie der Weingärtner aus Jesu Gleichnis (vgl. Johannes 15,2) immer an der Arbeit in diesem Garten. Was für ein schönes Bild. Dankbarkeit steigt in mir hoch. Aber auch Fragen entstehen: Lasse ich das zu, dass Gott den Staubsauger anschmeißt? Habe ich Mauern gebaut, die das verhindern sollen? Will ich lieber selbst glauben und saugen? Ein Dialog mit mir selbst und mit Gott beginnt. Mitten im Staubsaugen …

Oder beim Duschen. Die Band *Jesusburger* hat daraus einen herrlichen, kindlichen und dennoch tief geistlichen Song gemacht: Jesusduschen.

Ich liebe duschen, mal heiß und mal kalt,
mal morgens, mal mittags, in jeder Gestalt.
Ich liebe duschen, es ist ein Riesenspaß
und ich sage zu dem Dreck: Du bist weg!

Wenn ich so unter der Dusche steh,
dann denk ich an meinen Jesus
und wie sehr er mich liebt.
Wenn ich so unter der Dusche steh,
stell ich mir vor, der Wasserstrahl
ist Himbeersaft, der gibt mir Kraft!

> Weil Gott mich liebt, weil Gott mich liebt,
> ist Jesusduschen jetzt mein Prinzip!

Warum nicht beim Duschen darüber nachdenken, wie Gott einen liebt und den Dreck der Schuld und der Sünde einfach wegwäscht – und gleichzeitig Kraft gibt? So wie die tägliche Dusche normal ist, so sollte auch die tägliche geistliche Reinigung selbstverständlich und erfrischend werden. Nicht, weil Gott das braucht, sondern weil wir das benötigen.

Wenn wir beginnen, alltägliche Symbole wahrzunehmen und geistlich zu deuten und so die Verbindung zur Bibel und vor allem zum Gebet zu schaffen, dann lädt sich unser Alltag geistlich auf. Dann geschieht genau das, was Jesus auch im Sinn hatte, als er Gleichnisse erzählte. Er verknüpfte ganz alltägliche Bilder und Ereignisse mit einer tiefen geistlichen Botschaft. So konnten die Menschen gar nicht anders, als an das Gleichnis vom vierfachen Acker zu denken, wenn sie Korn aussäten.

Wenn ich die alltäglichen Dinge kreativ geistlich betrachte, hat das noch einen weiteren Effekt: Die Trennung zwischen Leben und Glauben wird überwunden und ich realisiere die Gegenwart Gottes. Irgendwann brauche ich keine post-its mehr, auf denen steht, dass Gott da ist – weil alle möglichen Gegenstände und Aktivitäten mich darauf hinweisen und mich auf eine innere geistliche Reise schicken, während ich vielleicht stupide Arbeit zu erledigen habe.

Das größte Gebet, das ein Mensch im Angesicht der Schöpfung beten kann, ist wahrscheinlich das staunende Schweigen.

Gartenarbeit, Staubsaugen, Kloputzen – alles kann zum Gleichnis werden!

Mit der Schöpfung beten

Das größte Gebet, das ein Mensch im Angesicht der Schöpfung beten kann, ist wahrscheinlich das staunende Schweigen. Alternativ: Jubeln und Hüpfen. Mir geht es spontan immer wieder so, wenn ich nach einem Jahr das Meer wiedersehe, langsam den Deich bzw. die Dünen hochgehe und dann zum ersten Mal einen Blick auf das Meer werfen kann. Manchmal steigen mir Tränen in die Augen, wenn ich die Weite wahrnehme. Manchmal jubele ich wie ein Kind und stapfe mich selbst überschlagend die Dünen hinunter bis zum Strand.

Bei dieser Anbetung unterstützt mich meine ursprünglich naturwissenschaftliche Ausrichtung sogar. Ein naturwissenschaftlicher Blick auf die Welt wird erst dann zum Glaubenshindernis, wenn er mit einem Glaubensgrundsatz verknüpft wird, der da lautet: Ich kann diese Welt erklären, und weil ich sie erklären kann, gibt es keinen Gott. Doch genau dieses naturwissenschaftliche Weltbild hat eigentlich seine Wurzeln im 19. Jahrhundert. Das letzte Jahrhundert dagegen war geprägt von Wissenschaftlern, gerade von Physikern, die eine neue Demut gelernt haben und nicht selten am Boden ihres Forschens doch wieder bei Gott angekommen sind. Einer der großen Philosophen des 20. Jahrhunderts, der Begründer der sogenannten analytischen Philosophie, Ludwig Wittgenstein, schrieb einmal: »Es ist der Aberglaube der Moderne, die Naturgesetze erklärten uns die Ereignisse der Natur, also den Lauf der Welt.« In Kreisen seriöser Wissenschaftler sind die Zeiten, wo man meinte, man könne die Welt in Gänze ergründen, seit vielen Jahrzehnten vorbei!

Gott beweist in der Schöpfung aber auch Humor und nutzt sie zum Gespräch mit uns.

Wenn ich also die Schöpfung in ihrer Komplexität wahrnehme, wird es immer unwahrscheinlicher, dass dieses alles reiner Zufall sein soll. Ich beginne zu staunen, wie ein Mensch trotz der Riesigkeit dieser Schöpfung dennoch wirksam sein kann. Ich staune, dass Gott, der dies alles in seinen Händen hält, dennoch mit mir kleinem Wesen etwas zu tun haben will – ja, noch mehr: dass er mich unendlich liebt und wichtig findet.

Gott gebraucht – ähnlich wie Jesus in seinen Gleichnissen – die Schöpfung auch, um uns viele Dinge deutlich zu machen. So kann der Dialog mit der Schöpfung schnell zum Dialog mit Gott werden. Allein die Betrachtung der Jahreszeiten eignet sich prächtig dazu, über Wachstums- und Reifephasen des Glaubens nachzudenken und zu erleichternden Schlüssen zu kommen, die sich genau so in der Bibel verankern lassen. So schließen sich Kreise und das Empfinden wächst: Alles ist stimmig und ich kann mich in und trotz dieser riesigen Welt geborgen fühlen.

Gott beweist in der Schöpfung aber auch Humor und nutzt sie zum Gespräch mit uns. Ein Freund von mir joggte eines Tages durch den Wald. Dabei betete er: »Herr, ich will deine Größe erfahren, ich will wahrnehmen, wie groß du bist!« Irgendwann meinte er, die deutliche Stimme in sich wahrzunehmen: »Ach du, meine Größe könntest du gar nicht ertragen!« Mein Freund betete weiter und bat um die Erfahrung der Größe Gottes. In diesem Moment brachen kurz vor ihm Rehe aus dem Gebüsch und überquerten den Weg. Das Erschrecken war natürlich riesig. Im gleichen Moment hatte mein lieber Freund den Eindruck, dass diese leise innere Stimme lachend zu ihm sagte: »Siehst du? Du erschreckst schon vor Rehen … Wie sehr wirst du dann vor mir erschrecken?«

Wir haben beide herzhaft über diese Geschichte gelacht und gestaunt, wie humorvoll und Ehrfurcht gebietend Gott ist. Er befiehlt seiner Schöpfung und sie tut das, was er will. Dieser Gott ist Ihr Papa!

Konkret gefragt – zum Weiterdenken

- *Wie halten Sie es mit der Vergebung? Bleibt sie allgemein oder wird sie konkret? Haben Sie Menschen in Ihrem Lebensrucksack, denen Sie noch nicht vergeben haben?*
- *Was hält Sie davon ab, in Bezug auf eine bestimmte hartnäckige sündige Gewohnheit zu einem Bruder oder einer Schwester zu gehen, um dort Vergebung zu empfangen?*
- *Haben Sie Gottes Reden schon einmal gehört? Wie und unter welchen Umständen?*
- *Fällt es Ihnen leicht, ruhig zu werden, oder ist das eine echte Herausforderung? Woran könnte das liegen?*
- *Probieren Sie die zahlreichen Gebetsformen aus und prüfen Sie, ob Gott sie in Ihrem Leben verankern will!*

5. Teil

Wie der Glaube ins Leben kommt

Einleitung

Hatte denn das Bisherige nichts mit dem Leben zu tun?

Vielleicht sind Sie über die Überschrift dieses letzten Teils gestolpert. Denn hatte das bisher Gesagte etwa nichts mit dem Leben zu tun? Das war doch alles mitten im Leben und für das Leben?! Wenn Sie so empfinden, habe ich alles richtig gemacht. Denn alle drei Dimensionen des Glaubens greifen ja ineinander und verstärken sich gegenseitig. Nur eine falsch verstandene Spiritualität kann sich an geistlichen Übungen und einer inneren Heilung abarbeiten, ohne dass diese direkt auch im Leben ihren Platz und Ausdruck finden. Die Entwicklung einer heilsamen und biblischen inneren Haltung zusammen mit Gebeten des Hörens und des Schweigens wird aber fast wie von selbst mitten hineinführen in die Realität unseres Alltags, denn sie findet ja bereits dort statt und baut auf dem auf, was wir sind – und nicht, was wir sein sollten. Wer sich der Dimension des Handelns bewusst verschließt, der wird auf Dauer auch wieder in den beiden anderen Dimensionen Schiffbruch erleiden und in eine fruchtlose Religiosität abrutschen.

Ich erlebe genau das immer wieder: dass ich beginne, eine Dimension zu vernachlässigen, und dann recht schnell spüre, wie ich auch sonst an Kraft verliere. Denn wer einmal geschmeckt und gespürt hat, welche Dynamik das Tanzen in den drei spannungsreichen Dimensionen des Glaubens beinhaltet – der wird sofort merken, wenn genau diese Leichtigkeit plötzlich wegbleibt. Anders gesagt: Kinder Gottes, die dafür sensibilisiert sind, spüren sofort oder nur mit leichter Verzögerung, wenn sie wieder beginnen, aus der alten Natur zu leben, und nicht mehr im Geist zentriert sind und tanzen. Verweigere ich mich dem Gehorsam

> Vernachlässige ich die einfachen geistlichen Übungen, so werde ich mittelfristig spüren, wie mein Herz müde wird und ich mehr und mehr hin und her geworfen werde von den Umständen meines Lebens.

im Alltag, dann wird auch das hörende Gebet leiden und irgendwann einschlafen. Vernachlässige ich die einfachen geistlichen Übungen, so werde ich mittelfristig spüren, wie mein Herz müde wird und ich mehr und mehr hin und her geworfen werde von den Umständen meines Lebens.

Den Glauben in das alltägliche Handeln zu bekommen, das ist dennoch alles andere als selbstverständlich. Dieses Abschlusskapitel soll sozusagen als »kick-off« in den Alltag hinein dienen …

Kennen Sie HGH? Das ist das *Human Growth Hormone*, das menschliche Wachstumshormon. Ohne HGH läuft gar nichts, Kinder mit Wachstumsstörungen bekommen es verabreicht, Bodybuilder mit Wachstumswünschen spritzen es illegal.

HGH steht aber auch für die Wachstumsspritze des christlichen Glaubens: Hören – Glauben – Handeln. Der Glaube ist das Zentrum. Wäre Jesus nicht von den Toten auferweckt worden und könnten wir ihm heute nicht mehr folgen, dann wären wir religiöse Fossilienabstauber und nicht Christen mit geistlicher Kraft.

Dann kommt das Hören. Weiter oben haben wir uns mit dem hörenden Gebet beschäftigt. Das konkrete Hören auf Gott, wenn er mit uns durch sein Wort spricht – sei es durch das schriftliche Wort oder das in unserem Inneren oder durch Geschwister gesprochene Wort –, dieses konkrete Hören bereitet den Grund für ebenso konkretes Handeln. Der Hirte will seine Schafe leiten, das ist seine Zusage, unsere Aufgabe ist es, das Hören zu lernen.

Doch dann kommt das Handeln. Selbst an einer so vermeintlich einfachen Stelle kann es zu Missverständnissen kommen und genau die möchte ich in diesem letzten Teil ausräumen. Denn auch bei der Umsetzung des Glaubens in die alltägliche Aktion stehen uns falsche Grundannahmen allzu oft im Wege.

Konkret gefragt – zum Weiterdenken

- *Haben Sie nach der Lektüre der letzten 200 Seiten eine Ahnung davon bekommen, was es heißt, im Geist zentriert zu leben und zwischen den einzelnen Spannungsfeldern zu tanzen? Womit haben Sie Schwierigkeiten?*
- *Wie geht es Ihnen mit dem Handeln im Alltag?*

Kapitel 14

Los geht's auf Entdeckungsreise! In den guten Werken wandeln, die Gott schon für uns bereitet hat

Wenn wir aus menschlichen Überzeugungen heraus beginnen zu handeln, dann ist das aller Ehre wert, aber oft genug verkrampft und letztlich dann doch wieder »fleischliches« Werk. Lese ich die Apostelgeschichte, dann hätte es an vielen Weggabelungen mehrere genauso gute, christliche Alternativen gegeben, es wurde aber, geführt durch den Heiligen Geist, genau eine ausgewählt. Wäre Paulus nicht nach Griechenland gegangen, sondern in Israel geblieben und hätte dort fleißig Gemeinden gegründet, dann wäre das genauso fromm rübergekommen. Er hätte aber Gottes Willen nicht vollzogen und Sie säßen als europäischer Leser wahrscheinlich jetzt nicht hinter diesem Buch und vertieften sich in seine letzten Seiten.

Christlich heißt nicht unbedingt und automatisch gut. Selbst nach Gottes allgemeinem Willen zu handeln, bedeutet nicht in jedem Fall: gut zu handeln. Gerade in ethischen Fragen muss das biblische Zeugnis zusammen mit dem Reden Gottes im Inneren und durch Geschwister zusammen mit dem Gebet ein Bild ergeben, und selbst dieses wird nicht immer sofort eindeutig sein. Dietrich Bonhoeffer hat sich an seiner Entscheidung zum Tyrannenmord an Adolf Hitler jahrelang abgearbeitet! Dabei kam er zu seinem Schluss, diesen Mordversuch durchzuführen. Ihm war es aber in seiner Argumentation wichtig, dass es seine persönliche Erkenntnis war und nicht zum Dogma gemacht wird. Die Ernsthaftigkeit, mit der er um diese Entscheidung gerungen hat, ist mir ein Vorbild. Wir müssen uns davor hüten, schematische Handlungsanweisungen aus der Bibel zu ziehen. Was an der einen

Wir müssen uns davor hüten, schematische Handlungsanweisungen aus der Bibel zu ziehen.

Stelle richtig sein kann und biblisch begründet ist, mag an der anderen Stelle unpassend sein.

Ich rede hier keinem Relativismus das Wort, die Bibel ist in vielen Fragen des Glaubens und Lebens eindeutig. Doch ganz praktisch: Wann soll ich das Gespräch in einem Konflikt suchen? Wie fange ich an? Ist es dran, Härte zu zeigen oder Barmherzigkeit? Wie finde ich die Balance? Oder: Welchen Berufsweg schlage ich nun ein? Diesen oder jenen? Wo will Gott mich haben? Oder: Wie komme ich bei meinen Kindern weiter, wenn weder Disziplin noch ruhiges Zureden helfen? Das sind alltägliche Fragen, auf die es mehr als eine »richtige« Antwort gibt, und deswegen werde ich stutzig, wenn mir Mitchristen weismachen wollen, das komplexe alltägliche Leben sei einfach zu führen, indem man die Bibel ebenso einfach anwendet.

Ich habe einmal in einem Jugendhauskreis die Frage gestellt: »Darf man als Christ nie lügen?« Reflexhaft antwortete eine Jugendliche: »Nein, darf man nicht, sagt die Bibel so!« Die Stunde endete im Desaster, die junge Frau war (Gott sei Dank) tief in ihrem christlichen Regelwerk erschüttert, aber hoffentlich Gott näher als vorher. Denn ich sagte: »Nein, falsche Antwort. Die Hure Rahab log, um die Gesandten Gottes zu schützen, und sie wurde von Gott gelobt. Außerdem: Was ist, wenn ich nicht lüge und damit eine andere Sünde auslöse, die schwerwiegendere Folgen hat? Was ist, wenn ich Verfolgte verstecke und ihre Häscher kommen und ich verleugne sie nicht? Dann werden sie aufgrund meiner christlichen Wahrheitsliebe sterben!«

Das Mädchen war perplex – wie, keine einfache Antwort? Die Bibel ist kein Regelbuch? Nein. Der geistliche Glaube, der Glaube des Christus, bedeutet: Wir leben mit ihm in enger Beziehung und hören auf seine Stimme, die sagt, was zu tun ist! Die Folge dieses Wissens ist Gehorsam, geprägt von Gottes Wort, aber auf ganz individuelle und alltägliche Weise – nicht nach Schema F.

Wichtig ist also bei aller Umsetzung des Glaubens ins Handeln: Sie geschieht nicht aus einem menschlich religiösen Gehorsam, sondern als Antwort auf die gelebte Beziehung zum Vater. Es geht dabei auch nicht um Gefühle und subjektive Wahrnehmungen. Wenn ich Gottes Eigentum bin (vgl. Epheser 1,14), wenn ich seinen Geist in mir trage und er mir in Christus allen himmlischen Segen geschenkt hat (vgl. Epheser 1,3) – dann ist jedes falsche Handeln oder Unterlassen des Richtigen ein Fehlverhalten außerhalb dieser Beziehung. Nicht einmal Christus konnte etwas ohne seinen Vater tun. Sowie ich die Beziehung mit ihren Zusagen ernst nehme und auslebe, lebe ich aus dem Geist und kann gar nicht sündigen.

Die Frage nach Gehorsam und Verweigerung des Gehorsams ist also letztlich immer wieder neu die nach der Beziehung und wie diese in den Zusammenhängen des Alltags eingebettet ist. Lebe ich zentriert im Geist? Daran wird sich entscheiden, ob ich sündige oder nicht, ob ich Gebote und Anweisungen Gottes umsetze oder nicht. Zu dieser Zentrierung im Geist muss selbstverständlich die biblische Fundierung kommen, beziehungsweise das allgemeine und konkrete Reden Gottes in meinem Leben. Ohne solide Bibelkenntnis werden wir auch das Reden in unserem Inneren nicht prüfen können – und uns so letztlich in einem Hören auf uns selbst im Kreis drehen. Wer sich aber im Kreis dreht und dabei nach innen lauscht, der hat sich selbst im Mittelpunkt – ganz bestimmt nicht Gott.

»Liebe ist, wenn Treue Spaß macht.«

Erst wenn ich Gott als Schöpfer und Besitzer meiner selbst anerkenne, kann ich auch nach innen in den Geist gehen und lauschen, um dort angemessen und biblisch geprüft sein direktes Reden und seine Anweisungen zu hören. Wenn ich dann in einer Beziehung zu ihm lebe – nicht abstrakt als Glaubenssatz, sondern verknüpft mit heilsamen inneren Bildern –, dann wird mein Handeln ein selbstverständlicher Akt der Liebe zum Vater werden.

Eine liebe Mitbloggerin hat es einmal so ausgedrückt: »Liebe ist, wenn Treue Spaß macht.« Jawohl! Wenn ich mich zum Gehorsam zwingen muss, wenn ich gegen Sünde kämpfe, wenn ich angstbesetzt durch den Alltag gehe, in der Sorge, etwas falsch zu machen, dann habe ich die Liebe Gottes nicht verstanden und erfahren. Gott verlangt nichts, was er nicht vorher in seiner Liebe gegeben hat. Das müssen wir erfahren und uns davon anrühren lassen. Erst *dann* können wir mit Augustinus sagen: »Liebe, und dann tue, was du willst!«

Bilder vom Leben – heilsame und zerstörerische

Vor einigen Jahren (es ist schon länger her, als ich wahrhaben will) gab es eine eindrucksvolle Zeitschriften-Werbung von der amerikanischen Motorradfirmen-Legende Harley Davidson: auf der linken Seite ein faltiger, wetter- und lebensgegerbter alter Mann, auf der rechten Seite ein Text:

> WENN
> ich mein Leben noch einmal leben dürfte, würde ich viel mehr Fehler machen.
> Ich würde entspannen.
> Ich würde viel verrückter sein als in diesem Leben.
> Ich wüsste nur wenige Dinge, die ich wirklich sehr ernst nehmen würde.
> Ich würde mehr Risiko eingehen.
> Ich würde mehr reisen.
> Ich würde mehr Berge besteigen, mehr Flüsse durchschwimmen und mehr Sonnenuntergänge betrachten.
> Ich würde mehr Eis und weniger Salat essen.
> Ich hätte mehr echte Probleme und weniger eingebildete.
> Sehen Sie, ich bin einer der Menschen, die immer vorausschauend und vernünftig leben, Stunde um Stunde, Tag für Tag.
> O ja, es gab schöne Momente, und wenn ich noch einmal leben dürfte, hätte ich mehr davon.
> Ich würde eigentlich nur noch welche haben.
> Nur schöne, einen nach dem anderen.
> Wenn ich mein Leben noch einmal leben dürfte, würde ich bei den ersten Frühlingsstrahlen barfuß gehen und vor dem Spätherbst nicht damit aufhören.
> Ich würde vieles einfach schwänzen.
> Ich würde mehr Achterbahn fahren.
> Ich würde öfter in der Sonne liegen.
>
> Harley Davidson ab 12 799 DM
> Sie können natürlich auch wieder bis morgen warten.

Im Rückblick, im Angesicht des Todes ändern sich viele Bilder vom Leben. Was vorher so wichtig war, wird plötzlich nebensächlich. Der erfolgreiche Karrierist ist plötzlich einsam und denkt darüber nach, warum er nicht lieber in Beziehungen investiert hat. Die kinderfixierte Mutter, deren beide Sprösslinge mittlerweile Karriere in China und Russland machen und einmal im Jahr vorbeischauen, fragt sich, ob sie nicht doch andere Interessen neben den Kindern hätte entwickeln sollen. So ließe sich die Reihe fortsetzen. Sie macht eins deutlich: Jeder Mensch, egal welchen Alters, hat ein Bild davon, wie das Leben sein sollte. Jedes dieser Bilder fühlt sich sinnvoll an und in diesem Moment absolut richtig. Nichts ist aber gleichzeitig so schwankend und unzuverlässig wie solche Bilder. Eine Krankheit knallt ins Leben und plötzlich verschieben sich unter schmerzhaftem Knirschen die tektonischen Platten des vermeintlich sicheren Lebenskontinents.

Jeder Mensch, egal, welchen Alters, hat ein Bild davon, wie das Leben sein sollte.

Immer wenn Enttäuschungen und Krisen über uns hereinbrechen, Beziehungen scheitern, beginnt das Verschieben, das schmerzhafte Gewahrwerden: Mein Bild vom Leben ist instabil. Es trägt nicht, es hat mich nicht getragen, ja, es war nicht an der Wirklichkeit orientiert. Das erkennt schmerzhaft der Jugendliche, der zum ersten Mal von einer Liebe verlassen wird, das erkennt die junge Frau, deren Berufswunsch keinen fruchtbaren Boden findet, das erkennt der Ingenieur, der auf seiner beruflichen Position festhängt und gleichzeitig erfährt, wie seine Frau sich immer weiter von ihm entfernt, weil er sie kaum noch sieht. Das erkennt das Ehepaar, dessen Kinder plötzlich aus dem Haus sind und das nun in ein riesiges Loch blickt. Das erkennt der alte Mensch, der nie Hobbys und Interessen hatte und nun nach dem Wegfall des Berufes merkt: Da ist nichts mehr und zu einem Neuanfang fehlt mir die Kraft, denn ich habe das nie geübt: neu anzufangen.

Bilder vom Leben sind nichts, auf das man sich verlassen kann. Doch jeder hat sie und folgt ihnen – deswegen müssen wir uns, wenn wir über die Umsetzung des Glaubens im Alltag reden, mit diesen Bildern auseinandersetzen.

Eine Frage kommt unweigerlich: Gibt es etwa ein christliches Lebensbild, auf das man sich endgültig verlassen kann? Ich denke nein. Gott ist nicht der Gewährleister eines abgesicherten Lebens, im Gegenteil. Kann das Leben dennoch gelingen und kann man trotzdem ein gesundes Bild vom Leben haben? Aber natürlich. Das wäre ein seltsamer Gott, der uns kein heilsames Bild geben wollte … Doch was läuft schief mit den Bildern vom Leben?

Als sich der Mensch im Paradies von Gott losgesagt und in seiner großen Freiheit gegen die einzige Regel des Gartens Eden verstoßen hat, da zerbrach etwas. Das Bild vom Leben wurde schwankend, launisch und unsicher. Vorher war es deutlich für den Menschen gewesen: Du bist in intimer Nähe zu Gott unterwegs, außerdem sollst du Freude mit deinem Partner haben und Kinder zeugen, dazu die Erde pflegen und kultivieren. Hinter diesem Lebensbild steht im hebräischen Denken die Stellvertreterschaft Gottes durch den Menschen – eine solche Ehre gebührte ihm, er sollte Gott auf Erden würdig vertreten.

Doch dann zerbrach alles und Gott legte auf die Menschheit einen zweifachen Fluch (vgl. 1. Mose 3,16-19): Die Arbeit, der Beruf, würde ineffektiv, nervig, anstrengend und auch unbefriedigend sein. Keine reine Freude eben. Die Beziehungen zwischen den Menschen würden geprägt sein von Machtspielen, Unterdrückung und Schmerz – anstatt von Würde und Gleichheit. Dieser zweifache Fluch deckt fast alles ab, was unser Leben ausmacht. Das erleben wir so, wenn wir ehrlich sind. Auch wenn sich diese Fakten in einem offiziellen Lebensbild schlecht machen. Wer sagt schon, wenn er nach seinem Bild des Lebens gefragt wird: Ich will mich für ein paar Euro abplagen und mit meiner Frau eine echt anstrengende Ehe führen? Das ist ja auch nicht die ganze Wahrheit, aber eben ein gewichtiger Teil der Wirklichkeit.

Wer sagt schon, wenn er nach seinem Bild des Lebens gefragt wird: Ich will mich für ein paar Euro abplagen und mit meiner Frau eine echt anstrengende Ehe führen?

Nicht wenig Aufwand wird getrieben, um diesem zweifachen Fluch doch noch irgendwie zu entgehen. Die meisten Menschen reagieren auf eine von drei Arten. Diese stehen jedoch einer lebendigen Spiritualität im Wege.

1. Fliehen. Flucht vor dem schmerzhaften Bild des Lebens in alle möglichen Ablenkungen: Karriere, Sucht, Fixierung auf Kinder …
2. Kämpfen. Statt das fehlerhafte Bild des Lebens und die Wirklichkeit einer gebrochenen Existenz zu akzeptieren, wird Stück für Stück Zorn aufgebaut. Ein Zorn auf das Leben, der sich aber schnell entweder nach innen wendet und zur Depression wird oder nach außen wendet und zur Aggression gegen Menschen oder Gott wird. Ich habe erfahrene Christen erlebt, deren Leben nach der Pensionierung in unerwarteten Bahnen verlaufen ist und die aufgrund dieser Tatsache gegen Menschen und gegen Gott verbittert sind.
3. Verstecken. Keine Flucht zwar, aber eben nur die halbe Wahrheit. Man spricht vor allem von den eigenen Stärken, erwähnt nicht die Kämpfe und Zweifel, sprich: bietet nach außen eine starke Fassade mit dem Etikett: »Mein Leben ist gelungen.«

So reagieren Menschen, wenn man das Bild ihres Lebens angreift. Kurz: werden süchtig, werden zornig (später bitter) oder werden heuchlerisch. Sicherlich extrem zugespitzt, ich kann mich aber durchaus in diesen Kategorien wiederfinden. Die Menschen, die uns Christen nun wahrnehmen, fragen sich zu Recht: »Warum hängt der in denselben Dingen fest wie ich, wenn es doch einen Gott gibt? Gibt es auch da keine Freiheit?«

Diese Fragen müssen wir uns gefallen lassen, denn sie sind berechtigt. Stellen wir uns unseren Reaktionen auf den Fluch des Lebens? Stellen wir uns unseren schiefen Bildern von tollen Familien, makellosen Karrieren, fitten Körpern auf Lebenszeit, heilen und allzeit friedlichen Beziehungen und Gemeinden, die unseren Wünschen entsprechen?

Alle drei Reaktionsmuster blockieren unser geistliches Leben, und wie wir schon gesehen haben: Wenn die Umsetzung des Geglaubten blockiert ist, dann wird auch das Herz nicht weiter heilen können und die geistlichen Übungen werden erschlaffen und müde und leer werden. Doch es gibt einen Weg heraus: die Wahrheit.

Denn natürlich ist nicht alles schwer und bitter im Leben, dieser Fluch ist nur die eine Seite der Medaille. Aber diese eine Seite will eben nicht verdrängt, sondern anerkannt werden, auch wenn das heißt, dass unser Lebensbild Schmerz, Stress, Konflikte und Einsamkeit zulässt.

Das Leben ist nicht dazu da, meinen Willen zu erfüllen. Schwere Zeiten sind nicht dazu da, mich fertigzumachen. Das tun sie auch nur, wenn ich sie eigentlich ablehne und die Meinung habe, es sollte sie nicht geben. Dann knallt die Realität mit voller Wucht an das fragile Gerüst meines Lebensbildes. Nein, diese schweren Zeiten wollen mich nicht zerstören, sie wollen vor allem eins: mich auf Gott hinweisen. Gott hat den Fluch über den egoistischen Menschen nicht ausgesprochen, damit dieser zerbricht, sondern damit dieser zurückfindet zu ihm, zu Gott selbst (und erst damit zu sich selbst). Wie kann das geschehen?

Nein, diese schweren Zeiten wollen mich nicht zerstören, sie wollen vor allem eins: mich auf Gott hinweisen.

Der Weg führt über das Gesetz. Eben weil der Mensch von Gott abgefallen ist und das Bild des Lebens dermaßen beschädigt wurde, hat Gott den Menschen sein Gesetz gegeben, damit Zusammenleben und Überleben überhaupt funktionieren können.

Doch dieses Gesetz hat einen doppelten Charakter – es ist einerseits Gottes Wort an die Juden und deswegen von den Juden geliebt und geachtet, aber es ist eben auch eine Folge des Fluchs über die Menschheit. Es ist sogar selbst Teil des Fluchs – so spricht das Neue Testament. Wer versucht, dieses Gesetz zu halten, der wird nicht frei, sondern lebt weiter unter dem Fluch. Paulus schreibt in Galater 3,10 dazu:

> *Wer dagegen darauf vertraut, von Gott angenommen zu werden, weil er das Gesetz erfüllt, der steht unter einem Fluch. Die Heilige Schrift sagt ganz klar: »Jeden soll der Fluch treffen, der nicht in allen Punkten Gottes Gesetz erfüllt.«* (HFA)

Religiöse Gesetze machen niemals frei. Weil wir sie nie ganz halten können und deswegen auch nie dem Fluch entkommen können. Was wäre das auch für ein krampfiges Leben, in dem man stets auf die penible Einhaltung von zig Geboten achten müsste? Das hat Gott selbst auch so gesehen und deswegen einen kreativen und einmaligen Weg eingeschlagen. Weiter schreibt Paulus in Galater 3:

> *Dass aber niemand durch das Gesetz Anerkennung bei Gott finden kann, ist ebenfalls klar. (…) Von diesem Fluch des Gesetzes hat uns Christus erlöst. Als er am Kreuz starb, hat er diesen Fluch auf sich genommen, wie es vorausgesagt war: »Wer so aufgehängt wird, ist von Gott verflucht.« Der Segen, den Gott Abraham zugesagt hatte, sollte durch den Tod Jesu am Kreuz allen Völkern geschenkt werden. Und durch den Glauben an Christus werden wir alle den Geist Gottes empfangen, wie Gott es versprochen hat* (HFA).

Verse der Freiheit vom Fluch! Der Fluch ist durch Segen ersetzt. Das betrifft das Bild unseres Lebens massiv. Denn wir haben nun einen Weg gefunden, wie sich der Fluch, unter dem unser Leben steht, in Segen verwandeln kann. Wir leben immer noch unter dem System dieser Welt, deswegen verspricht uns Gott an dieser Stelle nicht, dass wir ein reibungsloses Leben führen werden. Aber das Schwere unseres Lebens in Beruf und Beziehungen kann verwandelt werden in Schönes und Gesegnetes. Durch eine Person: Jesus Christus. Er hat den Fluch auf sich gezogen und uns dadurch befreit.

Die Verwandlung des Schweren unseres Lebens in Segen geschieht nun also nicht durch Flucht, nicht durch Kampf und nicht durch Verstecken – sondern durch Offenheit gegenüber Jesus. Ich erkenne die Zerbrochenheit meines Lebens vor Jesus an und dort kann sie verwandelt werden. Vor Jesus ist *nur* dieser Weg möglich. Er ist in die absolute Tiefe seines Lebens gegangen, um dort aufs Höchste gesegnet zu werden hin zur Auferstehung. Wer ihm nachfolgt, wird ähnlich handeln müssen.

Aber das Schwere unseres Lebens in Beruf und Beziehungen kann verwandelt werden in Schönes und Gesegnetes.

Letztlich sind alle Bilder unseres Lebens Teil des Gesetzes. Entweder des Gesetzes Gottes (was muss ich tun, um Gott zu gefallen?) oder eines

Gesetzes, das wir uns durch unsere Lebensbilder selbst aufgelegt haben (was muss ich tun, um meinen Vorstellungen von Leben zu genügen?). Beide Gesetze sind Fluch – beide Gesetze werden durch Christus gebrochen und entkräftet.

Was ist die Alternative zu unseren abgewirtschafteten Bildern? Es geht darum, zuzulassen, dass Jesus Christus in unser Leben hineinwirkt und uns in seine Nachfolge ruft – und es zu wagen, zu gehorchen. Dieser dynamische Weg tut uns aber eben nicht den Gefallen, wieder ein fest zementiertes Bild in der Tasche zu haben, das uns endgültig die Kontrolle gibt.

Sehen wir uns Maria an. Ein junges Mädchen von vielleicht 13 oder 14 Jahren, den Kopf voll mit dem traditionellen Lebensbild dieser Zeit: ein netter Mann, einige Kinder und dann alt werden. Gott knallt in ihr Leben und bringt durch sie hindurch seinen Sohn zur Welt – ein uneheliches Kind der Schande. Josef will sie verlassen, was durch einen Engel verhindert wird. Ein etwas anderes Bild vom Leben mutet Gott seiner Maria zu. Aber was hätte sie verpasst, hätte sie ihm nicht gehorcht, sondern hätte gesagt: »Ach nee, lass mal, Gottes Sohn will ich nicht zur Welt bringen, ich habe keine Lust auf Schmerz und Kummer, der mir wie ein Schwert durchs Herz fährt.« Ich hätte sie verstanden. Sie wäre als ganz normale Jüdin gestorben und nicht zum Vorbild für Generationen der Menschheit geworden.

> Fast alle biblischen Figuren erleben eine Demontage, eine Vernichtung ihres alten Lebensbildes.

Nehmen wir eine Figur aus dem Alten Testament – Abraham. Im Dorf bleiben und in der Großfamilie leben und alt werden. Standard. Bausparvertrag, Rasensprenger und VW Golf inklusive. Gott kommt und ruft ihn heraus zum Vater der Völker. Zur legendären Figur des Alten Bundes. Zum Vorbild des Glaubens. Das ahnt Abraham zu diesem Zeitpunkt noch gar nicht, aber er gehorcht und es geschieht einfach.

Nehmen wir noch eine Person aus dem Neuen Testament. Paulus sieht sich mitten in seiner Karriere als Pharisäer, eifriger und zorniger und gerechter als die anderen! Jesus platzt hinein und holt ihn vom Sockel bzw. vom Pferd und präsentiert ihm ein ganz anderes Bild von seinem Leben: Du wirst mich nun in alle Welt tragen und die frohe Botschaft der Gnade verkünden – aber du wirst auch viel leiden müssen wegen mir. Kein leichtes Bild, aber wirksam und kraftvoll.

Fast alle biblischen Figuren erleben eine Demontage, eine Vernichtung ihres alten Lebensbildes. Aber sie bekommen dafür ein neues, aufregendes Bild ihres Lebens nach dem Willen Gottes. Indem sie sich bereithalten, indem sie es zulassen, dass Gott sich einmischt in ihr Leben, indem sie seinem Wort gehorchen. Gott vermittelt aber kein fertiges neues Lebensbild, nach der Masche: Schmeiß das alte weg, hier hast du ein neues. Nein, er vernichtet das alte Lebensbild und sagt nur eins: »Folge mir nach, ich zeige dir den nächsten Schritt!« Nicht die nächsten 1000 Schritte, nur den nächsten Schritt. So ist das biblische Bild des Lebens ein Weg in den Fußstapfen Jesu Christi. Wenig Sicherheit – zugegeben –, aber viel Dynamik und Spannung.

Das ist letztlich eine einfache Spiritualität. Die Antwort auf die Frage nach dem guten und heilsamen Bild für das eigene Leben ist die Beziehung zu Jesus Christus. Wir kommen immer wieder auf diesen zentralen Punkt zurück, der dennoch so wenig verstanden und gelassen gelebt wird. Gute Spiritualität braucht deswegen – auch und schon wieder an dieser Stelle – vor allem eins: Wir müssen das Falsche loslassen und verlernen.

Analysieren und erkennen wir unsere Bilder nüchtern und konkret. Lassen wir uns hineinreden in unser Leben. Erst wenn wir diese Dinge benennen und Gott die Erlaubnis geben, sie zu demontieren, erst dann haben wir die Hände wieder frei, um für Christus und seine Weisung anders zu handeln.

Das Fußballspiel des Lebens

Zum Abschluss möchte ich auf einen letzten wichtigen Punkt eingehen, der unser Handeln behindert. Diese Einsicht war für mich zentral und hat mein geistliches Leben kräftig durcheinandergeschüttelt.

Sie hängt eng zusammen mit einer neuen Sichtweise der Bibel als Wirklichkeit (siehe Kapitel 12). Diese Wirklichkeit ist nicht theoretisch, sondern drängt hinein ins Leben. Nun nähern wir uns dieser Wahrheit von der anderen Seite und werden dabei feststellen, wie sich der Kreis auf dynamische Weise schließt und unser Alltag zum brennenden Dornbusch werden kann. Nicht weil wir es wollen, sondern weil er es ist!

Man kann unser Leben mit einem Fußballspiel vergleichen. Mancher, der zum ersten Mal zu Jesus kommt, bringt eine Menge blauer Flecken mit, weil er viel gefoult worden ist. Verletzungen, Niederlagen, Ungerechtigkeit haben Spuren hinterlassen. Nach der Hinwendung zu Jesus denkt man sich: »Jetzt habe ich endlich einen guten Schiedsrichter, der darauf aufpasst, dass ich nicht mehr so viel gefoult werde.«

Doch die Pfiffe des neuen Schiedsrichters Jesus bleiben seltsamerweise aus … Warum? Ist Jesus desinteressiert? Ist ihm unsere Gerechtigkeit egal? Wohl kaum …

> Dieses Reich wird nicht innerhalb der Kirchenmauern gebaut – Gemeinde ist vielmehr das Ausrüstungszentrum, in dem wir Kraft und Heilung empfangen dürfen.

Wir müssen unsere Sichtweise auf das Leben und auf unsere und Gottes Rolle in unserem Alltag verändern. Wir sind nicht die Spieler in einem großen Spiel und Gott der Schiedsrichter. Sie sind der Schiedsrichter und Gott ist eher so etwas wie der DFB, der Deutsche Fußball-Bund. Er gibt die Rahmenbedingungen vor, er sorgt für übergreifende Gerechtigkeit. Sie und ich, wir bekommen aber von ihm die Verantwortung und die Würde, im Leben zu handeln und das von Gott Vorbereitete anzuwenden. Wir sprechen als Schiedsrichter hinein in unser Leben und wenden die Verheißungen, die Aufforderungen, die Worte Gottes an. Das, was dem Menschen zu Beginn im Paradies an Würde gegeben war – Stellvertreter zu sein und die Welt zu gestalten und zu verwalten –, das ist nun wieder Wahrheit und Realität. Diese neue Sichtweise muss sich erst in unserem Herzen einprägen: Wir sind nicht Spieler und versuchen ein Tor zu schießen – wir sind Schiedsrichter. Wir sprechen mit Vollmacht, Würde und Autorität in unseren Alltag, in die Umstände hinein.

Diese ungewöhnliche Sichtweise ist biblisch solide verankert. Schon der Psalmist macht deutlich: *Der Himmel ist der Himmel des HERRN, die Erde aber hat er den Menschenkindern gegeben* (Psalm 115,16; ELB).

So hat Gott sich das von Anfang an gedacht. Die Sünde des Menschen hatte das jedoch zerstört. Jesus selbst führt diese Würde sogar noch in den geistlichen Bereich weiter: *Ich sage euch: Alles, was ihr auf der Erde binden werdet, wird im Himmel gebunden sein, und alles, was ihr auf der Erde lösen werdet, wird im Himmel gelöst sein* (Matthäus 18,18; NGÜ).

Eine solche Verantwortung wird Christen gegeben. Wir haben sie nicht aus uns heraus, sondern als Geschenk der Gnade, und klar ist auch: Wer sich auf diese Würde etwas einbildet, der wird sie verlieren. Wir handeln im Auftrag Gottes, er gibt die Autorität, er vermittelt die Vollmacht. Der Schiedsrichter macht auch nichts auf eigene Faust, sondern ist vom DFB gesandt und bevollmächtigt, im Spiel Recht zu sprechen.

Selbst das Vaterunser kennt diese neue Rolle des aktiven Schiedsrichters im und über dem Spiel des Lebens. Wenn wir beten: »Dein Reich komme. Dein Wille geschehe wie im Himmel so auf Erden« (Matthäus 6,10; LUT), dann ist das eigentlich viel zu schwach. Denn an dieser Stelle steht im Griechischen ein Imperativ. Treffend übersetzt wäre an dieser Stelle also durchaus: »Geschehe, Wille Gottes, hier auf Erden – so, wie du im Himmel geschiehst.«

Spüren Sie den Unterschied im Blick auf Ihr Leben? Im Leben stehen und dieses Leben mit der eigenen Spiritualität zu verbinden, das heißt eben nicht, dass wir ängstlich durch den Alltag gehen und Sünden vermeiden. Es heißt auch nicht, sich von der Welt fernzuhalten (sehr wohl aber den Versuchungen aktiv zu widerstehen). Geistlich leben und aktiv werden heißt: vorangehend gestalten, Wahrheit aussprechen über dem eigenen Leben, in Gottes Vollmacht leben und diese anwenden und somit am Bau des Reiches Gottes mitwirken.

Dieses Reich wird nicht innerhalb der Kirchenmauern gebaut – Gemeinde ist vielmehr das Ausrüstungszentrum, in dem wir Kraft und Heilung empfangen dürfen. Wo wir korrigiert und ermutigt werden und Gemeinschaft mit denen finden, die mit auf dem Weg sind. Das Eigentliche geschieht aber außerhalb. Gott ist immer unterwegs, um mit seinem Geist Menschen zu berühren und anzusprechen, das hat er zugesagt. Sein Reich soll und wird wachsen. Das Ergebnis dieses Kampfes steht schon jetzt fest: Jesus ist Sieger. Wir aber sind aufgerufen, diesen Sieg hineinzutragen in unsere alltäglichen Zusammenhänge, und das heißt nichts anderes, als das Unsichtbare als ein Noch-nicht-Sichtbares zu betrachten und es dann in das Sichtbare hineinzuglauben und -8zuleben.

> *Was ist denn der Glaube? Er ist ein Rechnen mit der Erfüllung dessen, worauf man hofft, ein Überzeugtsein von der Wirklichkeit unsichtbarer Dinge* (Hebräer 11,1; NGÜ).

Glaube richtet sich nicht auf menschenmögliche Dinge aus, sondern auf Dinge, die noch verborgen sind. Das heißt nicht, dass wir das Naheliegende nicht tun sollen. Es gibt genug Anweisungen zur konkreten, praktischen Hilfe. Das weite und große Bild ist aber dieses: Glaube glaubt das Unsichtbare ins Sichtbare, indem er fest steht und an den zugesagten Hoffnungen festhält und sie lebt.

> *Wir sind ganz und gar Gottes Werk. Durch Jesus Christus hat er uns so geschaffen, dass wir nun Gutes tun können. Er hat sogar unsere guten Taten im Voraus geschaffen, damit sie nun in unserem Leben Wirklichkeit werden* (Epheser 2,10; GNB).

Wörtlich steht hier: Wir sind Gottes künstlerisches, poetisches Meisterwerk. Durch Jesus Christus. Damit wir nun – vorher nicht – Gutes tun können. Er hat die Taten, die wir tun sollen, unsichtbar vorbereitet, wir leben sie im Glauben aus. Der ganze Alltag ist voller noch unsichtbarer Taten! Wenn Sie morgens aufstehen und im Geist zentriert sind, dann wird der Alltag – so harmlos und routiniert er auch aussehen mag – zu einer Entdeckungsreise. Unser Gott will uns auf diese Reise innerlich vorbereiten, er will uns konkret ansprechen und beauftragen, in den kleinsten Momenten des Alltags. Denn er will durch Sie und mich hindurch vollmächtig hineinwirken in diese Welt.

Vielleicht fühlen wir uns zu schwach dafür. Wunderbar – das ist eine gute Voraussetzung. Denn es geht gar nicht um uns, es geht um die große Geschichte Gottes. Sie aber sind sein Meisterwerk, Sie sollen in seiner Beauftragung stehen und seine Stimme hören. Sie dürfen aktiv Ihren Alltag leben und gestalten und seine Worte hineinsprechen in Ihre alltäglichen Lebenssituationen. Was das für Worte sein werden? Das kann ich Ihnen nicht sagen. Ich habe Ihnen das Land gezeigt und eine Karte vor Augen gemalt. Gehen und entdecken müssen Sie – zusammen mit anderen – auf Ihre ganz persönliche und einzigartige Weise. Aber Sie schaffen das. Dafür sorgt er. Sie müssen nur Ballast abwerfen und losgehen. Ich bin gespannt, was er mit Ihnen vorhat!

Konkret gefragt – zum Weiterdenken

- *In welchen Bereichen haben Sie Schwierigkeiten mit der Umsetzung des Glaubens im Alltag (hier sind nicht die geistlichen Übungen gemeint)?*
- *Wie haben sich Ihre Bilder vom Leben im Laufe Ihrer Biografie entwickelt? Wie empfinden Sie den Gedanken, diese Bilder loszulassen und sich ganz auf Jesus auszurichten?*
- *Wie reagieren Sie innerlich auf das Bild vom Schiedsrichter? Was löst es in Ihnen aus?*

Nachwort, Danksagungen …

»Halte die Wahrheit in Spannung und lass dich nicht in *einem* theologischen Camp nieder!«
Hans Peter Royer in einer Predigt über »Vorherbestimmung und freier Wille«

Sie sind angekommen am Ziel. Zumindest dieses Buches. Aber auch so: Christen sind bereits am Ziel, denn ihnen ist alles in Christus geschenkt. Gleichzeitig sind sie auf dem Weg, dies zu ergreifen, auszuleben und sehr persönliche Orte mit diesem Jesus zu finden, um mit ihm tanzen zu lernen. Ich selbst habe im Laufe des Schreibprozesses einige Erfahrungen in meiner Spiritualität gemacht. Ich habe neu die Macht der Vergebung kennengelernt und bin mir selbst und gleichzeitig dem Vater-Gott nähergekommen. Ich bin manchmal stiller geworden, aber dabei tiefer und intimer mit Gott verbunden. Ich bin, als depressiv veranlagter Mensch, ein Stück zufriedener und glücklicher geworden.

Nun hat die Arbeit an diesem Buch fast zwei Jahre gedauert, Ihr Lesen hat vermutlich weniger Zeit in Anspruch genommen. Wenn ich einen Wunsch äußern darf, dann ist es dieser: Verlangsamen Sie die Verarbeitung dieses Buchs, indem Sie es immer wieder einmal herausholen und ein Kapitel daraus lesen, das Ihnen Gott aufs Herz legt. Damit das Wissen aus zweiter Hand zur eigenen Erfahrung werden kann.

Harald Schmidt hat vor Kurzem im ZDF-Theaterkanal über Schauspieler gesprochen, die, nur weil sie die großen Stücke der Weltliteratur gespielt haben, glauben, es wären ihre Gedanken und sie müssten sich dringend dazu äußern. Christen, die viel und gerne Bücher lesen, neigen auch zu diesem Verhalten. Ich zumindest. Verlangsamen Sie also den Prozess. Diskutieren Sie mit Vertrauten darüber. Aber vor allem: Beginnen Sie zu tanzen. Die einzige Sicherheit dabei ist Jesus selbst. In dieser Bewegung steckt alles an Dynamik, Kraft und Explosivität, die Sie und die Welt benötigen!

Ich danke:

… meiner tapferen Lektorin Silke Gabrisch, die mir als begeistertem Prediger erfolgreich die Spreche austreibt und daraus eine stringente Schreibe macht;

… Uli Eggers, der das Projekt freundlich unterstützt und in AUFATMEN flankiert;

… Hans Hornisch für die Idee (oder Eingebung?), mich grundlegende Gedanken auf dem Gemeindeaufbautag des süddeutschen Kreises der FeG 2009 äußern zu lassen;

… meiner Gemeinde, der FeG Eschweiler, dass ich bei ihr einen Schutzraum der Gnade genießen darf und wir einen dynamischen Weg miteinander gehen dürfen;

… vor allem aber meiner Frau Isa, die es liebevoll erträgt, dass ich einen Teil meiner Freizeit manchmal unter Hochspannung einem Buch widme und dabei nicht immer sozialverträglich bin.

Inspiriert haben mich wie immer viele Autoren, denen ich zu Dank verpflichtet bin und die ich gar nicht alle erwähnen kann: Richard Foster, Christian A. Schwarz, Thomas Keating, Richard Rohr, Magnus Malm, Rob Bell, Marc Driscoll, Wayne Jacobson, HaSo, Storch Schmelzer, Hans Peter Royer, Jens Stangenberg und einfach alle deutschen Blogger, mit denen ich konstruktiv im Dialog bin. Was für eine Bereicherung!

Diskutieren Sie doch mit mir, schreiben Sie mir Ihre Gedanken: www.wegbegleiter.wordpress.com oder über www.christoflenzen.de

Eschweiler, am 11. Januar 2010

Vom selben
Autor erschienen:

Christof Lenzen
Glauben genießen
Eine kulinarische Reise zu einem authentischen Christsein

Paperback, 13,5 x 20,5 cm · 180 S. · Nr. 226.246

Viele Menschen sehnen sich nach Verlangsamung, Slow-Food und mehr Achtsamkeit, vor allem gegenüber dem eigenen Leben – auch im Glauben! Aber genau dort scheint die gegenwärtige Rückbesinnung auf das Wesentliche noch zu wenig angekommen zu sein. Statt mit allen Sinnen zu glauben, denken viele Christen, das Leben mit Jesus bestehe vor allem aus Entbehrung, Leid und mühevoller Disziplin.
Dieses Buch stellt Fragen, legt den Finger in offene Wunden und bietet humorvoll und sinnlich konkrete Wege an, wie ein ursprüngliches, befreites und sorgfältiges Christsein besser und leichter gelingen kann.

SCM R.Brockhaus